中国工程院院士

是国家设立的工程科学技术方面的最高学术称号，为终身荣誉。

中国工程院院士传记

陈厚群自传

追梦人生

陈厚群 著

科学出版社
人民出版社

图书在版编目(CIP)数据

陈厚群自传：追梦人生／陈厚群著．—北京：科学出版社，2018.10
（中国工程院院士传记）
ISBN 978-7-03-058585-1

Ⅰ．①陈…　Ⅱ．①陈…　Ⅲ．①陈厚群-自传　Ⅳ．①K826.16

中国版本图书馆 CIP 数据核字（2018）第195226号

责任编辑：张　莉／责任校对：孙婷婷
责任印制：李　彤／封面设计：有道文化

编辑部电话：010-64035853
E-mail：houjunlin@mail.sciencep.com

科学出版社出版
北京东黄城根北街 16 号
邮政编码：100717
http://www.sciencep.com

北京虎彩文化传播有限公司 印刷

科学出版社发行　各地新华书店经销

*

2018 年 10 月第　一　版　开本：720 × 1000　1/16
2022 年　6　月第四次印刷　印张：26 1/4　插页：6
字数：360 000

定价：98.00元

（如有印装质量问题，我社负责调换）

陈厚群　中国工程院院士

1975 年，参加在加拿大召开的第一届世界诱发地震学术研讨会时参观加拿大哥伦比亚大学实验室（我位于右一）

1980 年，在加州大学伯克利分校前留影

在振动台控制室中

在黄河龙羊峡大坝工程下游峡谷中查看现场试验选点

1999年，龙羊峡水电站竣工安全鉴定第三次会议代表留影（我位于前排左五）

与张光斗、潘家铮等参加《水工建筑物抗震设计规范》审查会（我位于前排左一）

1997年出席东盟科技研讨会（我位于第二排左九）

莫斯科动力学院同学聚会（我位于前排左一）

1974年，首次参加在希腊召开的国际大坝会议

和钱令希院士在项目评审会上

和潘家铮院士在国际大坝委员会会后交谈

与张光斗院士合影

2002 年春节，在人民大会堂参加春节团拜会

1996 年，参加国家有突出贡献的专家休假团与
韩德勤同志合影

陈厚群院士学术报告暨80寿辰座谈会
2012年5月3日

2012 年，中国水利水电科学研究院举办陈厚群院士
学术报告暨 80 寿辰座谈会

获国际大坝委员会终身成就奖后致答谢辞

获中国水力发电学会首个科技进步奖特等奖

获 2001 年度何梁何利基金科学与技术进步奖合影

（我位于第四排右七）

1995 年和夫人于岩在清华大学

八十寿辰时留影

家人合影

中国工程院院士传记系列丛书

总　序

20世纪是中华民族千载难逢的伟大时代。千百万先烈前贤用鲜血和生命争得了百年巨变、民族复兴，推翻了帝制，击败了外侮，建立了新中国，独立于世界，赢得了尊严，不再受辱。改革开放，经济腾飞，科教兴国，生产力大发展，告别了饥寒，实现了小康。工业化雷鸣电掣，现代化指日可待。巨潮洪流，不容阻抑。

忆百年前之清末，从慈禧太后到满朝文武开始感到科学技术的重要，办“洋务”，派留学，改教育。但时机瞬逝，清廷被辛亥革命推翻。五四运动，民情激昂，吁求“德、赛”升堂，民主治国，科教兴邦。接踵而来的，是18年内战、14年抗日和3年解放战争。恃科学救国的青年学子，负笈留学或寒窗苦读，多数未遇机会，辜负了碧血丹心。

1928年6月9日，蔡元培主持建立了中国近代第一个国立综合科研机构——中央研究院，设理化实业研究所、地质研究所、社会科学研究所和观象台4个研究机构，标志着国家建制科研机构的诞生。20年后，1948年3月26日遴选出81位院士（理工53位，人文28位），几乎都是20世纪初留学海外、卓有成就的科学家。

中国科技事业的大发展是在新中国成立以后。1949年11月1日成立了中国科学院，郭沫若任院长。1950—1960年有2500多名留学海外的科学家、工程师回到祖国，成为大规模发展中国科技事业的第一批领导骨干。国家按计划向苏联、东欧各国派遣1.8万名各类科技人员留学，全都按期回国，成为建立科研和现代工业的骨干力量。高等学校从新中国成立初期的200所增加到600多所，年招生增至28万人。到21世纪初，高等学校有2263所，年招生600多万人，科技人力总资源量超过5000万人，具有大学本科以上学历的科技人才达1600万人，已接近最发达国家水平。

新中国成立60多年来，从一穷二白成长为科技大国。年产钢铁从1949年的15万吨增加到2011年的粗钢6.8亿吨、钢材8.8亿吨，几乎是8个最发达国家（G8）总年产量的两倍，20世纪50年代钢铁超英赶美的梦想终于成真。水泥年产20亿吨，超过全世界其他国家总产量。中国已是粮、棉、肉、蛋、水产、化肥等世界第一生产大国，保障了13亿人口的食品和穿衣安全。制造业、土木、水利、电力、交通、运输、电子通信、超级计算机等领域正迅速逼近世界前沿。“两弹一星”、高峡平湖、南水北调、高公高铁、航空航天等伟大工程的成功实施，无可争议地表明了中国科技事业的进步。

党的十一届三中全会以后，改革开放，全国工作转向以经济建设为中心。加速实现工业化是当务之急。大规模社会性基础设施建设、大科学工程、国防工程等是工业化社会的命脉，是数十年、上百年才能完成的任务。中国科学院张光斗、王大珩、师昌绪、张维、侯祥麟、罗沛霖等学部委员（院士）认为，为了顺利完成中华民族这项历史性任务，必须提高工程科学的地位，加速培养更多的工程科技人才。中国科学院原设的技术科学部已不能满足工程科学发展的时代需要。他们于1992年致书党中央、国务院，建议建立“中国工程科学技术院”，选举那些在工程科学中做出重大创造性成就和贡献，热爱祖国，学风正派的科学家和工程师为院士，授予终身荣誉，赋予科研和建设任务，指导学科发展，培养人才，对国家重大工程科学问题提出咨询建议。中央接受了他们的建议，于1993年决定建立中国工程院，聘请30名中国科学院院士和遴选66名院士共96名为中国工程院首批院士。1994年6月3日，召开了中国工程院成立大会，选举朱光亚院士为首任院长。中国工程院成立后，全体院士紧密团结全国工程科技界共同奋斗，在各条战线上都发挥了重要作用，做出了新的贡献。

中国的现代科技事业起步比欧美落后了200年，虽然在20世纪有了巨大进步，但与发达国家相比，还有较大差距。祖国的工业化、现代化建设，任重道远，还需要数代人的持续奋斗才能完成。况且，世界在进步，科学无止境，社会无终态。欲把中国建设成科技强国，屹立于世界，必须接续培养造就数代以千万计的优秀科学家和工程师，服膺接力，担当使命，开拓创新，更立新功。

中国工程院决定组织出版《中国工程院院士传记》丛书，以记录他们对祖国和社会的丰功伟绩，传承他们治学为人的高尚品德、开拓创新的科学精神。他们是科技战线的功臣、民族振兴的脊梁。我们相信，这套传记的出版，能为史书增添新章，成为史乘中宝贵的科学财富，俾后人传承前贤筚路蓝缕的创业勇气、魄力和为国家、人民舍身奋斗的奉献精神。这就是中国前进的路。

宋健

目　录

第一章
家庭背景

第一节 关于父亲

1932年，我出生于江苏省无锡县（今江苏省无锡市）的一个布店商人家庭。父亲陈蕙荪（1892—1950）在上海学习工商。祖父陈蓉斋去世后，父亲继承其在北门城外创办的小绸布店，经他多年经营，成为当地较有影响的老店。父亲前妻早逝，遗有三个女儿，续弦后又接连生了两个女儿。由于父亲两代单传，时已年近不惑之年，祖母深恐后继无人，促其再在上海迎娶我母亲后回无锡别居。

1937年日本侵略者侵占无锡，父亲的布店被焚毁，举家分别至无锡乡下逃难。父亲因多年苦心经营的事业毁于一旦，生计困难，愤而投水，后被乡亲救回。在局势稍稳后，经收集被抢救出的残余货物，与少数返回的店伙，先在集镇，后来又迁返原址，重新开始小规模经营。当时只能由上海租界采购布料后，经由"跑单帮"[①]的妇女们，冒险躲过日伪检查，随身夹带至无锡后，再在店中零售。

在历经一年多的东躲西逃、颠沛流离的逃难生活后，我母亲带着孩子们辗转投奔到在上海租界居住的大姨妈家。之后，父亲就在上海租界内租了一间房子，我们由此安顿定居下来，父亲常来回奔波于上海与无锡之间。在我印象中，父亲在上海家中待的时日并不多。

① "跑单帮"是旧时对从事异地贩运的小本生意人的一种称呼。

父亲过去并不过问政治，但在抗日战争时期，满怀对日本侵略者的痛恨和对美好生活的期盼，却十分关心战况。记得他在家时，经常买回由苏联在上海发行的刊物（中文版），其中有苏联红军抗击德国法西斯的报道。抗日战争后期，上海日伪当局为防止居民从广播中收听战况，要求把收音机都送检以拆除短波管。还记得，我家冒险未将收音机送检。深夜父亲关了灯，在黑暗中在蒙盖了几层厚被的床上，收听敌后有关德日法西斯败退战况的广播。抗日战争胜利后，他和亲朋奔走相告欢庆，兴奋异常，还为我母亲当年刚生的小弟取名为“晓群”，寓意“天亮了”。

上海解放前夕，我同父异母的兄长济群，是在上海交通大学电机系就读的地下党员，为躲避中华人民共和国成立前夕国民党的迫害，父亲曾说服我母亲让他住在我们家。后来我留苏在莫斯科动力学院学习时，记得一位也曾是上海交通大学地下党员的研究生同学李根生（当时是莫斯科动力学院党支部委员）告诉我说，在上海解放前夕，济群在我们家躲藏的那个时候，他们的地下党小组曾在我们家秘密开过会。

中华人民共和国刚成立时，我曾在父亲书桌内发现他购买的《新民主主义论》和《论联合政府》等书，可能是为了了解新时期对工商业者的政策。当时父亲可能因体弱有病，自知已难适应新形势下的经营，曾要求在上海交通大学就读的长子济群去接替他经营店务，当然未有结果。继而又想让当时尚未成年的我去接替他，我当时在上海中学高二就读，一心要学好技术以自立谋生，从未想继承从商，因而他也未能如愿，颇为失望。中华人民共和国成立初期，一度因物资暂时短缺，市场通货膨胀，父亲可能因饱尝物价飞涨之苦，不了解相关政策，错误估计了形势，借高利贷购买棉纱以图保值，后导致经营严重亏损，之后破产，加上年近花甲又多病，深感失落和无助，于 1950 年去世。

几年前，我收到无锡博物院副研究员朱昱鹏先生的来信，以及亲友发来的在位于无锡的中国民族工商业博物馆内陈列的父亲的照片，并有如下的简介："陈蕙荪（1892—1950），江苏无锡人。早年曾学习工商业知识。后即在父亲陈蓉斋创办的无锡时和绸布庄就业，担任经理。自身勤奋，经营有方，精明干练，生活简朴，与员工相处和善。该店营业额日益增多，成为颇有影响的老店。"馆内还陈列有父亲开始经营时的时和绸庄的实体店堂模型。

中国民族工商业博物馆内陈列的时和绸庄模型

中国民族工商业博物馆内陈列的陈蕙荪的照片

朱昱鹏先生在来信中说："抗日战争时期，你的三位大姐投身抗日斗争，这也是一件少见的事情，与你父亲的培育和支持密切相关。"其实，我感觉父亲虽然痛恨日本侵略者，盼望抗日战争胜利，但在动荡的旧社会中，他一生都悉心经商，不过问政治，对革命并无多少了解和认识。不过，身后能得到这样一些评价，也应会感到欣慰了。

陈厚群院士：

今年7、8月间，我曾两次写信给陈云霞同志，拟要她提供上海陈丽霞的家庭地址和宅电，但至今未能接到她的复信。由此，我只能麻烦你了，请你提供她的家庭地址和宅电。我即可与她加强联系。

我是无锡北乡人，1962年7月毕业于扬州师范学院中文系，在中学任教一年后，翌年10月即调至无锡博物馆（今名无锡博物院）工作，直至1997年12月退休。在职期间，我致力于调查与征集无锡近现代文物，研究近现代无锡历史及其人物，现为副研究员，承接任务仍较多，工作十分忙碌。

你先父陈蕙荪经营的时和绸庄，是苏南地区颇有声誉的百年名店。此店保存的帐册、电台营业执照等二三百件工商文物，在你父亲的老亲戚胡寿康（今年94岁，仍健全）的支持下，收藏在无锡博物院内，在中国亦很为突出，少见的。在我设计的无锡中国民族工商博物馆（设在荣氏茂新面粉厂内，是全国唯一的一家民族工商业博物馆）中，特地做了时和绸庄的店堂模型，扩大影响。我非常欢迎陈蕙荪子孙前来参观该馆。

明年是中国人民抗日战争胜利70周年，无锡市新四军历史研究会准备出书，请我尽量多征集新四军老战士的资料和照片（仅限无锡籍人），同时我拟撰写一些人物的研究文章。抗日战争时期，你的三位大姐投身抗日斗争，这也是一件少见的事情，与你父亲的培育和支持密切相关。 此致

敬礼

无锡博物院 朱昱鹏 2014年12月15日

无锡博物院朱昱鹏的信件

第二节　关于母亲

母亲张秀兰（1912—1995）原籍浙江宁波。据母亲说，外祖父早年曾到上海任银行职员，但较早去世后，家道中落，遗下三个女儿（我母亲排行第二），由外祖母艰难抚养成人。外祖母将时年仅17岁的母亲嫁给了我父亲，母亲在并不知道父亲在无锡已有家室的

情况下，在上海与父亲举行婚礼一起回到无锡后，才知道他在无锡已有续弦，虽然在无锡和父亲已有的家室分开另外租屋居住，父亲对我母亲也还比较关爱，但她仍时时感受到因在家庭中所处地位而受封建习俗的挤压，而她又十分在乎封建习俗中的名分和面子。在此境况下，因娘家贫弱又远在上海，她只身一人在异地他乡，人地生疏，举目无亲，因而精神大受刺激，心情十分压抑，以致在还很年轻时，就在忧郁中患上了当时还较难医治的肺结核病。

父亲的这两个家之间从不交往，甚至虽然都在无锡乡下逃难也仍分开两处。母亲带着我和姐姐及两个弟弟逃难到上海安家后，印象中还记得，父亲因要在无锡照料店务，不能常在上海的家中，当时就靠母亲带着我们租住在新闸路聚庆里的一个十多平方米的小屋中。印象中，我还记得母亲在房门口楼梯旁一个小煤球炉上做饭的艰难生活情景。那时，我和姐姐都已在附近的吉生小学就读。在我稍懂事后，母亲就常跟我说起她心中的委屈、压抑和苦恼，一心寄希望于自己的孩子们，特别是对作为长子的我寄予厚望，希望我将来能给她争气，以改善她在家中的处境。这些想法也导致了她认为女儿无助于改变她的家庭地位的“重男轻女”心态。

母亲刚到无锡时曾被要求到小学去学习，但后因怀孕中断学业，只是初识文字。她一生胆小怕事，从来不懂也不过问政治；与父亲前妻的三个女儿虽接触不多，但相处尚不错，特别是与逃难时在一起的我的三姐丽霞感情较好。中华人民共和国成立前几年，随着父亲经营状况的改善，母亲逐渐以追求物质生活享受来弥补其精神上的苦恼和压抑。中华人民共和国成立后，特别是在父亲破产去世后，子女们尚未成年，靠母亲以微薄积蓄和变卖家产艰难支撑起了这个家，我和弟弟们才得以继续上学。后来，姐姐秋霞辍学投考天津的中国银行被录取，仅能自给。后来成家，姐夫孙世杰在北京的中国银行工作。秋霞姐和姐夫婚后就一起调到上海的中国银行工作，姐夫孙世杰后因病去世。在“文化大革命”中，母亲虽作为资产阶级遗属，但因父亲早已破产去世，我们家和无锡的时和绸庄已无任何联系，她依靠已经参加工作的子女生活，与邻里关系又较好，且能顺应形势，接受教育，所以并未受到多少冲击。母亲于 1995 年去世。

我（左二）、于岩（左一）、二姐陈秋霞（右二）在三姐陈丽霞（左三）、三姐夫（右三）位于上海的家中合影

第三节 家庭影响

父亲往来于上海、无锡两地，在无锡照顾店务的时间比来上海办货的时间多，我们在上海定居后，我与他的接触并不多，并未感受到多少父爱。懂事后，我认为是父亲造成了这个并不正常的复杂家庭关系，心怀委屈，对他有所不满。印象中，他只是一心经商，不问政治。但在抗日战争期间，他的抗日爱国热情却给我留下了较

深刻的印象，也使我增加了一些对他的了解。

中华人民共和国成立后我在要求进步的过程中初步认识到：家庭虽然多遭变故，也并不温暖，但毕竟生活上还是衣食无忧的。出于对母亲遭遇的同情和对家庭的不满，我决意要通过个人奋斗，学好技术，摆脱家庭，独立谋生。中华人民共和国成立后，对这些家庭影响问题，我开始有所认识和思考。自己热爱党和新中国，感到只要真诚要求进步，是能在思想上尽早克服家庭影响而得到改造的，对未来在新社会中的成长还是充满信心的。后来亲身体验新中国的迅速发展，自己又得到党和人民的培育，入团入党后受组织教育，对党和新社会更是满怀崇敬与感恩之心。我并没有因"家庭出身"问题而感受到多少思想负担。

1958 年年初留苏回国后，几经苦思后我认识到：自己固然要在思想上重视对受家庭影响的思想改造，但对共产主义理想的信仰和觉悟，尤其是对知识分子而言，首先和主要的是源于通过党的教育及自身对新旧社会对比的实践，对科学的马克思主义的认识和理解，以及在组织教育和引领下，不断提高觉悟和增强党性。因而相信党的"出身不由己，道路可选择""重在政治表现"的政策不会变，从不少并非工人、贫雇农家庭出身而坚定共产主义信念的革命前辈和先烈的实例中，我也得到启迪和增强自信，从而使自己在理性上对未来抱有信心，但面对现实，在感性上仍没有能真正卸掉"家庭出身"的思想包袱。直到改革开放后，才终于在拨乱反正的现实中，对被极左思潮歪曲了的党的政策有了去伪存真的认识，放下了"家庭出身"的思想包袱，更加坚定了理想信念，增加了轻装奋进的巨大动力，决心要更自觉地以实际行动表现，不辜负党和人民的信任。

第二章

出生在旧社会

第一节 幼年的一次风险

耄耋之年，我对自己幼年的情况已很难有太多印象了。只记得两三岁时从二层楼落水被救的事。当时我家的二楼房屋临河，那天早晨我和姐姐站在楼上临窗的方桌上眺望远处，母亲正和人坐在桌旁说话，由于临河的窗户没有拴住，我伸手指向窗外时把窗推开，身体也被顺势带出窗外，从二楼向后门口临河晒衣取水的石台坠落。幸好石台上方的晾衣竹竿忘了收回，我正好跌落在几根竹竿上后，又被弹起抛落到河中，避免了直接跌撞在石阶上的风险。行经的小舟上的船户发现有人落水后，很快将我救起。母亲被这突发的意外吓得不知所措，而幼年的我竟奇迹般地逃过了这一劫。

第二节 童年逃难过程中的苦难

1937 年，我 5 岁时刚开始上小学才几天，无锡就遭到日机的猛烈轰炸，学校被迫停学。接着，日本侵略者侵占无锡，父亲的布店遭焚毁，两个家都分别到无锡乡下逃难，母亲带着三儿一女，以及愿和我们生活在一起的父亲前妻的小女儿，我的三姐丽霞，还有在我家协助照顾幼小弟弟无家可归的一位女工。在一年多的颠沛流离、东逃西躲的逃难过程中经历的一些片断情景，至今我仍记忆犹新：

随着拥挤的人群，我牵着大人的衣角仓皇奔跑在已经着火的木桥上；我和家人在河滩边的洞室内躲避日本侵略者，妇女们都将灶灰抹在脸上；我们和众多乡亲一起被汉奸驱赶，被围困在田间场地上。更惊险的是，有一次日本侵略者突然进乡，拖儿带女的母亲已来不及逃跑，仓促间只好躲进粗布床帐后的便桶旁，我们几个孩子站立在侧墙边。两个日本兵冲进室内，其中一个举着上了刺刀的枪，向着母亲躲避的床帐乱戳，我和姐姐都吓呆了。日本兵回头发现在我们身后抱着小弟的女工，一把抢过小弟抛在床上，拖着她就到堂屋另侧邻居已外逃的空屋中去了。事后母亲说，她当时已抱着宁被戳死也不出来的决心。尤其是，父亲因多年苦心经营的事业毁于一旦，担心战乱中一家老少生计难以为继，一时悲愤绝望，竟投水自尽，幸被乡亲发现救起。我当时靠在门边，惊恐地望着人们围在被送回家的父亲床边忙乱的情景，至今难忘。这一切逃亡的苦难和对日本侵略者的仇恨，在当时尚少不懂事的我的心中深深地刻上了烙印。

第三节　国仇家恨催人早熟的少年时期

1939 年逃难到上海租界定居后，当时生活虽然比较清苦，但由于父亲已在无锡重新开始小本经营布店，毕竟已从颠沛流离的逃难中暂时安定下来了。我和姐姐也开始上小学了。因为是在租界中，所以小学的课本中还有关于日军侵占东北等抗日内容。但 1942 年日本偷袭珍珠港后，上海租界也沦陷了。记得一天晚上，从距离我们当时居住的台湾路不远的黄浦江边不断传来“隆隆”的炮声，惊醒了已入睡的人们。早上去上学时，走出弄堂口我就见到路口电话公司的大楼旁站立着几排头戴钢盔、手持长枪的日本兵。道路被封锁，已无法去马路对面的学校了，从此我们就生活在备受欺凌的沦陷区内了。复学后，学校的课本已全被更改了，原本四年级开始要学英语，还要加学日语。放学回家时，常遇到突如其来的戒严，行人都要被搜身检查，我也曾看到邻居被日军用枪顶着后背押走。在清晨去上学时，常见到附近米店门口已排着长队争购户口米[①]的人群。当时我们已搬迁到父亲在上海办理进货时租住的房子居住，和来上海办货的职工一起生活。更难忘的是那天早晨几个日伪汉奸气势汹汹地闯进家门要抓捕父亲的情景，那天父亲已早出门，未被抓走，我眼见在场的职工回答稍迟，就被汉奸重重扇了个耳光。其后相当一段时间，父亲东躲西藏不敢回家，母亲终日焦虑万分。

逃难中亲身感受的苦难和后来目睹的沦陷区人民遭受的欺凌和屈辱，这一切国仇家恨催人早熟，使少年的我已领略了丧国之痛和对日本侵略者的仇恨。

1945 年终于盼到了日本侵略者投降，迎来了抗日战争的胜利。上海街头到处飘扬着中国、美国、英国、苏联四国的国旗和写有“还我河山”标语的彩牌。我的心情十分激动，参加了学校组织的上海市民庆祝胜利的大会，还在自己家门口布置了一个庆祝抗日战争胜利的小彩牌。

小学毕业后，我就读于教会办的景德中学。从高小到初中，我的学习成绩一般，只是中等稍偏上，但却对语文和课外阅读很感兴趣，从入迷武侠小说和侦探小说到偏爱冰心的《寄小读者》和朱自清的《背影》等抒情散文。初中时，我的作文常被老师加了不少表示赞赏的红圈。我曾被推选代表学校参加上海市的中学生作文竞赛，那次比赛的题目是“夏令卫生”，未能发挥我爱写抒情散文的优势。

① 即一种配给的混杂着米糠沙土的糙米。

初二时，由于受到母亲要我学好本领、摆脱家庭、为她争气的影响，加上受物理老师引导，我开始领悟到要学好数学、物理、化学将来才能好找工作，独立谋生养家。因此，我开始对数学、物理和英语学习更为重视，更认真用功，成绩也逐步上升。到初三时，我的成绩已在班上名列前茅，受到免交学费的奖励。我开始和学习成绩好的同学一起商量，准备报考一所好的高中。

第四节　彷徨中的青年初期

抗日战争胜利后的那段时期，正是我从初中到高中、从少年走向青年的转型期。初中毕业后，我报考江苏省立上海中学（今上海市上海中学）未被录取，转而考入当时上海市立的吴淞中学。该校是抗日战争胜利后在远离市区的集镇区新复建的，学校设施虽较简陋，但教育却较严格。我当时准备一年后再报考江苏省立上海中学，我知道该中学要求很严，且招收插班生的名额非常少，竞争激烈，被插班录取的难度很大。因此，我在吴淞中学学习时格外努力，成绩一直名列前茅。在此期间，我对文艺的爱好仍相当强烈。由于吴淞中学是寄宿学校，课余时间也较多，因此在此期间，我阅读了大量巴金、鲁迅等著名作家的著作和《红楼梦》《水浒》《三国演义》等古典文学作品。我一直担任编辑出版班刊乃至校刊的文艺干事，还积极参加了学校中相当活跃的各类课余活动：先后两次参加了在全校期末联欢会上的话剧演出，其中就有由教我们唱整套《黄河大合唱》等歌曲的音乐老师执导的田汉写的《南归》独幕剧；代表班级参加了全校的英语演说竞赛；不时给当地的《淞声》小报投稿；参与创建了由老师领导的学校文艺社；组织文艺晚会、筹建学生文艺图书馆等。但很快国民党发动了内战，作为年青学子的我，开始关注社会形势。我们在学校中办的文艺社被迫停办。这一切导致我满怀对抗日战争胜利的喜悦、对国家兴旺和社会安定的憧憬，被现实中对前景的惆怅所取代。

高一暑假中，经过努力复习，我终于插班考进了江苏省立上海中学理科。该校的学习氛围十分浓厚，自己好不容易实现了愿望，学习自然格外努力，但仍很偏爱文学，仍在班上担任编辑墙报的文艺干事。中华人民共和国成立前夕，一向学习气氛浓厚的上海中学校园也比较活跃了。我又和班上几个同学办起了取名为“奔流”的油印小报，刊名是我从鲁迅著作中借用的，内容是交流学习心得和阅读感想等。

当时，国民党在内战中已节节败退，上海市通货膨胀，发行的“金圆券”严重贬值，到处可见兜售银圆的“黄牛”，经济几近崩溃，社会矛盾更加突出。我这个青年学子，虽然身居向来以标榜“一心读书、不问政治、不准任何政党团体介入”的上海中学校园内，也不能不感受到社会的动荡不安，但耳濡目染政府腐败、民生艰辛的现实，为“何时能有一个安定强大的祖国”而感叹，怀着对旧社会现状的严重不满，在彷徨中期盼着现状的改变。朦胧中我已感到不能仅为母亲争气，摆脱家庭而自我奋斗，萌发了应为改变现状和社会进步而有所作为的憧憬。但此时的我并不清楚路在何方。在我阅读的众多文学作品中，受巴金作品的影响较深。但主要是结合自己所在的环境，停留在反对封建习俗、要自我奋斗、跟上时代步伐进步的模糊概念，还缺乏认识革命的政治觉悟。记得在中华人民共和国成立前夕，气氛紧张，上海中学西边的体育馆住进了国民党的士兵。那时，每当晚餐后，晚自习的教室中尚未亮灯时，都会从一个教室传出低沉的《毕业歌》《松花江上》《黄水谣》等悲壮歌声，很快各个教室就都响应了，汇成了一片雄壮的合唱声，响彻校园，似乎反映了大家在黑暗中等待和期盼光明的心情。

很快，局势更加紧张，学校宣布学生全部撤离，改为在市内临时借用徐家汇的一个小学校舍继续上数学、物理等课程，但不久也完全停课了，只有少数同学自发留守在上海中学校园内护校。

第三章

迎来了中华人民共和国的成立

第一节　激情燃烧的启蒙期

上海快解放时，我们已迁至位于厦门路的新家，紧邻苏州河上浙江路桥，是国民党军为向吴淞口仓皇出逃必经的关口，在家中可听到不时从苏州河对岸的桥头传来的枪炮声。里弄居民已紧闭弄堂口铁门，自发组织轮流值班，防护国民党军败退时的混乱。在枪炮声较紧密的那晚翌日清晨，大家开门一看，只见在弄堂里已躺满了睡在水泥地上的解放军战士，此情此景，令人十分感动。

很快，我接到同学相告学校开始复课的通知。重回校后，成立了临时的学生会。我这时才知道在上海中学的老师和同学中其实也早就有地下党员了。各班级的社团都积极活动，过去相互间从不说话的男女同学也开始自愿组成了各个小组。宁静的校园变得十分活跃：军管的校领导和派来的政治老师经常给学生做报告；有的同学报名参加了南下工作队；我积极参加了到附近农村的宣传活动、在军民联欢大会演出、在宿舍后的空地上开荒种菜；等等。我还作为“奔流”社团代表和一些同学参加了上海全市欢迎解放军入城的大游行，冒着大雨高呼口号，高歌“解放区的天是明朗的天”，直到深夜才被接回学校。下车后，为防止被雨淋后感冒，学生会要大家都喝一口烧酒，我这个从不喝酒的人为此还昏睡了一整天。

这时，与我们一起逃难后参加新四军的三姐也回到了上海，周末她和姐夫常来家里相聚。看到中华人民共和国成立后到处都呈现出的一片欣欣向荣的新气象，首次听到关于社会发展观和建立独立富强、人民民主新中国的报告，所有这一切，对我都是那么清新，令人无比兴奋和激动，感到终于从彷徨中找到了方向，对新中国、新生活充满了无限憧憬和向往，无比热爱和兴奋，下定决心要追求进步。

1949年暑假，颁布了中华人民共和国首次全国高校统考的通知，由于我在上海中学高二已基本学过了高中数学、物理、化学的课程，所以我和几个同学商量，一起以同等学力分别报考高校，以积累经验。结果，我收到了浙江大学电机系的录取通知书。但我和其他被录取的同学都感到还是应当继续在上海中学把基础打得更扎实些，因此都没有去注册就读。

春节后父亲去世，家境衰落，我更向往于新中国的新生活，渴望进步。暑假后我进入高三学习，此时学校已完全步入正轨。师生和同学间的关系更密切了，建立了班主任、班委会和自愿结合的男女生混编的学习小组等制度。教我们理科乙班数学的唐秀颖老师是我们的班主任，我被选为班长。记得为增强师生了解，在我们班上首次组织了一次师生座谈会，效果不错。我写了一篇报道投给了《中学生》刊物，很快就被录用刊登了，我获得了生平第一笔稿费。唐老师不仅课教得非常好（她后来被评为上海市的特级教师），而且对班上同学的学习、生活乃至家庭都十分关心，大家遇到什么问题都十分愿意跟她谈，她也不厌其烦地真心地关心和帮助同学们，深受同学们爱戴。至今，我还记得那些聚集在她的教师宿舍里讨论班上工作的温馨夜晚。唐老师思想进步，那时虽还不是中共党员，但她对我们这些在新旧交替时期思想尚未稳定成型的青年学子的正确引导，使我们终身受益。毕业前，她把家中炊具搬到尚未完全落成的校友楼，和大家一起动手，搞了一个简易但十分温馨的毕业聚餐。她在大家的纪念册上，针对每个同学的特点，分别写下了她的忠告、希望和鼓励。毕业后，大家都和她始终保持着联系，非常怀念她。我到苏联学习后，仍和她保持着通信联系。1958年我回国后刚到上海，就和同从清华大学留苏的上海中学同班同学王定一一起到上海中学去拜望唐老师，她非常高兴，还留我们在家中共进了午餐。

1987 年，她作为上海中学副校长，到清华大学参加在京同学隆重庆祝上海中学成立 120 周年活动时，我们见到她被那么多爱戴她的同学热情地团团围住，才知道周光召、朱开轩同志也都是她的学生。我自己更是一直珍藏着 1954 年在苏联莫斯科收到的她寄来的签名照片和 1992 年她亲笔写给我的信。在信中她说，“接到你热情洋溢的来信，太高兴了。也让我不知不觉地回顾了四十多年前的情况以及别后的联系。确实让我感到特别和上海的同学再次聚会后感到友谊长存的可贵啊！”她还说，“谢谢你们挂着怀念之心，我也挂念着你们，希望下半年庆祝校庆时，好好叙述叙述各人的近况和像你一样取得的成绩，我是多么希望听到啊！”信中洋溢的时隔四十多年仍保持的亲切关爱的师生情谊，令我无比感动。

1954 年收到的唐秀颍老师的签名照片

我也清晰地记得和唐老师在一起的那些难以忘怀的情景：1992 年，从各地来到上海的我们班的同学专门集会为她庆贺八十寿辰；她来京开会时与在京同学们在我家一起包饺子的热闹场面；她退休到北京和儿子同住后，春节我们班在京同学去她家拜年的欢乐景象；以及她去世后我和张之一同学一起去八宝山悼念她的悲痛时刻。

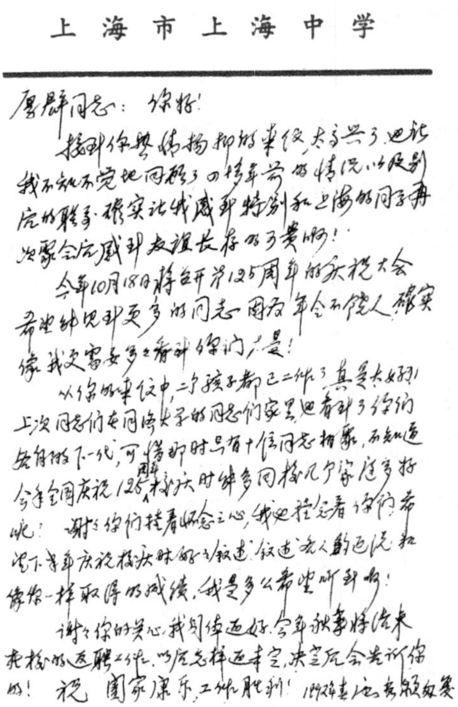

上海市上海中学

厚群同志：你好！

接到你热情洋溢的来信，太高兴了。也让我不知不觉地回想了四十年前的情况以及别后的联系。确实让我感到特别和上海的同学再次聚会后感到友谊长存的可贵啊！

今年10月18日将召开125周年的庆祝大会，希望能见到更多的同志、朋友，年令不饶人，确实像我更需要多多看到你们了是！

从你的来信中，二个孩子都已工作了，真是太好了！上次同志们去同济大学的同志们家里也看到了你们各自的下一代，可惜那时只有十位同志相聚，不知道今年全国庆祝125周年校庆时能多同校几户家庭多好呢！谢谢你们挂着怀念之心，我也挂念着你们，希望下半年庆祝校庆时好好叙述叙述老人的过况和像你一样取得的成绩，我是多么希望听到啊！

谢谢你的关心，我身体还好。今年秋季将结束我校的返聘工作，以后怎样还未定，决定后会告诉你的！祝 阖家康乐，工作胜利！1992年4.2 秀颖匆笺

1992 年收到的唐秀颍老师的信

1992 年重返上海中学与参加母校建校 125 周年纪念大会的 50 级理三乙同学在校门口合影（我位于后排右一）

难忘师恩，我尤其铭记唐秀颖老师对我的教诲、培育和关爱。我离开母校已半个多世纪了，但至今仍情系在学业上给我打下坚实基础的上海中学。

第二节　哺育在清华园的摇篮中

1950年的高考分华东和华北两个考区分别在不同时间招生，我在两个考区都投考了。我本被上海交通大学电机系录取并已经注册报到，随后华北考区才发榜，当知道我被清华大学土木系录取后，我竭力说服要我留在上海的母亲，最终她同意了我放弃上海交通大学、投奔清华大学的要求。当时我之所以坚持要到清华大学去，主要是单纯地认为，北方解放早，离开家庭更易进步。

为了运送在上海的新生，当年清华大学、北京大学和燕京大学联合包租了一列从上海到北京的专车。那时从南京到浦口过长江的渡轮被国民党军炸沉了，我们要背着行李从南京下关车站下车，再分批搭乘轮船过江，从浦口车站再上火车。加上由于是正常运行以外的加车，所以是逢车必让，走走停停，终于在三天后的深夜到达北京前门车站。学校迎新的同学早已在车站等候了，他们就在车站候车大厅的地上铺上带来的毯子，安排大家躺下。经过三昼夜的颠簸，我虽然确实已很疲惫，但初到这个向往已久的古都，早已按捺不住好奇之心，就独自溜出车站，漫步在空荡寂静的前门大街上，在夜色中仰望近在咫尺、岿然矗立的城墙黑影，远眺在不远处桥头边闪烁的卖夜宵摊位的微弱灯光，不由地有了一种神秘的感觉。我在心中默念，从此要开始新的生活了，感到既兴奋，又夹杂着一些忐忑不安。天亮后，各校派来的大卡车把我们分别接到校园。我终于来到了向往已久的清华园。

到校后，我对一切都感到十分新鲜。住在善斋内四人一间的宿舍，我按照分配住在双层床的下铺。由于父亲过世，家中已几无收入，而弟妹年幼，为尽量减轻家中负担，我向学校申请到丙种助学金，每月补助4万元（旧币）（相当于4元人民币）。当时，我和多数同学都参加了每月8万元（旧币）伙食费的吃高粱米的伙食团。我一般每月向家中要5万元（旧币）。交了4万元（旧币）伙食费后，剩下的1万元（旧币）就是包括所有购买笔记本、理发等的生活费了。为了节省记笔记的练习簿，我养成了至今还用很小字体记笔记和写卡片的习惯。开学初，高年级的同学在操场上摆放旧书出售，不少书是英文的，但价格比新书便宜多了，我就去淘购，有些旧书上还留有高年级同学的心得批注，更为难得。由于计算尺很贵，学校把标尺拍照后贴在木条上，仿制了计算尺，每把只收4万元（旧币）。回忆那时，我虽然生活比较清苦，南方人起初对吃高粱米也很不习惯，加上第一次离家来到遥远的北方，有时难免会思念家人。但很快，这些情绪都被在清华园里感受到的自强不息的浓厚学习氛围和洋溢着的朝气勃勃追求进步的政治热情所驱散。

诸多清华名师的声望造诣和前辈学子的学术成就，早就令我神往，我为好不容易进入这个中外闻名的学术殿堂而倍感珍惜，深受激励。曾记得，晚饭后，就常急匆匆地赶往图书馆，等待开门后抢占阅览室的座位。每次图书馆内那种大家都在孜孜不倦埋头学习的情景，更加激发起我求知的渴望。在踏着夜色回宿舍的路上还在默默思考，只嫌图书馆闭馆太早。在我被选为数学课课代表后，有机会经常到老师宿舍去接触求教，他那种严格认真的治学精神，更给我以深刻启迪。

比之理想的学习环境，更令我兴奋的是，这里正是我之所以离家远行为追求更快进步的目的地。因此，一开始我就积极参加班里和团支部组织的各项活动，负责班上出黑板报的工作，参加周末礼堂放电影时在周围值班和巡查等工作，还曾短期为附近的农村小学当义务教师。

到校不久，轰轰烈烈的抗美援朝运动开始了。曾记得，在得知志愿军跨过鸭绿江时，清华园沸腾了。当夜，我们都激动地自发参加围绕校园高呼抗美援朝口号的游行。在大礼堂观看高年级同学演出的《鸭绿江边》话剧，催人热泪盈眶；大饭厅外，“清华园虽大，已无法放下平静课桌”的类似当年清华学子奔赴抗日前线的大标语，撞击着每颗年轻的心。接着，学校停课，我们班到门头沟农村和煤矿进行抗美援朝宣传，和老乡们同吃同住，和门头沟煤矿工人一起高唱：“别看我们黑，别嫌我们脏，我们的心里亮堂堂……”的煤矿工人之歌。接着，党委、团委号召踊跃报名参军参干上前线。在当时充满激情的校园里，我当时的思想斗争非常激烈。我亲历过在日本侵略者铁蹄下的“逃难”和“沦亡”，也已懂得国破家亡、覆巢难有完卵的道理。我热爱刚刚迎来的新中国，也和大家一样，有一颗保家卫国、热血沸腾的年轻的心，觉得应当，也愿意积极响应。但又不能不想到父亲刚去世、弟弟妹妹尚小，我如果到前线，在困难中支持我上学、盼着我这个长子能尽早工作、承担起家庭重担的母亲会受不了，因而踌躇不定，彻夜难眠。为表达支持抗美援朝的心意，我把当时母亲刚寄给我的、家中仅有的过去保存下来的两瓶鱼肝油捐给了前方战士。为能更快进步，我积极申请加入共青团组织。在进清华大学不到 4 个月后，经班上团支部书记宋德蕃（上海中学的地下党员）、组织委员汪兴华同学介绍，我于 1951 年 1 月 8 日成为在本届新生中被首批发展的青年团员。

记得 1951 年年底正当期末考试前，我和班上团支部委员高莲士同志被团委选派到北京市节约检查委员会参加北京市的“三反”“五反”工作，在清华二校门的门口，校团委组织部部长李卓宝同志亲自送我们一行上车。我被分在税务工作组，记得组长是一位叫莫平的干部。整个部门的工作由一位披着一件呢子大衣的首长领导，后来听说他是崔月犁同志。我们有时周末晚上能休息一下，有舞会和棋牌等，那位首长喜欢打桥牌，还常找我和他配对。我们起初在正义路上一幢据说是原日本领事馆馆址的楼内办公，但很快就搬到一处大院内去了。这是我第一次参加这么大规模且重要的工作，几乎每天都要工作到深夜，子夜时分，从北京医学院派来工作的两位女同学，就负责给大家分发小点心作为夜宵。这年春节我们也没有休息，一般也不让我们随便外出。那时我对北京市所有的税务局（所）的电话号码都记得一清二楚，因为每天都要通过电话了解运动进展情况，及时统计，并记录在册。有时也在领导带领下，外出参加一些活动。通过实际工作锻炼，我的政治思想觉悟也得到了进一步的提高。尽力工作，却并不觉得累，只感到过得很有意义，开始领悟到这也是组织对我的培育和给予的锻炼机会。

有一天，我突然被叫去领导那里谈话，原来是要我立刻交接工作，马上回校参加留学苏联的考试。我对此感到十分突然和惊喜。记得当时我工作的部门还为我开了一个小会，主要是一些干部参加，似为我欢送，又像是对我工作的小结和鉴定。我第一次听到了要我努力进步、争取早日入党的鼓励，有位党员同志还送了我一本他签名的书作为纪念。但我那时觉得自己虽有此愿望，但总感到思想觉悟离入党的要求还差得太远。

回校后，全校二十几位被推荐参加留学苏联考试的年轻教师和同学集中在一起，很快要去参加数学、物理和俄语三门学科的考试。因时间仓促，实际也无从准备。幸好我曾旁听过半年俄语课，那是因为学校规定凡入学考试时英语成绩在 85 分以上的学生可免修英语课，我属此类学生。既可免修英语课，我就趁空去旁听了俄语课，当时只想以后便于阅读俄文资料，没想到这下倒有所帮助了。考试通过后，作为清华大学首批选派的留苏预备生，我和同班同学林华宝、商镇一起，在 4 月初跨进了暂借辅仁大学部分校舍筹建的北京俄文专修学校（那时叫留苏预备部）。至今我还保留着 1952 年 3 月

29 日在清华大学大礼堂前，全班同学欢送我们三人离校到留苏预备部学习时的合影。

1952 年 3 月 29 日，在离开清华大学赴留苏预备部前与土木系二年级全体同学于清华大学大礼堂前合影（我位于前排右七）

我们班被选派留苏的林华宝（前排左一）、商镇（后排左三）和我（后排右二）回国后重返母校时合影

就这样，在清华大学的学习时间虽然只有短短的一年半，但却是我人生道路上重要的转折点，是我思想成长的启蒙地，又为我的业务成长创造了机遇，使我进一步得到了党和人民的培育，我始终对此怀有深深的感恩之情。脑海中会不时浮现出一幕幕至今犹令人神往的情景：5 月 4 日在体育馆举行的庄严的入团宣誓仪式；在水木清华的绿树丛中，汪兴华同学与我的促膝谈心和对我的真诚帮助；

为节省路费，寒假我没有回家过年，借了裴党民同学的冰鞋在荷塘月色的冰面上滑行；清晨，在纪念闻一多先生的闻亭畔的土坡上，苦背那些难记的俄文单词；在参加北京市“三反”“五反”工作期间忙碌而又充实的日日夜夜；等等。清华园是在思想和业务上哺育我的摇篮，留给我多少个青春年华中难忘的美好回忆啊！

离开母校这些年来，我虽然没能取得如前辈学长们那样的好成绩，但还是超额达到了蒋南翔校长提出的“要为祖国健康工作50年”的要求。我时刻不敢忘记和辜负母校“厚德载物、自强不息”的教诲，努力想把得之于党和人民培育的知识回报社会，为振兴中华尽绵薄之力。

第四章

在苏联留学的峥嵘岁月

第一节　在留苏预备部学习

我是1952年4月初到刚筹建的留苏预备部报到的，主要任务是突击学习俄语，每天上半天的俄语课。由于是请并无教学经验的苏联驻华使馆人员的夫人当教员，配了一个助教兼翻译，加上总共只上了短短不到3个月的课，所以，对从字母学起的我们来说，此段学习实在只能算是启蒙而已。当时我们在教室中的座位是固定的，由于教室不够，分上午、下午两个班共用一个教室。有趣的是，上午我用的课桌，下午竟是被称为“中国的保尔·柯察金”的吴运铎同志所用，他后来是我爱人留苏回国后分配到三机部第一研究所工作时的所长。

上课之余，另外半天是自习和课外活动时间。晚上各班集中进行政治学习，包括每个人谈自己的经历和思想认识，相互间讨论和帮助。学校常邀请领导和专家来校做政治和形势报告，也组织一些如参观任弼时同志故居等的活动。通过这个时期集中的政治学习，在组织的帮助和教育下，我在思想上又有了更大提高，对党和共产主义有了初步认识。在留苏预备部后期，我向党支部提交了入党申请书，并被作为党组织的培养发展对象，党支部指定了两位党员作为进一步帮助和了解我的联系人，我还认真阅读了支部给我的《论共产党员的修养》。后来，由于出国在即，时间仓促，停止了发展党员的工作。当时作为我的入党介绍人之一的欧阳予同志（后来是我国首座秦山核电站的总设计师，中国科学院院士）在1953年也来到了莫斯科动力学院做研究生。

在留苏预备部期间，为保证营养，我们的伙食比在清华大学时改善了不少，还给我们发了一套单布的干部服，每月还有 6 万元（旧币）的零花钱。在结束学习后，宣布了批准留苏的名单及分配的学校和专业，我被分配到莫斯科动力学院的水电系。不久，在北京饭店举行了有郭沫若等领导人参加的欢送会。此外，我们还在中南海受到了刘少奇同志的接见，记得他讲话的大意是，留苏学习是党和人民交给的一项艰巨任务，我们作为新中国培育的知识分子，肩负着回国后建设新中国的重任，一定要克服一切困难，努力学习，坚决完成任务。领导的要求和期望，给了我们无比的鼓舞和动力，但也深深地感受到巨大的压力。我们时刻铭记着作为新中国培育的第一代知识分子，一定不能辜负党和人民的殷切期望。

在等待出国期间，留苏预备部又暂时搬到了西单石驸马大街的大院里了。10 月中旬我们才出发。

此前，我姐姐秋霞已考入天津的中国银行参加工作。我出国以后，妹妹静霞被招到哈尔滨的军工厂当了工人。虽然家境已远较过去困难，但母亲仍力求能让弟弟们继续上学。

第二节　在莫斯科动力学院学习

一、不辱使命刻苦学习的决心

1952 年，刚刚参加了庆祝中华人民共和国成立三周年的国庆活动，又在中山公园欢度了金秋十月的中秋佳节后不久，我就怀着无比兴奋的心情踏上了向往的留苏旅程。经过横跨西伯利亚的 7 个昼夜，10 月 25 日，我来到了已经是银装素裹的莫斯科。我们这批待分配的留学生正好都住在我即将就读的莫斯科动力学院。还清楚地记得，是林汉雄学长来接我们3个分到莫斯科动力学院水电系的新生（俞铭正、王定一和我）。他请我们在学校的食堂就餐后，还给我们购票在学校的俱乐部观看了到苏联后的第一场电影。虽然初次远离祖国，却一开始就感受到了组织和团队的关怀和温暖。

苏联莫斯科动力学院主楼大门

时隔53年后，与初到莫斯科动力学院接待我们的林汉雄学长在北京合影（左：于岩，中：林汉雄）

早9点到下午5点连续上课，再加上两个小时的俄文学习时间，还要按学校规定补上迟到两个月内耽误的全部课外作业。因而开始一段时间，我常熬夜到早晨，当房间内的广播开始播放苏联国歌时才上床，小睡后又要匆匆赶去上课。

曾记得，年终期末考试前在国外过的第一个春节前夕，何芦田同志把我们几个刚到莫斯科的新同学找去参加除夕聚餐，他和几位高年级同学亲手准备了中国菜肴。他亲切地对我们说，组织上知道你们来晚了，刚开始语言又不熟，学习上有不少困难，也知道你们很努力。这次期末考试，即使考不好，组织上也能理解，你们不要有太大压力，要注意身体。当时我们几人正处在十分困难而又担心之际，何芦田同志的这几句话，顿时让我们从心底里感受到组织的深切关怀和温暖，止不住热泪盈眶，心潮澎湃。虽说初次远离祖国和亲人，第一次在异国他乡过年，却感到无比亲切，忘却了所有的辛劳困苦，并获得了巨大的力量。我暗下决心，绝不能辜负组织的关爱。终于，我以期末考试全 5 分的成绩回报了组织的关怀和鼓励。那年寒假，党组织还专门安排罗西北学长带领我们三人去莫斯科动力学院在郊外的疗养院休养。

“绝不能辜负人民培育”的使命感和责任心、组织和同志们无微不至的关怀和鼓励，给了我最大的激励和动力，使我以获得学习期间全 5 分的毕业成绩，向党和祖国做了汇报。在莫斯科动力学院五年半的日日夜夜，奠定了我为祖国水电建设事业奋斗的基础。

很巧的是，在留苏预备部教授我们班俄语的马克西姆娃老师回到苏联后在莫斯科动力学院的实验室工作，我们约了包括在列宁格勒（今圣彼得堡）就读的留苏预备部的同班同学一起拜访了她，在北京相识，又在莫斯科重逢，感到分外亲切。

二、不是兄弟姐妹胜似兄弟姐妹

虽然在莫斯科动力学院五年半的时间里，我们远离亲人，其间也从未能回国探亲，但我们一直都沐浴在“不是兄弟姐妹胜似兄弟姐妹”的组织关怀和同志友爱之中。怎会忘记，在学习最困难的时刻，大家相互鼓励、切磋，“不让一个同志掉队”的心声暖彻心扉；我也多次受组织委派，为我国新来留苏的学生辅导数学。莫斯科动力学院水电系党小组的洪世华同学处处事事总是给予我们老大哥般的关照，老大姐俞铭正同学在我因鼻窦炎开刀住院时，给我送来了她亲手做的炒饭；他们两位还是我的入党介绍人，在政治思想上引领我向党组织靠拢。为了节省时间和保证身体健康，我们几个住在同一宿舍楼的中国男留学生还曾组织了被我们戏称为“公社”的“晚餐集体”。每人轮流一天准备晚餐，在约定时间，大家集体用餐。不仅避免有人一忙起来就吃几片面包充当晚餐，而且每晚这时候的聚会，大家在边吃边聊中感受到很大的乐趣和友爱。还记得在期末考试期，每考完一门课，我们就常相约一起去俱乐部看场电影，放松一下后，再准备迎接下一门考试。

这些温馨动人的同窗友情，时时萦绕心间。在回国后的六十多年中，我们仍始终保持联系并常有聚会。2015 年，为向莫斯科动力学院 85 周年院庆致贺，我们在京校友组织了一次聚会，当年的青年学子，如今已是耄耋之年的白发老人了，但作为莫斯科动力学院首批中国留学生的林汉雄学长还来参会了。改革开放以来直至今日，每年春节期间，欧美同学会留苏分会都在全国政协礼堂举办新春联欢会，许多曾在莫斯科动力学院留学的在京的同学们又能相聚在一起。叙谈间，还常沉浸在对那难以忘怀的热情燃烧的青春年华岁月的回忆中。

1983 年春节，莫斯科动力学院在京同学合影（我位于后排右四）

2015 年，莫斯科动力学院在京同学聚会（我位于前排右三）

三、各次业务实习

1954 年在爱沙尼亚共和国的那尔瓦水电站工地实习（我位于左一）

1954 年第一学年末是见习性实习，由教我们测量的老师带队到离列宁格勒（今圣彼得堡）不远的爱沙尼亚共和国的那尔瓦水电站工地。这次实习主要是学习和了解引水明渠衬砌、排水钢筋混凝土管道的布筋和混凝土浇筑工艺。如今我在南水北调工程主干渠道施工现场时，还会回忆起五十多年前第一次实习时在渠道工地的情景。其间，我们作为见习钢筋工，和工人一起参加了一段时间的钢筋网的准备工作。为此，工地还给我们发了每天 20 卢布的补助费。我在拉拔钢筋时不小心，手背上被拉开了一条较深的伤口，至今还留有疤痕。老大哥洪世华同学心痛地再三叮嘱我，千万不能只埋头工作，千万要注意安全。我们还参观了邻近的爱沙尼亚首府的塔林和美丽雄伟的列宁格勒市。记得老师还带我们在普希金就读的皇村中一处据说曾是沙皇御厨的餐厅共进了晚餐。在回校的火车上，喜爱唱歌的苏联女同学们竟不知疲倦地连续唱了几个小时。

第二次似是考察性的实习，由教我们建筑材料的一位女老师带队。经过了当时很有名的连接伏尔加河和顿河的运河，首次有了过船闸的体验，了解了它的作用和原理。在乘船经过齐姆良斯克水库时，正遇上刮风下雨天气，面对一望无际的汹涌波浪，才理解为什么它被称为齐姆良海了。

1954 年，和带队实习的老师在列宁格勒夏宫前合影（我位于左一）

第三次实习时，我们已经开始学习水工结构等专业课了。这次是到建设中的斯大林格勒（今伏尔加格勒）水电站。工地上布满各类大型机械设备，场面十分壮观。为了建这个水电站，还专门修建了一座各项基础设施和生活设施都很齐全的、被称之为没有教堂的崭新城市。初期，这个城内的建筑全都为电站施工所用，之后，城市与建成的水电站一起交付。后来知道，在由苏联援建的我国首座大型电站三门峡工地，也是先建了一个三门峡市。实习过程中见到的门机运送的巨大的混凝土吊罐、水轮机的巨大叶片，以及厂房基础中直径达 50mm 的钢筋网等现象，大坝基坑浇筑混凝土前，质检人员掏出白

1956 年夏，在斯大林格勒（今伏尔加格勒）水电站工地实习（我位于左一）

手巾擦拭经冲洗的岩面，以检查是否有灰尘的场面等都给我留下了深刻印象，也使我对大型水电站的施工，从修筑围堰、施工导流、基坑开挖至混凝土浇筑的全过程，初步有了比较系统的了解和一些亲身的体验。其间，我们还参观了工程的水工试验场。当时在工地同时有十多个水电专业的学生在实习，都住在河岸边排成长阵的帐蓬中，下班后我们常在河中游泳，我就是在伏尔加河中学会了游泳时如何换气的。在这次实习中，还遇到了赫鲁晓夫陪同南斯拉夫的铁托到工地来访问，远远观看到那种热闹场景。

第四次毕业实习，是在列宁格勒全苏水工研究院古特曼教授的研究室。主要学习光测弹性力学试验技术，同时也了解了在冻胶平面模型上印网格后测加载前后的变形、浇制拱坝石膏模型的技术和混凝土温度计算方法。真没想到回国后我会被分配到研究院，从事这类结构应力试验研究工作。在这里，我又见到了来苏联考察的清华大学张光斗先生，由于我在清华大学学习了一年半的时间就离校去留苏预备部了，还没有上过张先生的水工结构专业课，所以他并不认识我，但没想到后来我在工作中受到他那么多的教益，有一段时间，他还是我工作的研究院的院长。实习期间，我们住在加里宁工业大学的宿舍里，又碰见了正在全苏水工研究院考察访问的电力工业部水电科学研究院覃修典副院长和赵佩钰总工，我们进行了交谈。没想到回国后我会正好分在这个研究院，而且正是在赵佩钰所长的结构材料研究所工作。因为当时我和其他同学一样，都盼望着回国后能到第一线的工地参加工程施工。当时正逢6月，列宁格勒纬度高，6月21日是白夜，晚上11点钟在室外还能看报，我们亲身体验了一下在学俄文时读普希金的《白夜》长诗中的情景。那晚在一楼偌大的寝室内的许多苏联同学整夜都在外面游逛，早晨朦胧中的我才看到他们跳窗进来，因为宿舍的门已关闭了。其间，正逢列宁格勒建城250周年，全城都沉浸在庆祝节日的氛围中。承担我国三门峡工程设计任务的列宁格勒设计院知道有学水电的中国学生在全苏水工研究院实习，还特意邀请我们去参加了该院的庆典，并赠送了列宁格勒建城250周年的精美画册。这也为我在做毕业设计再去请教时受到热情接待有关。我那次再去列宁格勒设计院时正逢冬季，早晨9点前和下午4点后，街上都是靠路灯照明，我又经历了列宁格勒的"长夜"。那次我还遇到了作为三门峡工程派去的中方设计代表沈崇刚同志，也没想到，后来我回国后和他同在水电科学研究院的结构材料研究所工作。在列宁格勒，竟遇上与我以后工作密切关联的那么多的"没想到"，难怪当1992年和2006年我再访这个城市时，会感到格外亲切和有缘。

四、难忘的师恩和同窗情谊

苏联的大学讲课既无教科书，也无讲义，全靠记笔记。我们刚到校就直接跟班上课，在留苏预备部学的那些俄语，根本无法应付。在这段最困难的时期，班上的苏联同学主动帮助我补抄课堂笔记。第一年，学校专为留学生开了俄语课。我们的俄语老师对我们关爱备至，还专门请我们三个中国学生去他家里作客吃饭。每年暑假，学校都会安排我们到休养所短期休养，或者组织旅游。无论是在日常生活中，还是在参加各种社会活动中、实习和度假期间或旅途中，我无不深深感受到苏联普通人民给予我们的真情厚意。

1953年，在莫斯科动力学院校门口和苏联同学合影（我位于后排右八）

苏联同学认为材料力学是比较难学的课程，公布的教这门课的老师是一位教授（在苏联获得教授职位是相当难的）。记得全年级在大阶梯教室中第一次听讲时，当时年仅28岁的勃洛欣教授一进屋，大家竟以为进来的是同学而未能全体起立致敬。勃洛欣教授后来当选为苏联科学院院士。他对学生要求非常严格，据说有的学生补考7次都未能通过他的考试。他曾为年级中各班中成绩好的少数学生开“小灶”，组织课外的弹性力学研习小组，我也被吸收到这个小组中。1993年，当我到奥地利参加结构安全和可靠度国际会议时，又遇到了勃洛欣教授，他是被特邀去领授大会给他颁发的荣誉奖的。想不到事隔30余年，他竟还记得我这个异国学子，并仍然给予了我亲切的鼓励。

毕业前一学期，我被吸收参加教研室主任阿依伐尚教授负责的研究项目，参与西伯利亚布拉茨克水电站混凝土拱坝坝内式厂房方案的结构试验。在当时，这个方案本身及其试验方法都属于前沿性的研究。我常在晚上单独去实验室定时进行测试。我的毕业论文也在阿依伐尚教授的指导下，选了这个工程为题。教研室还拨付经费，介绍我专程去列宁格勒水工设计院，向专家学习和了解他们在为中国三门峡工程设计的厂内式厂房方案中用复变函数进行坝内式厂房结构分析的方法，使我能在毕业论文中应用到布拉茨克高坝坝内式厂房的结构分析中，以便和我参加的模型试验结果比较。这样对一个本科学生毕业论文的支持是少有的破例。当我以优异成绩通过毕业论文答辩后，课题组的老师和工人们亲临现场，向我赠送了一盆鲜花、一本经典古诗的精美画册和他们专门为我制作的一个我参与试验的有机玻璃的布拉茨克水电站混凝土坝的模型，以表示祝贺。这个刻上我名字的坝体模型纪念品我一直珍藏至今。特别令我感动的是，在我以五年半来所有课程全5分的成绩毕业时，阿依伐尚教授要我留下当他的研究生继续深造，而在当时苏联已规定，大学毕业两年后才能报考研究生，他不仅表示可破格举荐我，还提出要主动与我国使馆联系相关事宜。但由于我急于回国参加祖国已开始的五年规划而婉谢了他的盛情建议，并向他表示，如有机会，我愿带着参加工作后遇到的难题，再来向他请教和学习。

1992 年，当我作为水利水电科学研究院学术考察和访问团团长重回莫斯科时，苏联已经解体。到机场迎接的是我在莫斯科动力学院学习时的同级同学——希尔盖·夏尔公诺夫。在当时物资十分匮乏的艰难时期，他还热诚邀请我们全团到他位于郊区的别墅去，以他们自己种的新鲜蔬菜招待我们。该院院长是莫斯科动力学院兼职教授，他亲自陪同我重访阔别三十多年的母校，我们一行受到热诚接待。

在莫斯科动力学院学习期间，所有这些苏联老师的师恩和同学们的友情，令我终生难忘。

五、丰富多彩的课余生活

我国驻苏联大使馆常为留学生组织一些课余活动。最初，莫斯科的中国留学生数量不多，周日我们常受邀到使馆去听报告会或与国内来的代表团座谈。记得 1953 年那次在使馆与参加中国科学院访苏代表团的梁思成先生见面时，我们几个由清华大学选派、学习土木建筑的同学围在他身边，听他兴致勃勃地讲述他对北京市规划的设想。有时，大使馆也招待我们观看来自祖国的电影，还有一些从国内带来的小食品可以食用，都让人感到格外亲切。偶然被临时派到大使馆帮忙做些琐事时，还能在使馆吃上一顿地道的中餐解馋。那时，大使馆馆址沿用了接收的国民党政府驻苏大使馆旧址，地方不大，后来随着留学生的数量增加，就无法再组织留学生到使馆聚会了，只能在临时租用的礼堂中进行了。大使馆曾经借莫斯科动力学院俱乐部礼堂，组织中国留学生听李富春同志做报告，那次派我在外面巡视，我因此而没听成报告。后来常借在列宁山上新落成的莫斯科大学的礼堂集会，诸如，有很多苏联领导和友人参加的中华人民共和国成立 5 周年的庆祝大会，听张闻天大使在会上用流利的俄语讲话；也在这里受到访苏的朱德委员长接见；聆听了毛主席对留苏学生的讲话；还观看了周信芳演出的京剧《十五贯》，在这个富丽堂皇的西式建筑中，响起了热闹的中国锣鼓声，我还边听唱词、边用俄语给旁边的苏联观众解释剧情，总感得有一种很特别的情趣。后来，大使馆也搬到列宁山上的新大厦了，我们去的机会就很少了。只是有一次我的二姐夫带领中国纺织代表团访苏，住在新使馆中的招待所，我到那里去和他见面，还在与代表团一起参观列宁博物馆时被要求当了临时翻译。

1954 年，在莫斯科大学礼堂庆祝中华人民共和国成立五周年大会上李德伦指挥中国留学生大合唱（我位于后排左三）

在紧张的学习之余，我也常参加班上组织的丰富多彩的课余生活，诸如，参观列宁博物馆、艺术馆，参观《钢铁是怎样炼成的》作者奥斯特洛夫斯基在莫斯科的故居，去大剧院观剧，到郊外滑雪等。也参加了学校组织的深秋时节到附近农场抢收大白菜等义务劳动，假期去休养所或疗养院短期休息和参加体育夏令营，以及去乌克兰、高加索等地旅游等。通过参加这些活动，我们对苏联的历史和人文有了更多了解。

记得在一次帮助抢收大白菜的劳动中，派我搭乘的那辆运菜的大卡车的苏联司机装了一大袋大白菜，放在司机座旁要私自带回去，我那时感到奇怪，在社会主义国家怎么会有这种事？就制止了他，他以很不满和惊诧的目光盯着我，大概认为我这个外国年轻人太不通世故了，但他还是很不情愿地把白菜倒回后面的车厢中去了。

记得最后一次在立陶宛疗养院的休养是我独自去的，与我同室的是一位可能是纺织厂劳动模范的老工人，我们很谈得来，成为好朋友。那时我常步行十多里到波罗的海海边散步。利用这个难得的24天的空闲时间，我读完了从疗养院图书室借来的托尔斯泰的名著《安娜·卡列尼娜》。也许是因为环境比较安静和专心，似乎觉得比在学校时读《钢铁是怎样炼成的》《远离莫斯科的地方》《母亲》等原文书要更轻松些。

1957年，在立陶宛疗养院与纺织工人合影

记得去高加索旅游时，总共有二十多位包括少量研究生的中国同学参加，组织上要我和林达夫同学带队，历时二十多天，途经第比利斯等多个加盟共和国的城市。虽然校方派了三位苏联同志帮助与当地有关单位联系，安排食宿和交通，但作为领队，要做好诸多方面的协调，根据情况适当调整计划，又要让大家满意，并安全顺利地完成任务，对我也是一次很好的锻炼机会。

留苏期间有两次课外活动，给我留下了格外深刻的印象。

一次是1955年暑假，由共青团莫斯科市委组织全市外国留学生沿伏尔加河旅游。我们在一艘以果戈理名字命名的游船上，从莫斯科出发，一直到近海边的阿斯特拉罕城，再返回莫斯科。各个学校的各国留学生自成一组。我们学校中后来当选为国家总理的李鹏同志也参加了此次活动。

我们食宿都在船上，每天白天到达一个城市，由当地共青团组织负责接待，安排我们参观博物馆、艺术馆等，晚上开船航行。在为期约一个月的旅程中，我们到了当时以高尔基命名的、他在《我的童年》中描述的他当时生活过的地方；在喀山访问了列宁就读的喀山大学；在乌里扬斯克参观了列宁的故居；印象更深的是在斯大林格勒的见闻。这座在苏联卫国战争甚至是整个第二次世界大战中具有里程碑意义的名城，当时虽已在废墟堆中重建，沿岸已成美丽的公园，但仍可见当年苏军战士反击德国法西斯的历史遗迹。重建的优美街道中，保留了一幢当年苏军战士在巷战中据守的千疮百孔的英雄的巴甫洛夫楼房残迹。沿着据说曾是当年苏军从冰冻的伏尔加河反攻的前线，竖立着一座座炮口指向德军的

1954 年暑假之游：斯大林格勒战役中绝不后退的炮位和碑志

1954 年暑假沿伏尔加河之游：保留至今的斯大林格勒战役中英雄的巴甫洛夫楼房残迹

坦克雕像，碑座上刻着“在后面，我们没有退路”的悲壮标牌，记下了当年战士们誓不后退、冲向敌人的决心。在以马马耶夫命名的无名烈士墓上，矗立着象征保卫和平的一位手擎长剑、迎风昂首站立的巨大妇女塑像。英勇的苏联人民保卫祖国、抗击法西斯的感人事迹，令我们受到了深刻的教育。

旅游结束前，全体各国留学生还手挽手地唱着俄文歌在街上游行而过，晚上在船上还举行了化装舞会。

在船上，李鹏同志跟大家一起玩得很高兴。还记得暑假中，苏联同学都回家了，学校让留校的留学生都集中居住，我们也曾到李鹏等早年从解放区去留苏的高年级同学的房间中去玩。这些高年级同学对我们都很关心。我们还看到了在他们出国前，很多领导在他们的纪念册上写下的充满期望和鼓励的话语。记得当在参加第九届全国政协会议时，李鹏总理来到我们农业界会议室时我见到了他，他叫着我的名字问我：“你怎么已掉头发了？”我自然早已不是他50多年前的印象中的小伙子了。他往门外走去后又返回来，对我说起他记得我当选了中国工程院院士的事，大概是因为第一批正式选举产生的院士需经国务院批准给他留下的印象。

1956年暑假，在莫斯科举行了第六届世界青年联欢节。中国代表团由胡耀邦和项南两位团中央领导带队，也组织了少数留苏学生参加此次联欢节活动。记忆中，莫斯科动力学院党组织指派了邵娟仁、林达夫、我等大学生和研究生于岩等作为代表团成员参加，董学晟和杨定原等同学作为代表团工作人员参加。国内去的代表中有著名演员杜近芳等，以及哈尔滨电机厂的劳动模范等，队伍很庞大。我们主要参加了与亚洲、非洲、拉丁美洲的各国代表间的活动。第一次参加这种国际性的大型活动，开始不免有些拘束，但因为都是青年，大家都很热情和活跃，尽管语言各不相同，但围绕联欢会的“和平、友谊”主题，交往中几个常用的词句并不难学，再加上手势比画，彼此之间很快就能沟通了。代表团时时处处都受到莫斯科人民特别是青年们的热诚欢迎，我们所乘坐的有联欢节标志的专车所经之处，到处是“和平、友谊”的欢呼声。无数个争相伸上来的手与我们相握，真是令人既兴奋又感动。

其间，代表团中几个留苏的学生还受到了团长胡耀邦同志的亲切接见，请我们吃从国内带来的苏州采芝斋的糖果。胡耀邦同志对代表团的要求很严格。记得有一个晚上，活动后大家都很疲累了，子夜时分正酣睡中，突然都被房中的广播声叫醒，要大家迅速到驻地院中紧急集合，胡耀邦团长给大家道了辛苦，也针对代表团在近几天活动中存在的问题和需注意的事项提出了批评和要求，要大家严格遵守纪律，时刻注意代表中国青年的形象。对参加国际活动的使命感和责任心，首长们不辞辛苦、彻夜工作的精神，令我们这些年轻人很有感触、深受教育。

没有想到的是，这次和于岩在联欢节活动中的相识和接触，竟为我们四年后成为终身伴侣埋下了种子。在学校中，大学生和研究生之间的交往本来就很少。更何况于岩自哈尔滨工业大学毕业后即选派留苏，刚来一年，她学习的是工企自动化专业，与我所在的水电系联系也很少，因而接触和了解并不多。当时还有在留学期间不能谈恋爱的规定，所以当时我们只是同学关系，彼此都没有其他想法。联欢节活动结束后，也并无更多联系，且我正全身心地忙于毕业实习和写毕业论文，但我和于岩之间毕竟开始有所了解，也给彼此留下了初步印象。

六、感受苏联人民的真挚友情

不仅是在学校中，我们在苏联期间的其他地方也能感受到苏联普通人民对我们的真挚友情。记得第一年暑假中，我和王定一同学被安排去莫斯科郊区的一个休养所做 24 天的短期休养。其间，结识了一位莫斯科共青团区委书记，他是一位失去一只手臂的转业军人，对我们这两个当时还并不多见的中国同志十分热情友好，常和我们一起划船，也带领几个常聚集在他身边的年轻人和我们一起散步聊天。遇到雨天，他们和我们一起在室内围成一圈，玩“接字母”的游戏。一人开始说一个俄文单词，下一个接着说出用这个单词的最后一个字母作字首的单词，如此循环。这个游戏帮助我学到了不少新单词。休养结束时，我们彼此之间成了朋友。后来在他的组织下，我们还多次在莫斯科的公园里聚会，被邀请到他家中餐叙，还到他在列宁山上分到的新房中去祝贺他的新婚。此外，每次在休养所或疗养院，餐厅服务员见我们这些来自中国的年轻小伙胃口不错，还会主动地询问“达巴夫加？”（意即“再添加一点？”），见我们微笑点头后，又端来的常不只是“一点儿”了。

我在苏联学习期间从未请过病假。但由于莫斯科漫长的严冬冰天雪地，我得了严重的鼻窦炎。经多次穿刺引流治疗，仍未能治愈，经常头痛影响学习，于是决定利用假期住院手术，在封闭的鼻窦骨体上凿开一个洞。当时苏联的医生说因离头部近而不采用局部麻醉。手术时用纱布捆住我的手脚，让护士摁住我头部。医生一边手术一边不停地和我说话，以尽量分散我的注意力。我虽感到头部又痛又震得厉害，但还是对医生说我能忍受，保证不动。好不容易手术完成，医生还感谢我的配合。30余年后的1989年，凿开的洞又被生长的骨质堵住了，我在宣武医院再次做类似手术时，采用了局部麻醉，比较轻松地就完成了，医术已比20世纪50年代的苏联进步多了。但当时苏联的医保条件还是很好的，不仅住院、手术都是公费，连住院期间的伙食也是免费的。护士们对我这个留学生患者格外热情友好，照顾特别周到。他们对中国很感兴趣，中国同学来看望我时带来了上面写有中文字的苹果，病房值班的那位护士看到后，非常惊喜，我见她爱不释手，就送给了她，她非常感激和高兴，说要带回去给全家人共同欣赏。

在我读了《卓娅和舒拉的故事》这本书后，卓娅的英雄事迹令我深受感动和敬佩，对她童年所受的家庭教育也很羡慕，还曾专门寻找到埋葬她的、远在郊外的新圣女公墓去谒陵。后来，正好这本书的作者、卓娅的母亲来到莫斯科动力学院为留学生们做报告，报告一结束，我就走上台请她在我的本子上留言，她十分高兴地为我题写了一大篇期盼新中国一定会有更多具有卓娅那样英雄气概的年轻人的祝愿。遗憾的是，在“文化大革命”初期，这些被毁弃了。

当年我们在斯大林格勒（今伏尔加格勒）水电站实习时，一位居住在附近的乡村医生听说来了几个中国学生，就专门找到我们，热情邀请我们到他的农舍去做客，请我们吃新摘的桑葚，还认真地向我们学习中文。在我们回校后，甚至在我们回国初期，他还常跟我们通信，寄来他的中文练习，请我们给他修改。在我们访问迭那摩（动力）电机工厂时，也有工人请我们到家里去做客，我们也成了朋友，在我们回国时，他还带着女儿到车站送行，非要送一盒袖珍的国际象棋给我以在漫长的旅途中消遣。

虽然作为留学生，对苏联当时的社会了解的深度和广度十分有限，但待久了，当然也会看到一些当时曾难以理解的负面现象，例如，在节日夜晚的大街上，不时会碰到哼着歌曲的迷糊的醉汉；也还记得刚到莫斯科第一次搭乘地铁去使馆听张闻天大使讲话时，我的钱包就丢了，里面有旅途中临时发给的100卢布补助费、临行前在天安门前的留影和莫斯科动力学院的地址。我曾天真地想，社会主义国家不会有小偷，还以为，过几天小偷肯定会因发现是中国留学生的东西而寄还给我的。后来才知道这种想法实在是太幼稚、太可笑了。但总体上，在莫斯科动力学院学习期间，主要感受到的是学校的老师和同学以及苏联普通人民的真挚、热情、纯朴的友情，这些珍贵的涓涓滴滴，时刻铭记在心，难以忘怀。改革开放后至今，每年年终，我和老伴还会收到莫斯科动力学院校长签名的新年贺卡和热情洋溢的告知母校近况的信。

第三节　我在莫斯科入党

一、牢记学习使命，不忘政治思想要求

虽然在留苏预备部我作为党的培养发展对象后因出国在即就停止发展了，到苏联后，我仍想要积极争取入党，但不久获悉在留苏期间暂不在国外发展党员的规定。在莫斯科动力学院紧张的学习中，我始终不放松对自己政治思想上的要求。我一直参加共青团组织的工作。当时在莫斯科动力学院周围的一些中国留学生很少的学校中，其留学生的党团组织关系也都在莫斯科动力学院。所以，我常要不仅和本校的，也要和邻校的我国大学生和研究生中的团员们保持联系，定期走访，以了解和反映他们在生活中和学习上的情况及需要组织帮助解决的问题等。记得最初我们召开团支部会议时，还邀请过莫斯科动力学院苏联团委的同志参加，以便他们组织班上的团组织主动关心和帮助我们。由于他们的参加，会上大家只好用俄语发言和讨论。我在积极完成组织交付的各项工作的同时，对自己努力学习这个基本任务也不敢有任何松懈，多次在学期末党支部召开的全体留学人员的大会上，受到负责学习的支部委员杜玮同志的表扬。

后来，在莫斯科动力学院学习的中国留学人员越来越多，就成立了党、团总支委员会。我被选为团总支学习委员，受党总支学习委员潘天达同学（以后曾任长江水利委员会党委书记）直接领导。我们的主要工作是在大多是团员的大学生中进行工作。中国学生晚上都在学生宿舍楼内的自习室内学习，潘天达同学经常带着我到各

系的自习室去了解大家的学习情况和存在的问题。我们也常和学校外国留学生处的那简士金老师联系和沟通，彼此之间的关系非常融洽。当时莫斯科动力学院虽有各国留学生，但中国留学生最多，因而也最受关注。在和潘天达同学共同工作的过程中，她善于联系群众、关心同志和工作认真负责等优秀品质，不仅使我在工作能力和政治思想的进步方面受到启迪，而且在生活上也得到她老大姐般的关心。曾记得，我因经常学习到很晚，早晨来不及吃早餐，就匆忙赶去上课，因为平时很慈祥的门卫阿姨9点准时就会关上校门，铁面无私，哪怕你只晚1分钟也绝不通融。为此，潘天达同学有时在教室对门的小卖部买了早点等我，促使我改了熬夜迟起的习惯。

二、加深对共产主义理想的了解和信念

1952年10月25日我们刚到达莫斯科不久，就首次参加了11月7日苏联国庆节的例行游行。经过红场时，远远望见了站在列宁墓上主席台检阅的斯大林同志，这对于无限憧憬社会主义的我来说，心情确实是无比兴奋和激动的。但谁也没有料到，我们见到的竟是他的最后一次在红场检阅。翌年五一游行前的3月5日他就遽然逝世。早两天，我们就在广播中听到了他病重的消息，学校就已沉浸在沉重和焦虑不安的气氛中了。5日传出他逝世的消息后，莫斯科全市到处都深陷在悲痛中。我们去商店买面包时，女售货员都边工作边抹眼泪。我们亲历了当时斯大林个人在苏联人民中巨大影响的情景。学校事实上似已停课，大家一起涌向停有斯大林灵柩的圆柱大厅，但通往圆柱大厅的各个路口都已有巡警封锁，我们只好返回。后来，大使馆准备了一个大花圈，由中国留学生学生会主席李鹏同志带队，我们中国留学生整队步行到圆柱大厅参加悼念和告别。记得在莫斯科中午12点举行追悼大会时，我们都在学校大礼堂参加。

在苏联学习期间，在党、团组织的帮助和教育下，加上学习马列主义课程，我对马克思主义理论有了初步了解。深信其辩证唯物

论和社会发展观的重要核心内容是在运动中不断发展的物质世界的客观实践决定了人们的主观思想认识，是生产力推动了社会的发展，是作为社会的物质基础的生产力决定了作为上层建筑的生产关系。因此，随着生产力的不断发展，必然会有与之相应的、能更合理有效地调动人们发展生产力积极性的生产关系。随着生产力的高度发展，必然会向更富强、民主、公正、和谐的社会主义和共产主义理想过渡。革命就是对马克思主义的社会发展观的自觉实践。作为一个知识分子，我正是首先基于这些思想认识，坚定了自己愿为之奋斗终生的人生观和共产主义理想，因而更积极要求入党。我感到，只有在党组织的教育和引导下，才能真正在实践中逐步建立和巩固这样的人生观与理想。这对于我这样非劳动人民家庭出身、没有经历过在实践中艰苦锤炼和改造的知识青年来说尤为重要。

三、实现了入党的夙愿

1956年，可以在苏联留学生中发展党员的消息给了我莫大的鼓舞。在入党介绍人的党支部书记、同系同级的洪世华同学和在革命根据地成长的、同班的俞铭正同学的帮助与引导下，当年11月17日，我终于在莫斯科动力学院被接收为党员。那次在莫斯科动力学院二楼大阶梯教室中，也许是因为首次发展新党员，我记得是党总支全体党员和部分团员参加的大会，当宣布表决通过时，我热泪盈眶，心情无比激动，永久难忘。虽然还有待上级党委审核批准和一年的预备期考察，但我认识到，从今以后，无论在什么情况下，都应当严格按照党员的标准要求自己。

1957年是苏联十月革命40周年大庆，毛主席亲率代表团到莫斯科参加庆祝大会，并出席社会主义国家共产党和工人党代表会议。11月16日晚上，我们突然接到通知第二天要在莫斯科大学大礼堂召开全体留学生大会。当晚我们猜想，即使不一定见到毛主席，也一定会有中央领导同志给我们做报告的。

第四节　令人激动的毛主席的讲话

第二天，我们提前到达在列宁山上新建的莫斯科大学大礼堂，到为各学校规定的席位入座，留给我们学校的座位离主席台不算远。不久，各校的学生也都陆续来到，三千多名中国留苏学生已把大礼堂里坐得满满的了。我们被告知中央首长们参加的会议还未结束，要我们耐心等待。后来终于宣布，毛主席和其他中央领导已经来到会场，全场立刻沸腾起来了。只见毛主席和宋庆龄、邓小平等领导来到台上，毛主席神采奕奕、满面笑容地在台前走动，和大家一起鼓掌，还频频向大家挥手致意。在刘晓大使的招呼下，会场很久才渐渐平静下来。毛主席亲切地、像和家人聊家常那样地、以浓重的湖南口音，开始了他那著名的讲话："世界是你们的，也是我们的，但是归根结底是你们的。你们青年人朝气蓬勃，正在兴旺时期，好像早晨八九点钟的太阳。希望寄托在你们身上。"这是多么亲切的关怀！多么殷切的期望和信任！是祖国和人民的庄严召唤！激动和温暖着的不仅是在场三千多名青年学子的心，更温暖着全国亿万青年的心。对于刚入党、行将毕业踏上祖国建设征途的我来说，更像是一个奔赴战场的战斗号角。

冬去春来，60年时光如白驹过隙。但这无比珍贵的五年半的留苏峥嵘岁月总系心间。正是在那远离祖国的年月中，在业务上，我掌握了毕生为水利水电建设服务的基础专业知识；在政治思想上，我成为为共产主义理想奋斗终生的共产党员。

第五章

回到阔别已久的祖国

第一节　再见了，亲爱的莫斯科！

临毕业前，我在莫斯科拍照留念

终于盼到了回国的日子！当时苏联的大学一般都是五年的学制，在莫斯科只有动力学院和航空学院是五年半的学制，在冬季毕业。所以，这批只有我们 11 个同学回国。毕业前我们都专门到照相馆拍了一张个人照以作留念。

1958 年 2 月，莫斯科还是冰雪覆盖的隆冬，车站却热闹非凡，学校的老师、同学、有关人员以及苏联友人都来为我们送行。要离开在这里学习和生活了五年半的热土和给予我们真挚友情的人们，确有依依难舍之情，但更多的还是因为要回到阔别多年的祖国和亲人身边的按捺不住的兴奋之心。在莫斯科开往北京的列车缓慢开动时的汽笛声中，我挥手默念："再见了，亲爱的莫斯科！"这时，我轻声唱起了《莫斯科郊外的晚上》，"您可知道，对我有多珍贵，这莫斯科的……"

我们所在的这个车厢中只有我们 11 名乘员，倒好像是专用车厢似的。列车员对我们也分外热情，经常给我们送来热茶。在漫长的旅途中，我们常聚在一起，畅想和神聊在祖国建设战斗的未来。我自告奋勇，代表大家把我们此时此刻的心情以及我们的决心写给仍在莫斯科动力学院学习的学弟学妹们："未来的生活是多么吸引着我们，但我们知道，生活不是风平浪静的，我们将不会为一点挫折而失望，为一点失败而消沉，为一点成绩而骄傲浮夸……”

西伯利亚的冬天真美，列车沿着贝加尔湖行驶时，从宽大的车窗中远望森林中的雪景，几乎都像是一幅幅镶嵌在镜框中的名画。但此时，我们已无心欣赏，因为我们的心早已飞往越来越近的祖国了。车刚过边境，一踏上阔别已久的祖国大地，看到迎风飘扬的五星红旗和上车向大家问好的边防战士时，我立刻就感受到祖国的温暖和亲切。餐车为我们供应了久违了的中餐，菜肴太丰富了，我们怎么也吃不了，列车长还让我们带走餐车中的酒。

列车经过哈尔滨站时，在军工厂工作的妹妹已在车站等候；车过天津站时，我又见到了姐姐。相隔多年的亲人相见，自然感到分外亲切。

第二节　被分配到水电科学研究院

到达北京后，我们水电系的学生被电力工业部人事司的同志接到位于西单的招待所住下。我和几个同学迫不及待地走上大街，当年我们就是从西单石驸马大街出发去苏联的，现在回来又首先到西单，时隔五年半，西单似乎变得更加热闹和繁华了。最初几天，来接我们的同志安排我们参观了几个单位。记得在位于木樨地的水电科学研究院参观时，于忠院长还请我们在小食堂吃了午饭。我完全没有想到后来会被分配到这里工作。我们在填写了有关工作分配的表格后，很快就到位于月坛的电力工业部人事司报到。尽管我们水电系的同学们在每人可以选择的三个个人志愿中填写的都是想到水电建设一线的工地工作，当然前提是坚决服从组织分配，但分配的结果是我被分配到水电科学研究院。我虽提出希望也能到工地工作的要求，但最后还是要服从组织分配。

到水电科学研究院报到时，我又向院人事处的干部提出希望有机会先去工地工作的要求，他表示可向领导反映，让我先按规定回上海家中休假一月，返院后再定。同时，还主动把他自己的布票借给我，让我回家准备被褥时使用。

我在莫斯科购买的车票的终点站是上海，有效期较长，所以在回上海途中，我先在天津姐姐处停留了两天，了解了这几年家中的境况。

回上海后，见到母亲经这几年的操劳更消瘦了，但精神还好，也许是因为我回来，她自然就很高兴。但我隐约感到，她对我留学回来后见习期工资仅有58元似有点儿失望。可能旧社会留学归来可挣高薪的旧观念，对她仍有所影响。当时我们原先的住房多半已转租出去，一些家具、物品，包括我心爱的一套《鲁迅全集》都已被变卖，以作家用。在被告知小妹已病逝后，我不禁泣下沾襟。感受到作为家中长子的责任，后来我按月从工资中寄40元回家补贴家用。休假期间，我还应正在上海交通大学就读的三弟的班主任邀请，去他们班上简略座谈了在苏联受毛主席接见的盛况。

一个月的假期很快就在家人团聚、探亲访友、传送同学托带给他们家人小礼物和准备行装等忙碌中过去了。回到北京后，获知领导同意我去工地的要求。按当时干部都要分批轮流参加劳动锻炼一年的规定，作为水电科学研究院派遣的干部，我先去辽宁省的桓仁水电站工地劳动。我为既能到工地参加水电建设施工实践，又为能在劳动中自觉改造和锻炼而高兴。

第三节　在工地的劳动锻炼

一、当上了风钻工人

桓仁水电站位于辽宁桓仁县境内通化，是一个在日本侵略者入侵时刚开始修建而因第二次世界大战结束而中断的中等工程。当时工程复建刚开始，工地的工作和生活条件都很差，完全不同于在苏联的先建生活设施后开工的工地条件。当时，我和被分配到这里工作的沈磊同学（他后来调到东北电业管理局任水电总工）一起参加劳动锻炼。我们被分配到开挖工区正式编入风钻工的班组内，主要任务是把日本侵略者已浇筑的支墩坝底部的混凝土挖掉。我们之前从未接触过这项工作，于是一边虚心向这里不少过去参加过丰满水电站建设的老工人学习操作技术，一边担负起培训新参加风钻工作的工人的任务。我、沈磊与老工人一起，把一台风钻拆卸开来，仔细阅读和研究找到的简要说明资料，弄懂了它的工作原理，编写讲义后，再给新工人讲解。

很快，通过工作实践，我和沈磊都通过考核，取得了二级风钻工种的资质。此时，我不禁想起在苏联学习期间在莫斯科乌克兰旅馆受到访苏的三门峡工程总工程师汪胡桢老先生接见时，他告诉我们，中华人民共和国刚成立时，在修建淮河上的第一个水坝时国内连风钻也没有，后来好不容易从中国香港买回了一台风钻，拆卸后再加以仿制。现在的境况比那时强多了。

二、自觉接受锻炼和考验

由于刚开工，我们都住在原有的简陋民房中，睡在一个用树枝搭起的大炕上。工地的伙食也差，作为风钻工，劳动量很大，我们又正当青年期，拿了工地最高的一个月 52 斤的定粮标准，竟还不够吃。因为副食少，从工地下来，买了一小包白糖，蘸着吃八两馒头，还感觉吃不饱。尤其是在“三班倒”的午夜班，11 点多睡得正香时，就得睡眼惺忪地起床，在大雨滂沱的夜色中，左肩扛起一个重约 60 斤的风钻，右肩上手扶至少一根两米多长的钢钎，深一脚浅一脚地沿着坑坑洼洼的土路，去往离住地不近的基坑。这对从未从事重体力劳动又刚从苏联学校中较优越的生活环境归来的我们，确实是并不容易的锻炼和考验。我和沈磊互相鼓励，一定要坚持住。特别我这个刚入党的新党员，更是下定决心，要以实际行动自觉接受考验。我们和工人们相处得很好，他们也很关心我们。其中在丰满水电站工作过的老工人，有时给我们讲起他们在日本侵略者铁蹄下遭受的压迫和趁监工不在时故意的破坏，使我深受教育。记得一次雨后夜班下工回到工棚，一位老工人从被褥下拿出一瓶烧酒，往一个搪瓷大口缸中倒了不少，"咕噜咕噜"地喝了几大口后，把缸子推到我面前要我喝，说是可防感冒。虽然我滴酒不沾，但面对他的真诚关怀，不由地捧起缸子仰头喝了一口。他高兴地拍了一下我的肩膀，我感到好像一下子就拉近了相互间的距离。但我却昏沉沉地睡了一整天。

在此期间，由于一时缺乏机械，从深基坑中出碴困难，我和沈磊还参与设计和制造了简易的木制卷扬吊车，架在了基坑四周。此外，当时的风钻工人都采用干钻，把石粉用高压空气吹出来，比较简单和方便，身上沾满的石粉，拍打一下，也就掉了。但这样对工人健康损害大，长期吸入的石粉沉积在肺叶中，会导致难治的硅肺病。所以应当改用湿钻，但石粉就会被高压水冲出，满身都是泥浆，年轻工人不爱用。为此，工区领导要求我们和老工人一起到附近的桓仁铅矿的井下，参观考察，学习使用湿钻工作的经验，以便在我们工地推广。在当年 8 月 1 日工地的正式开工典礼上，我和沈磊已作为正式的风钻工人在基坑作业了。

第四节　在工地苦战中受重伤

不久，为了加强工地的爆破工作，我又被调去当爆破工，还任命我为工区的爆破指导员，负责管理设在半山坡上的雷管和炸药仓库及药卷加工，加工房内的加工桌上铺有厚厚的毛毯，屋内禁止有电源，照明也由窗外射入。这里戒备森严，没有专用出入证，任何人都不能靠近。我和大家一起跟班加工准备爆破器材、现场作业，最关键的是每次爆破后的瞎炮检查和处理。这项工作我以前从未接触过，只好找有关资料学习，同时向有经验的老工人虚心学习，边干边学。

当时，为了保证开工后第一个月的工程进度，开挖工区开展了“苦战十昼夜”的运动，我又增加了参加宣传的工作。在紧张的苦战中，炸药的保证是关键问题之一。但工地的炸药供应突然出现了问题，要用一批新来的三硝基甲苯（TNT）炸药代替。为此，我必须抓紧时间对其性能进行现场试验。此时，我已在苦战中连续五六天坚守在工作岗位上，没有好好睡觉了。8 月 23 日下午 4 时左右，我到左岸山坡进行最后一次炸药试验准备工作，在跨过出碴线路的小铁轨时，一辆满载石头的重斗车从背后快速滑下坡来。按规定，重车下坡时，操作人员应在侧面手握制动闸减速下行，但有的新工人站在车后底杠上随车下滑，等发现前方有人或障碍物时，已无法停车了。此时，在工地的风钻轰鸣声中，等我发觉后面来车时，已躲闪不及，感到后背受到猛烈冲撞，本能地倒向路侧，但右脚掌未能拔出，被重车碾压过去。待车过后，我坐起身，只见右脚掌被扭转了 90°，我下意识地用双手将其拨正时，一时竟没有感到疼痛。这时，我才看到伤口处血如泉涌，浸湿了整条右裤腿。此时，在场同志围过来抢救，右岸工程队党支部的张英杰书记拦了一辆路过的大卡车，让人把我抬上后车厢。这时候我才感到全身抖动得剧烈疼痛，我强忍住疼痛，对张书记说：“张书记，六点半要进行试验呀！若不，就要停工了。”一边说一边从口袋里摸出写好的准备发往炸药厂的电报稿交给张书记。同时，对周围要护送我下山的同志们说：“同志们，你们回去工作吧，我没关系，很快就会好的，别影响生产啊，要不然就完不成生产任务了。”对此，作为桓仁水电工程局党委机关报的《桓仁水电报》在1958年9月10日的第五期第四版上，以“土石工区的一面红旗——向共产党员陈厚群学习”的标题，进行了专题报道。文中说：“陈厚群同志是党的优秀儿子。自从来到工地后，除了踏实的（地）参加劳动之外，在技术革新与宣传党的政策上也起了巨大的作用。对工作一贯积极肯干，兢兢业业，忍（任）劳忍（任）怨，没有一点知识分子的架子，和许多工人交上了知心的朋友。土石工区的党政负责同志都一再地说：陈厚群同志是我们工地上的一面红旗。”

我被送往工地刚成立的、由沈阳工人医院支援的工地医院进行了急救处理，医生剪开了我满是鲜血无法脱下的长裤，发现是大面积、开放性、粉碎性骨折，且在粉尘飞扬的工地已有感染。记得当晚在手术台上进行伤口的消毒止血时，由部队转业的开挖工区党总支的李彦书记亲自抱着我的头，不断地安慰我。在受伤的剧烈疼痛中，我强忍住没有掉泪，但在组织的无限温暖和深情的关怀下，我忍不住感动地掉下了眼泪。由于当时的工地医院已难以处理我这样严重而又复杂的伤势，开挖工区党总支经研究和联系，决定连夜送我到医治这类伤势有经验的沈阳陆军总医院治疗。大家把一辆新分到工地的大客车中的座位卸下，抬上担架，工区领导亲自陪送，还临时调来了我们一起劳动的沈磊同车陪同。

桓仁水電報　第四版

土石工區的一面紅旗
向共产党員陳厚羣學习

在紧張的苦战中，能否完成八月份的任务，炸药的使用也是主要的关键之一。但是工地里硝酸炸药的供应突然发生了困难，要用一批新来的T.N.T炸药来代替，就必须抓紧时間进行試驗。由苏联莫斯科动力學院學习归国不久在我們工地进行勞动鍛鍊的陳厚群同志，担当了这項光榮的任务。

共产党員陳厚群同志經常生活在紧张的战斗中，既担任着培訓技工的講課与工地的宣傳鼓动工作，又要进行炸药的試驗，为了解决炸药的困难，他是廢寢忘食的进行研究試驗，由八月十七日至二十三日的五六天中沒有睡眠，眼睛熬得通紅了，同志們一再劝他休息，可是他却不肯，一直堅持工作。八月二十三日下午四点半鐘，陳厚群同志到左岸去进行最后一次炸药試驗，当他跨过出碴棧路时，由于推斗車的工人在下坡路上用力太猛，陳同志躲閃不及，滿載石头的重斗車从他右脚上压过去了，骨头即时压碎，血像泉水一样的流出来，在場的人們馬上过来搶救。右岸工程队工会沈主席急的滿头大汗，眼淚不停的从眼眶里滴出来。陳厚群同志堅强的忍住剧烈的疼痛，虽然渾身的肌肉痛的在抖动，他並沒有发出一声痛苦的呻吟，更沒有掉下一滴眼淚，却睁大眼睛說：“張書記（指右岸工程队党支部書記張英杰同志）六点半鐘要进行試驗呀，若不就要停工了。”边說着，边摸出口袋里写好將送往炸药厂去的电报交給了張書記，当大家圍攏护送他下山时，他又說：“同志們，你們回去工作吧，我沒关系，很快就会好的，别影响生产啊，要不然就完不成任务了。”在場的人，都被这种高度的共产主義风格所感动，忍淚和他告别。这时他才实在无可忍地把眼睛閉上了，同志們都可以看到，他是用力止着已經湧上来的淚水。

職工同志們回到掌子面上以后，都一致認为陳厚群同志是我們要學习的榜样，我們一定化痛苦为力量，提前两天在本月二十八日完成任务，向党委报捷。

陳厚群同志是党的优秀儿子。自来到工地后，除了踏实的参加勞动之外，在技术革新与宣傳党的政策上也起了巨大的作用。对工作一貫积极肯干，兢兢业业，忍勞忍怨，沒有一点知識份子的架子，和許多工人交上了知心的朋友。土石工区的党政負責同志都一再的說：陳厚群同志是我們工地上的一面紅旗。

土石工区　赵　琳

上图：左立者为陳厚群同志，正与工人在交談。

《桓仁水电报》第五期对我的报道

我到建设工地在一线实践中学习和劳动锻炼的愿望因工伤而中断了。但在工地短短的几个月，却给我上了终身受益的第一课。我忘不了和朴实勤劳的工人们在一起工作时受到的启迪和他们的真挚友情，也忘不了受伤以后组织上和同志们给予的温暖、关怀和鼓励。工区党总支李彦书记在工地首次“苦战十昼夜”的总结中写道：“最使人感动的是我工区爆破指导员——陈厚群同志（共产党员），他一贯忠实于党，认真负责，积极工作，他虽一身兼数职，但他从未叫过苦，甚至经常是日继以夜（夜以继日）地工作，每当党交给他的艰巨任务，他都是坚决完成。他为了把工作做好，有时连吃饭睡觉都忘掉。他在苦战十昼夜时曾有三十六小时没有睡觉，当别人说他太累了，劝他休息一会儿，他回答是：不要紧，听说炸药有毛病（有中毒危险），我得马上去检验，否则会损坏工人健康。更使人感动的当他负伤之后（腿折）鲜血淋漓，他还仍然坚持将最主要炸药变质的电报写成发出。这是一种高度的党性，强烈的共产主义责任感，真不愧为一个光荣的共产党员。”

戊戌年八月初十日　桓仁水電報　第三版

开挖工區首次苦战十昼夜的总結　李彦

編者按：开挖工区首次苦战十晝夜的总結（因为篇幅限制，有所删改），我們認为由于采取了抓思想、抓进度、抓关键、抓協作……企业管理这五个环节的有力措施，因而取得了偉大的成績，这就是超额完成了八月份任务，在苦战中提高了全体職工的阶級覺……强干部領导的水平和大量培养出具有共产主義风格的新人。因此，我們認为这个总結很好，希望各工区領导同志予以重視。

……

最使人感动的是我工区爆破指导員——陳厚群同志（共产党員），他一貫忠实于党，認真負責，积极工作，他虽一身兼数職，但他从未叫过苦，甚至經常是日継以夜的工作，每当党交給他的艰巨任务，他都是坚决完成。他为了把工作做好，有时連吃飯睡覺都忘掉。他在苦战十晝夜时曾有三十六小时沒有睡覺，当别人說他太累了，劝他休息一会儿，他回答是：不要紧，听說炸药有毛病（有中毒危险），我得馬上去檢驗，否則有損坏工人健康；更使人感动的当他負伤之后（腿折）鮮血淋漓，他还仍然坚持将最主要炸药变質的电报写成发出。这是一种高度的党性，强烈的共产主義責任感，真不愧为一个光榮的共产党員（請見本报第六期上右工区的一面紅旗。

开挖工区书记刊登在《桓仁水电报》上的文章中对我的评价

正在工地实习的长春水力发电学校师生的党、团和大队组织，给我发来的慰问信称：“我们的同学都尊称你是人民的大学生，是党的好儿子。”由开挖工区党、政、工、团领导签名盖章的慰问信中说：“……您这种联系实际联系群众的共产主义风格已给全体职工留下了深刻的影响。这种为党忠实和高度的工作责任心，表示了您真不愧一个光荣的共产党员……”

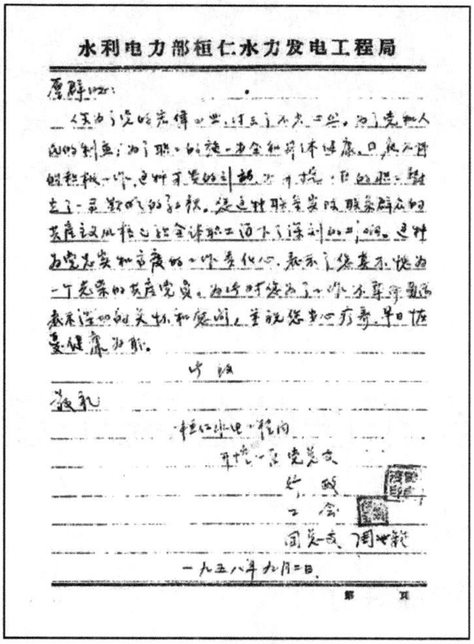
水利电力部桓仁水力发电工程局

此致

敬礼

桓仁水电工程局

开挖工区党总支

一九五八年九月二日

第　页

开挖工区党、政、工、团领导发给我的慰问信

1958年年终，工地的开挖工区送来了我被评为1958年度先进工作者的奖状。其中写道：“由于你有强烈的党性和高度的事业心。在劳动锻炼中忠实的（地）贯彻了和职工群众同吃、同住、同劳动的政策；不但积极参加生产，而且参与指导生产，特别是在负伤之后还经常关怀生产，你的这种精神是可贵的，工作成绩是优异的……”

我在工地受严重工伤后，一直未敢告诉母亲，怕她焦急担心，直到出院回京后才告诉她，同时把奖状也寄给了她，她十分珍视，始终都把它压在桌面的玻璃板下。这是刚回国参加工作的我向党组织交的第一份答卷。

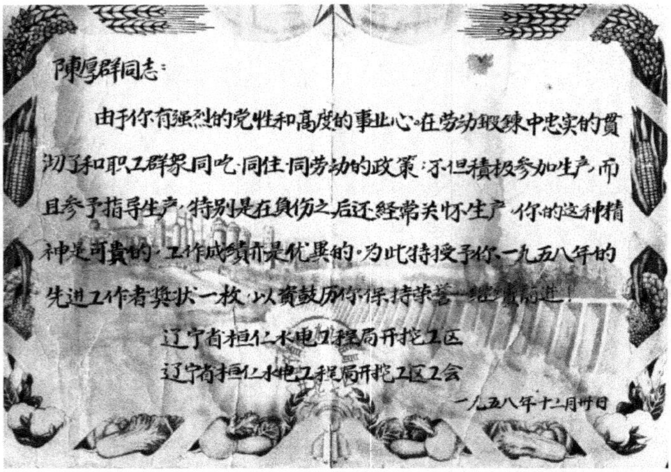
陳厚群同志：

由于你有强烈的党性和高度的事业心，在劳动锻鍊中忠实的貫彻了和职工群众同吃、同住、同劳动的政策；不但積极参加生产，而且参予指导生产，特别是在負伤之后还經常关怀生产，你的这种精神是可貴的，工作成績亦是优異的，为此特授予你一九五八年的先进工作者奬状一枚，以資鼓励你保持荣誉继續前进！

辽宁省桓仁水电工程局开挖工区
辽宁省桓仁水电工程局开挖工区工会
一九五八年十二月卅日

我荣获桓仁水电工程局开挖工区1958年年度先进工作者的奖状

第五节　在军医院住院中经受的锻炼

一、我的右腿保住了

受工伤后的第二天早晨，我们先到达沈阳市工人医院，沈磊一直在我的身边照顾。工区领导去了陆军总医院，毕竟要作为特例收治我这个非军人患者，还需办理有关手续。下午，我就被送进了陆军总医院的骨科重症病室。几位身穿白大褂的领导和医生围在床边，察看了我的腿伤后，表示将立即安排明晨手术，他们将尽量保住我的腿。事后我才知道，像我这样的伤情，如果感染严重，不仅要截肢，还可能危及生命。那个晚上，我想了很多。我刚回到祖国，还没有正式工作，如果截肢就残废了，今后也不能再在建设工地工作了。还想到自己才26岁，尚未成家，年纪轻轻就残废，母亲知道后又不知会多着急。但看到邻床一位在战斗中失去双腿的军人，感到建设工作也是战斗，是战斗就会有牺牲。无数革命烈士为国捐躯，我即使残废了，回到研究院，今后仍能从事科研工作，回报社会。自己是在努力工作中受伤的，遇到挫折，能否保持坚强意志，也是对一个共产党员的考验。在这些辗转反侧的思绪和极度疲乏中，我逐渐入睡了。

第二天早晨我就被推入手术室，从 9 点全身麻醉后就什么也不知道了，直到下午 5 点左右才苏醒过来。刚有意识时，我马上查看自己的右腿是否还在。稍抬头望去，模糊中看见直到大腿根的一大段白乎乎的东西，仔细辨别才知道是腿上打上的石膏。从脚面上石膏筒的一个通气口处露出了脚指头，我动了一下似乎还有感觉。知道右腿未被截肢，我才长长地舒了一口气，感到也许又能像幼年时坠楼落水那样躲过这又一劫了。这时，我才感到饿得慌，我已久未进食了，护士见我已醒，给我端来了热包子。

沈阳陆军总医院原是日本的军医院。骨科主任是一位积极要求进步、医术高超的非军人专家，他说我的伤势较重，右腿静脉被切断，已无法接上，今后只能靠微血管回流，幸好脚底动脉和神经未受损，小腿腓骨的断裂已难对接了，主要受力的胫骨短缺了较大一段，好在还年轻，他主张用石膏固定后，让断裂的胫骨上、下部分逐渐再生，自行填满空缺部分。他坚决不采用当时流行的所谓柳枝接骨技术，后来证实柳枝接骨技术并不成功。他十分关注胫骨上、下部分对接的位置和所留空隙的间距。前者要求胫骨上、下部分受力的力线需完全对准，如对不准会严重影响行走和站立功能；后者如掌握不准，会影响两脚间的平衡。为此，又针对胫骨再生长状况，进行了 4 次校准手术。最后一次，由于上、下胫骨间的空间已开始充填连接，只能把石膏锯缝后，在没有麻醉的情况下，直接对断骨两端进行校准。我记得，当时骨科主任戴了简易的 X 光面具，进行力线的对准治疗。他让护士们按住我的身体后，要求我忍痛坚持。手术中，我强忍住剧痛配合，手术十分成功。几十年来，受到这么大的创伤后，基本没有留下太大影响功能的后遗症，堪称奇迹。

我十分敬佩和衷心感谢骨科主任的高精医术与崇高责任心。当姐姐得知我受伤后，从天津赶来看我，主任还亲自接待，称她为“小家长”，向她详细介绍了我的病情和治疗情况，让她放心。出院时，我请人购买了一本集邮册，装载了从我住院期间收到的很多信件的信封小心取下的邮票，作为纪念送给了主任，以表达我的衷心谢意。

二、疗伤中感受同志的真挚友情

在经术后观察确定已无发生严重感染的危险后，我就被从重症病房移出到有十多个床位的大病房了。这里人多，气氛也相对活跃。不久，我就能拖着右腿沉重的石膏筒下床靠着双拐行走了。全科仅有我一个非军人患者。我记得，在国庆节沈阳市慰问伤病军人时，就把我也当作军人了。我也确实在这个特殊的军人集体中，又受到了一次教育和锻炼。

这里处处体现出解放军同志间、官兵间的亲密无间和团结友爱。在这种氛围的感染和榜样的带动下，我也把自己作为一个战士要求。在我可以拄着拐杖走路后，就主动给重病友送饭倒水、端送和洗刷便盆、呼叫医护人员、晚上护送能起床并坐轮椅的病友去礼堂看电影；安慰伤残战士、跟他们聊天、帮他们写家信；也参加科里的黑板报、全院的墙报抄写工作，准备消毒的棉纱卷，每天洗刷全科病员餐厅的餐具等；还应邀给一些医务人员讲数学，给科里病友办了几期汉字拼音学习班等。那时我的党组织关系也已转到医院，参加了骨科党支部的组织生活会，协助连指导员做一些支部的资料抄写和整理工作。所以，我在治病期间的生活很充实，深深感受到这个大家庭的温暖。记得隔壁小病房中还住了一位首长，他虽话语不多，但很平易近人，常到我们病房中来，跟大家相处很随意。相处熟了，他爱找我下象棋，有时棋局对他不利时，他就不经意地把我的一个棋子拿掉了，我就说：“首长，您不能赖喔！”他就会半正经地说：“谁赖了？”让人感到是在和自己的老人一起玩似的。大家都知道他有一个习惯，当表示喜欢你时，他就会过来拧一下你的耳朵。记得那天他出院时，正从在走廊水池洗刷餐具的我身边走过，我朝他喊：“首长再见！”他就又返回来，面带慈爱微笑地轻轻拧了一下我的耳朵。

在医院的这些日子，我和不少战士病友彼此建立了难忘的友谊。一位在医院时床位与我相邻的军官，他出院去疗养后给我来信说：“我在疗养期间常想到您。对于知识分子，我过去和现在都有所感触，有些人，因为自己比别人多知道点东西就洋洋自得，觉得自己了不起，他们不是为了工作，而处处表现自己。您却不同于这些人，您生活之朴素，作风之老练，对同志的关心，和您诚恳待人的态度，是令人难忘的。可是有些人比别人多得了些知识，就信口开河解释

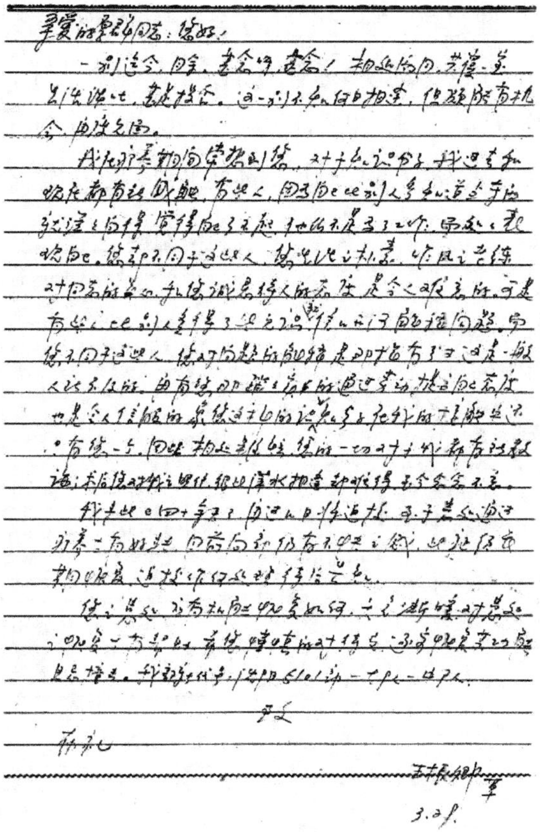

军官病友的来信

问题。而您不同于这些人，您对问题的解释是那样有分寸，这是一般人所不及的。再有您那踏踏实实地通过劳动提高自己的态度，也是令人信服的。像您这样的知识分子，在我的接触中还只有您一个。因此相处虽短，您的一切对于我都有所教诲。术后您对我之照护，彼此萍水相逢却难得，至今念念不忘……”

我出院后，还陆续收到战士病友的来信。看了他们虽不很通顺但非常真诚的来信，我十分感动。一位名叫陈思法的战士在信中写道：“你走后我时常想念。忽然想起来你给打饭、拿大小便盆，给我解释思想，我（拿）什么回答你呢？……现在咱（们）分开了，但是心还永远在一起……我（能）起床后在（再）去给你（寄）像（相）片……”另一位叫尤生富的战士在来信中写道：“你和我分别几天了，我很想念你……和你分别的那天晚上，我虽然去看电影了，但是我心中是很难过的……亲爱的老陈，你那（么）热情的（地）帮助我，使我感动的（地）说不出话来……我只好，好好休养，休养好了回到工作岗位上来回答你对我的帮助……你回到可爱的首都参加了工作，要小心你（的）腿，你走的时候，还没有全部好……”

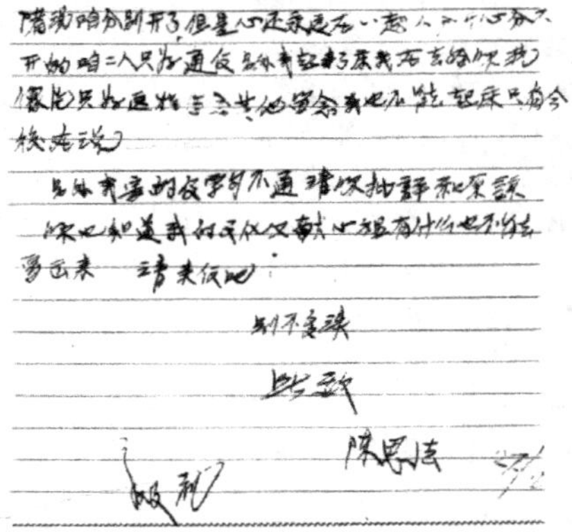
陈思法的来信

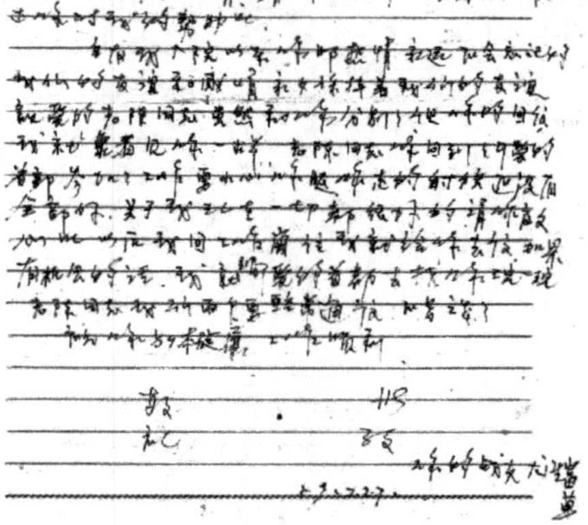
尤生富的来信

作为一个要求自觉改造的知识分子，我一直都珍藏着这些记录了被工农战士们接受的信件，以激励自己。

三、来自遥远莫斯科的亲切慰问

受伤后，沈磊同学在给莫斯科动力学院的中国同学写信时，告知了我的情况。住院期间，我意外地收到了来自莫斯科的有众多同学亲笔签名的、热情洋溢、感人肺腑的慰问信。信中写道："在遥远的莫斯科我们得知了你由于日夜不断工作，过于劳累，不幸负伤的事。这突然的消息使我们长久地不能平静下来：对你的健康状况的深切关心，对你的忘我劳动精神的赞扬，对你的优秀工作成绩的喜悦，这种种情感交织在一起。你在受伤以后还念念不忘工作，忍受了剧烈的痛楚，不吭一声，不流一滴眼泪，表现了一个共产党员的勇敢坚强和忘我精神。我们为有这样的哥哥而感到骄傲。亲爱的厚群，请你接受你的弟弟妹妹们对你的敬意和最关切的慰问。你的行动鼓舞教育了我们每一个人，我们永远记得，临别时你们的来信中的几句

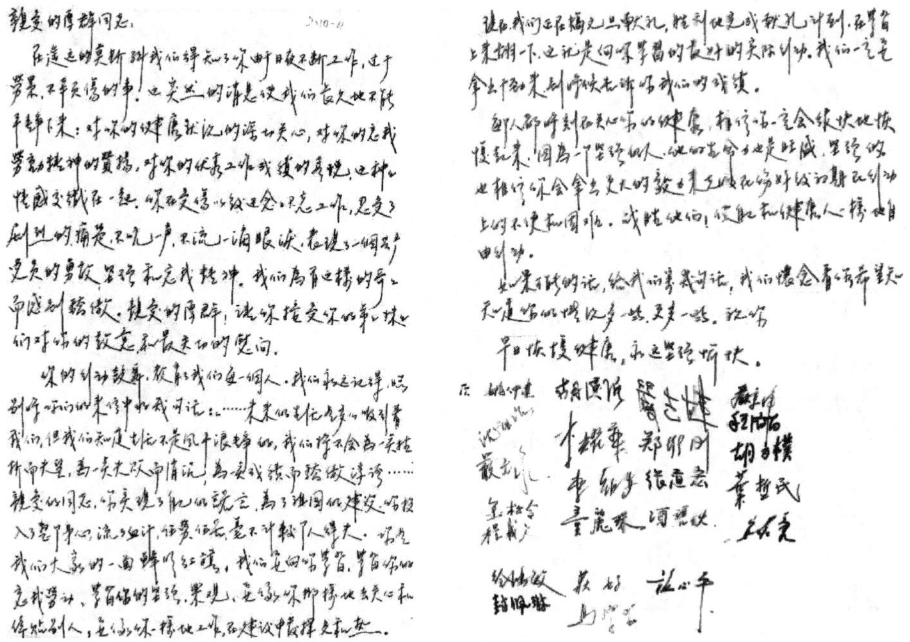

亲爱的厚群同志：

在遥远的莫斯科我们得知了你由于日夜不断工作，过于劳累，不幸负伤的事。这突然的消息使我们长久地不能平静下来：对你的健康状况的深切关心，对你的忘我劳动精神的赞扬，对你的优秀工作成绩的喜悦，这种种情感交织在一起。你在受伤以后还念念不忘工作，忍受了剧烈的痛楚，不吭一声，不流一滴眼泪，表现了一个共产党员的勇敢坚强和忘我精神。我们为有这样的哥哥而感到骄傲。亲爱的厚群！请你接受你的弟弟妹妹们对你的敬意和最关切的慰问。

你的行动鼓舞，教育了我们每一个人。我们永远记得，临别时你们的来信中的几句话：……

……

早日恢复健康，永远坚强愉快。

来自莫斯科动力学院同学们的亲切关怀

话‘……未来的生活是多么吸引着我们，但我们知道，生活不是风平浪静的，我们将不会为一点挫折而失望，为一点失败而消沉，为一点成绩而骄傲浮夸……’亲爱的同志，你实现了自己的诺言……”

从遥远的莫斯科寄来的同窗学友们的亲切关怀和鼓励，增强了我战胜疾病的信心。

虽然因工伤在工地劳动锻炼的时间较短，但使我对水电站工程建设的施工有了更进一步的了解，获得了一些切身的体验，也从工人同志们的艰苦奋斗中受到了教育。

四、组织的关怀和鼓励

住院治伤期间，我工作的单位水电科学研究院已和水利科学研究院合并，院里在得知我负伤住院的消息后，让人事科领导专程到沈阳陆军总医院看望我，带来了院党总支的慰问信，信中说：“你在积极热情的紧张工作中，以忘我的劳动精神，响应党的号召，为了

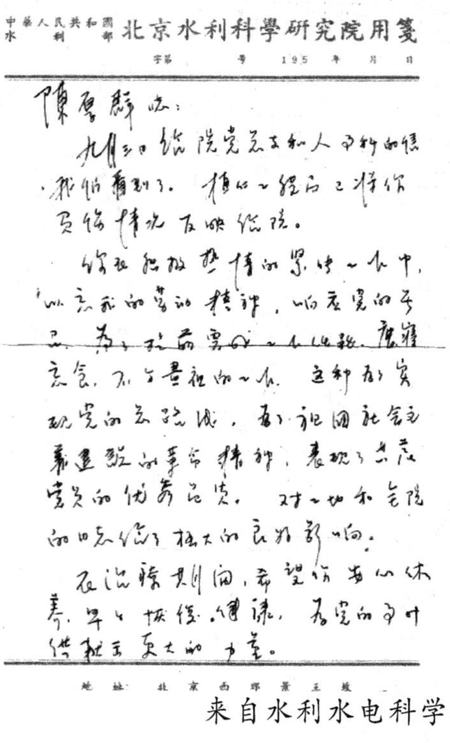
中华人民共和国水利部 北京水利科学研究院用笺
字第 号 195 年 月 日

陳厚群同志：

九月三日给院党总支和人事科的信我们看到了。据此已经向工地了解你负伤情况反映给院。

你在积极热情的紧张工作中，以忘我的劳动精神，响应党的号召，为了抢前完成一个比赛，废寝忘食，不分昼夜的工作。这种行为实现党的总路线，为了祖国社会主义建设的革命精神，表现了共产党员的优秀品质。对一切和全院的同志给了极大的良好影响。

在治疗期间，希望你安心休养，早日恢复健康，为党的事业贡献出更大的力量。

地址：北京西郊景王坟

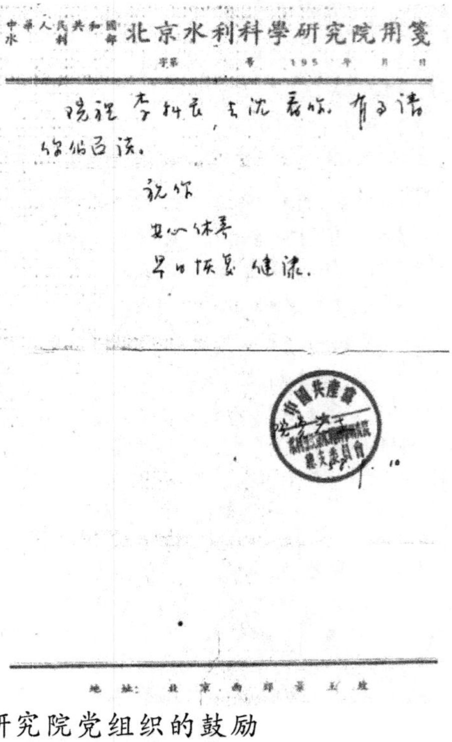
中华人民共和国水利部 北京水利科学研究院用笺
字第 号 195 年 月 日

院派李科长去沈看你，有事请你们面谈。

祝你
安心休养
早日恢复健康。

中国共产党北京水利水电科学研究院总支委员会
9.10

地址：北京西郊景王坟

来自水利水电科学研究院党组织的鼓励

提前完成工作任务，废寝忘食，不分昼夜地工作。这种为了实现党的总路线，为了祖国社会主义建设的革命精神，表现了共产党员的优秀品质，对工地和全院的同志给了极大的良好影响……”

在医院半年多的治疗期间，我知道已无法再回桓仁工地了，看到报纸上刊登的全国都在进行热火朝天建设的报道，想到自己回国后至今尚未能正式参加工作，因而急切地想早日走上工作岗位。因此，在最后一次校准手术后，当胫骨间隙基本为生长的骨质所充填，石膏被拆除后，我虽仍需拄着双拐行走，但已感觉轻松多了。在我再三要求下，医院同意了我的出院请求。指导员根据我住院期间的情况，曾要像对部队战士那样，为我请立三等功，但最后因为我不是军人，无法请功，决定授予我“五好休养员”的称号。我把这视作是作为一个新党员回国后向党组织交的第二份答卷。我怀着无限感激的心情和难忘的战士病友们的朴实真挚友情，离开了为我精心治疗、让我接受再一次锻炼的沈阳陆军总医院。

第六章

我在水利水电科学研究院结构材料研究所工作

第一节　从事水工结构科研工作

从医院回京时是一个假日，水利水电科学研究院结构材料研究所赵佩珏所长亲自到车站接我。我们曾在列宁格勒见过面。他告诉我，院合并后分为南北两院，原来的水电科学研究院为南院，我被分配在南院的结构材料研究所工作。当时我还不能完全离开拐棍行走，因此，被照顾安排住在单身宿舍一楼内一个双层铺的下铺。由此，我开始踏上了水利水电建设的科研征途。直到此时，我才告知母亲我在工地负伤但已经治疗后回京的情况。记得秋霞姐告诉我，她陪同母亲到北京来研究院看望我时，到院门口传达室打听我，因为我刚到院不久，传达室的同志并不认识我，几经解释，他才恍然大悟似地说："喔！那个瘸子啊！有，有。"

我被分在做坝体结构试验的三组。回国不久，我有时也承担了俄语技术翻译工作。记得那次院里开全院学术报告会，当时苏联专家还在，部里的不少苏联专家来参加，院里要我去做同声翻译，由于事前我并不知道报告的内容，而且报告涉及的专业面又广，我坐在礼堂后的放映室内，离讲台又远，所以虽然最终完成了任务，但还真让我着实紧张了一番。后来，全苏水工科学研究院的专家来结构材料研究所专访，主要专家正是我在全苏水工科学研究院进行毕业实习时的导师，这时做翻译工作就轻松多了。

我的主要工作是进行拱坝脆性模型试验工作，这在当时算是较先进的试验验证手段了，因为对复杂拱坝尚难以精确计算。我在全苏水工科学研究院进行毕业实习时，他们那时也刚开始探索这类试验，采用均质的石膏作为模型材料。我们已开始采用更接近实际的、以浮石作骨料的、轻质混凝土的模型材料。但就试验设备和方法而言，还是比较落后和粗糙的。首先要准确绘制复杂的拱坝三维模板图，交给院里试验工厂加工。需要把从东北运来的浮石块体，由我们自己拉着巨石滚筒，往复碾压成细粒后，在室外铺开晒干后备用。浇筑时，要临时请组里的同志们帮忙，大家一起按照配合比配料，再用铁铲人工拌和后，浇到固定在混凝土试验槽中的模板中，用小振捣器振捣。由于按约 1% 几何比例缩小后的模型顶部很薄，拆模时一不小心就容易发生裂缝或缺口，那就前功尽弃了。当时的加载方式是在坝体上游面模板内，支撑一个特制的与上游坝面形态大致相应的橡皮袋，以空气压缩机向袋中灌入水银，以模拟库水压力。有时因模板支撑不牢，或橡皮袋质量差，加载后橡皮袋中的水银渗漏，则无孔不入的水银泻在粗糙的水泥地面，就很难收拾干净了。而残留在孔隙中的水银产生的蒸汽，对人体十分有害。此外，由于无法按照相似律模拟坝体自重影响，只能以在顶部加集中力的方式，很粗略地加以模拟。后来，我学习了国际著名的意大利贝加莫试验室的经验，对加载方式和模型浇筑进行了改进：采用了自行研制的油压小千斤顶，在上游坝面分段分块加压，以模拟库水压力，并在坝体中埋置钢圈和穿出底部的钢丝，再用小千斤顶在底面分段分块张拉钢丝，以模拟坝体自重。这样试验精度提高了，但模型尺寸要加大，还要专门浇筑能加载自重的地下洞室的模型槽，模型的制作和加载过程也都更为复杂。我当时负责针对陈村拱坝工程的试验任务，在国内首次完成了这类模型试验。

当时，也采用 20 世纪 30 年代美国垦务局创立的基于拱、梁分载的试载法进行拱坝应力分析。这是把呈不规则壳体的拱坝坝体，分成水平向的一系列独立拱圈和竖向的一系列独立悬臂梁，用基于材料力学的方法，按拱、梁交点处位移一致的条件，列出方程组，求解库水压力和坝体自重的荷载在各个拱、梁间的分配，从而再求出坝体拱、梁各交点处的拱向和梁向应力。由于求解的精度要求很高，即使用试载法求解一个有 5 条拱圈和 1 条拱冠梁的拱坝工程，采用当时的手摇式计算器，也要从清晨到深夜，摇得手臂发酸，而且因为计算的精度要求很高，需要两人同时进行，随时相互核对。所以，计算的困难突显了模型试验的重要性。

在进行拱坝工程试验和计算的同时，我和水利电力部北京勘测设计院的同志一起完成了收集各国拱坝资料的工作。在此基础上，就当时拱坝现状和发展趋势问题、拱坝坝型的选择及其特性、影响拱坝安全的关键因素和各类相应工程措施等问题进行了初步分析。这是我参加工作后发表在《水利学报》上的第一篇论文。虽然由于刚参加工作不久，对实际工程了解不多，这篇论文主要只是对所收集资料的归纳总结，但我从中开始认识和体会到，了解和分析所研究问题的国内外现状，是开展科研工作的前提和重要环节之一。首篇论文能在本领域权威刊物上发表，对我也是极大的鼓励。

第二节　潘家铮的“水工结构应力分析丛书”对我的启迪

初次踏上热切盼望的工作岗位，我迫切希望能尽快熟悉业务，如饥似渴地阅读如工程数学、相似理论等基础性的文献资料。几乎每晚，我都在办公室自学到深夜一两点。每晚，负责开关大楼大门的老师傅在他去楼内小屋就睡前，会把锁门的铁链穿过二扇大门的铁把手后，把一个未扣上的大锁挂上。待我熄灯出门后，把手伸进二扇大门的空隙间，把铁链穿过把手，再扣上大锁。但即使如此，我对如何了解和结合当前工程实践中的问题仍知之甚少，对如何把学到的知识应用到工程实践中去还茫无头绪，感到困惑。在彷徨中，偶然在书店看到潘家铮编写的“水工结构应力分析丛书”，真是喜出望外，如获至宝。我想方设法地购买了整套丛书。因为该套丛书针对实际工程问题，既深入浅出，又能系统地讲清原理，并详尽推导了各类水工结构应力分析公式的来龙去脉和求解方法，一步步地引导着我这样刚出校门尚未入门的科技人员，进入工程实际中去。从此，我就满怀崇敬的心情牢记了“潘家铮”这个名字。后来，在工作中又陆续读到他更多的论文和著作。令我十分惊讶的是，潘总在负责一系列工程的繁忙设计任务中，竟然还能如此系统地总结和深入研究许多工程实际问题，撰写大量学术著作和论文，他的勤奋好学的钻研精神，深深激励着我这个年青的科研人员，我一直希望能有机会见到这位心中十分敬佩的作者。

第三节　与水工抗震结下不解之缘

一、参加新丰江大坝抗震加固研究

1959 年广东省河源县新丰江水库蓄水后，频繁发生地震。大坝为高 105m 的混凝土大头坝。由于坝址的基本地震烈度仅为Ⅵ度，水库蓄水前该地区从未发生过破坏性地震，坝体设计并未考虑抗震设防。这是一个库容 115 亿 m^3 的大型工程，万一坝体失事，将对下游产生很大影响，甚至可能波及广州市。加以当时对这类水库蓄水后引发的地震还知之甚少，因此政府十分重视，组织了由水利电力部、地质部两部的副部长和中国科学院地学部主任领导，有科研、设计和高校部门参加的庞大队伍，开展广泛的研究工作。水利水电科学研究院也由院长、副院长、所长带领我们到现场参与考察和调研工作。鉴于库坝区地震频度随蓄水高程日益增加，水利电力部领导研究决定，要及时对大坝进行抗震加固。由于当时国内首次遇到水库地震问题，国外的有关资料也不多，对于今后会引发多大地震，大坝按什么标准抗震加固，当时专家们也确难下有一定依据的结论。为确保工程和下游地区的安全，水电部门领导决定，按照可能发生Ⅷ度地震的要求，立即对大坝进行抗震加固。新丰江大坝是由每个坝段为 18m 的共 19 个支墩组成，两岸连接重力坝段。大坝中部河床处为溢流坝段，坝顶高程为 124m。最后采取的加固方案为：在下游面开敞的支墩间都修建支撑墙，使之在结构上联结成整体，以改善原支墩下游面敞开而导致的坝轴向刚度不足的缺点，从而显著改善了大坝的整体抗震性能。

当加固工程接近完工时，1962 年 3 月库区发生了 6.1 级的强震，震中在坝址东北约 1.1km 处，震中烈度为Ⅷ度。震后检查，由于对大坝的及时加固，有效地减轻了大坝的震害，大坝整体稳定，仅在右岸第 13～18 坝段高程 108m 附近发现坝体有延伸约 82m 的水平裂缝，在左岸第 2、第 5、第 10 坝段的大致相同高程，也有较小的不连续裂缝。这些裂缝大多是上下游贯穿的。为此，震后又做了在支墩腹腔内回填一定高度的混凝土的二期加固，以进一步增加坝体的整体稳定性。同时，对上部裂缝进行化学灌浆及上游贴防渗面板等处理。大坝正常运行至今，成为迄今世界上少有的、因及时采取工程措施而成功减轻水库地震灾害的范例。

二、负责组建结构抗震研究组

应当说在新丰江蓄水后发生地震时，我国对大坝抗震的研究还很少。但水利水电科学研究院副院长黄文熙先生（中国科学院学部委员，后改称院士）已从我国是多地震国家、今后我国大坝建设会随经济发展而加速的国情，觉察到大坝抗震安全研究的重要性。在与结构材料研究所领导研究后，决定要在所内建立抗震研究组，指定由我负责筹建，并立即结合新丰江大坝的抗震加固开展研究。从此，我就和水工抗震结下了不解之缘。

为确保新丰江大坝的抗震安全，在前后长达4年的时间里，集中全国各有关部门力量，进行了前所未有的广泛而深入的研究，包括对水库地震的成因、特点和其地震动特性、混凝土支墩坝的坝体地震响应分析和模型试验、首次建立库区水库地震台网和坝体强震观测台阵、现场实测原型坝体加固前后的振动特性以检验加固效果等，充分体现了社会主义集中力量办大事的优越性。可以说，从此开创了我国大坝抗震安全系统研究的先河。结构材料研究所的抗震组，也正是依托积极参与其中的很多工作而开始逐步成长和巩固的。我本着“边干边学，在干中学，从战争中学习战争”的精神，除了自己刻苦学习外，还千方百计向有关人员请教和学习，以求能逐步入门。

第四节　边干边学探索大坝抗震研究

一、首次进行流固耦合的动力模型试验

新丰江大坝的抗震加固工作告一段落后，我接受了进行刘家峡工程的抗震试验研究的工作。当时没有振动台设备，主要采用电磁激振器激励坝体的主要低阶振型特性，然后用振型分解反应谱法求得其地震响应。这是一座147m的高混凝土重力坝，主坝坝顶长仅204m，两岸均设有副坝。对于这类布置在窄河谷中的重力坝，不应只取一个典型坝段进行试验，需要考虑各坝段间的相互作用。为

此，首次探索了三维结构空间模态的测试技术。鉴于库水与坝体间相互作用对坝体动力特性的重要影响，需要测定空库和满库时的坝体振型特性。首先要在模型中模拟水库。由于试验中只能采用天然水体模拟库水，因此，为满足相似律要求，需要寻求容重与混凝土相同，而弹性模量远较混凝土低且能防水的所谓水弹性试验材料。为此，我和组内周乾夫同志一起到处寻找这类材料，最后找到北京橡胶六厂同意协作研制。我们和一位有经验的老工人师傅一起，共同研发了一种加重橡胶材料。由我们提供模具和负责力学性能测试，他们进行配料和硫化工艺试验。记得当时我从水利水电科学研究院图书馆中借到一本有关橡胶硬度与弹性模量测定和对比的日文期刊，借给工厂参考后，他们给弄丢了，还给我增添了不小的麻烦。经过多次奔波和挫折，最后总算研制成功，工厂把它作为一项重要的技术革新成果。这项材料在国内不少研究单位和高校的试验中广泛应用至今。为适应测量精度和相似要求，这类材料的弹性模量只有 300MPa 左右，在用应变片测量应变时，发现存在由于贴片处局部刚化而导致测值偏小的问题。因而，又对减少应变片基底材料和粘贴胶水层刚度对测值的影响及其补偿方法进行了研究。后来，又发现并解决了这类材料弹性模量受温度影响的问题。在陆续发现和解决了这一系列技术问题后，终于首次成功地完成了刘家峡大坝的考虑坝体-库水流固耦合的抗震试验研究，标志着我们的抗震试验取得了一个新的突破。其间，日本著名的抗震专家到水电水利科学研究院访问时，还参观了我们的试验。可惜的是，在完成这项试验报告后不久，我要去参加“四清”，后来又发生了邢台地震，接着就是“文化大革命”，因而没有能对这些研究成果进行详细分析总结并写成论文。

二、探索坝体动力特性数值计算分析方法

我们的研究一直都是在模型试验研究方面，主要是当时要进行

坝体振动的分析计算还相当困难。但计算技术的迅速发展，已使我开始看到有望解决的曙光，但首先要补上自己对结构动力学知识欠缺这一课。为此，我们开始接受北京大学王仁教授主持的力学系学生的毕业实习，这使我结识了带领学生实习的王大钧老师，他后来是北京大学力学系主任、结构动力学界著名教授。通过他，我们和北京大学力学系进行了很好的合作，我向他和其他老师们学习了很多，我们也成为至今仍保持联系的挚友。

我开始学习和探索求解坝体结构特征值问题的方法。我对重力坝动力特性数值计算分析的论文，经黄文熙先生推荐，成为我在《中国科学》发表的第一篇论文。

三、建置我国首座模拟任意波的电磁振动台

为了能直接测定坝体在地震作用下的动态响应，使坝体抗震安全的试验研究再跃上一个新的台阶，迫切需要建立能模拟地震动输入的振动台。我们在广泛收集和分析国际上有关资料的基础上，提出购置日本明石公司电磁式振动台的申请。在水电部冯仲云副部长和水利水电科学研究院黄文熙副院长的大力支持下，由水电部上报国家科学技术委员会，获批准后，于1966年上半年才到货。这是当时我国唯一可分别在水平向和竖向输入任意波形的较大型振动台，台面尺寸1m×1m，最大载重量为500kg。这个振动台不仅在坝体抗震试验中，而且在其他领域的抗震试验中发挥了显著作用。除了进行新丰江大坝的震害及其断裂头部的抗震稳定性验证、高耸结构竖向振动试验等试验外，还为诸有关部门进行了各类结构和人体振动试验。特别是在邢台地震后，通过对故宫博物院中珍贵文物固定方式的抗震加固措施试验（在唐山大地震中对故宫博物院的文物抗震发挥了作用），为此，后来故宫博物院的领导还专门邀请我们参观了故宫中当时尚未对外开放的一些场所表示感谢。这个振动台后来还为毛主席纪念堂的水晶棺抗震试验做出了贡献。

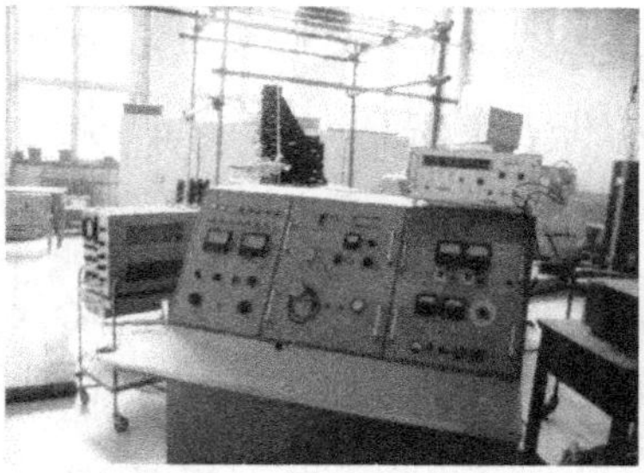

新丰江大坝的震害及其断裂头部的抗震稳定性验证

结构竖向振动试验

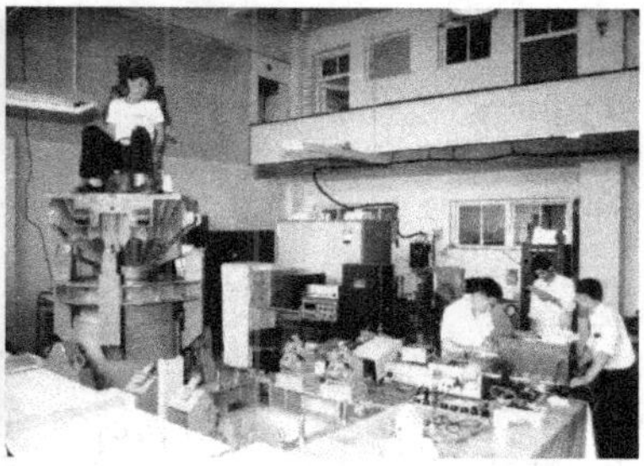

人体振动试验

第五节　难忘黄文熙先生的引导和关怀

一、黄先生开创水利水电科学研究院结构工程抗震研究

在我受命组建了结构材料研究所的抗震研究组后，深知责任重大，决心要尽力完成任务。但毕竟在校时只学过很有限的结构动力学知识，对大坝抗震知之甚少，因而焦虑重重。黄先生作为主管结构材料的院长，每周都要来所几次，和所领导一起研究科研工作进展，听取各组汇报，并对我们进行指导，对他要求成立的抗震研究组的工作更为关心。在了解到我的困难和焦虑后，他不仅鼓励我要刻苦学习，迎难而上，而且在研究思路上给予我引导与启迪，甚至还亲临实验室，具体指导和帮助解决问题。当时刚开始试招研究生，他把招收的研究生放到我们组中。他也曾亲自带领我们参加中国科学院就水工抗震规范中出现争论的问题所组织的研讨会。

黄先生十分注重地震实践，记得 1966 年发生了邢台地震，当天我刚从云南参加完“四清”工作返院，按规定可休假半月。黄先生当即派人告诉我，先不要休息，要立即赶赴现场，抓住机会，对震害的第一手资料进行调研。当时我虽因受风寒发烧卧床在家，但想到黄先生要我抓住地震实践机遇深入现场的要求，当即就到所和组里同志一起赶赴现场，见到早已亲自在现场指挥的黄先生。从此我认识到，对抗震科研人员，地震就是命令，需要在震后尽快奔赴工作岗位，尤其要尽可能及时深入震灾现场调研，获得第一手认识和资料。

在黄先生和其他所领导的支持下，经部批准，我们成功引进了当时国内第一座地电磁式震模拟振动台。直至“文化大革命”后，黄先生虽已离开水利水电科学研究院到清华大学任教，但仍十分关心我们建置三向六自由度大型液压地震模拟振动台的工作，亲自参加国家建设委员会对建台的审查会，力陈建置该设备的必要性和重要性。及至建成这一项国际先进设备后，还应邀参加了其启动大会，在会上做了讲话，对水工抗震研究寄予厚望。

可以说，水利水电科学研究院水工抗震研究工作发展到今天的初具规模并在国内外有一定影响，是与黄先生对水工抗震科研发展的预见性、支持和指导分不开的。

二、成为黄先生的重点培养对象

20 世纪 60 年代初，我国虽然尚未建立研究生制度，但部里已确定要选拔青年科研人员，委请少数资深专家进行重点培养。我有幸被确定为黄先生的重点培养对象，得以有更多机会得到他的指导。记得有一天他把我找去，问我是否了解电子计算机。当时国内对电子计算机的了解还很少，我对此也知之甚少。黄先生就语重心长地告诫我，科研工作要有前瞻性，应当看到电子计算机很快会发展成为科学研究的强有力工具，如果年轻人不能尽早掌握并应用，将来甚至会连他人发表的有关论文都看不懂。后来，他请水利水电科学研究院结构材料研究所安排我脱产 3 个月，到华北电力设计院去学习计算机应用。当时该院首先建有国内少有的M-103型仿苏的电子管计算机，采用穿孔纸带输入，直接用代码编程。学习中自然困难不小，但我深知机会难得，必须坚持。至今我还记得，回到水利水电科学研究院结构材料研究所后，当我第一次用自编程序，在当时唯一对外开放的中国科学院计算技术研究所的103机上，成功求解了40阶的方程组后，虽然计算技术研究所对所外人员安排的上机时间在子夜，但我完全忘了疲劳和困倦，在从中关村骑车回家的几无人影的路上，抑制不住兴奋的心情，在寂静的深夜轻声歌唱，心中更满怀对黄先生在科研工作中的前瞻性的无限敬佩。后来，我又陆续学习了BASIC、ALGOL、FORTRAN等计算机语言，输入方式也从穿孔纸带、卡片到应用终端机，为我能在科研工作中跟上计算机时代潮流打下了基础。

作为黄先生的重点培养对象，我还有机会到北京大学旁听数理方程的数值解法的课程。还曾每天早晨6点，坚持收听广播电台开播的高等代数的全部教程。这些都为我的工作打下了必要的数学基础。

黄先生很注意科研工作中的交流、开放和协作。正是在黄先生的指导下，我才能在《中国科学》期刊上发表了第一篇论文。他曾两次想带我去参加国际学术会议，并推荐我到国外考察，为此，还把他从国外带回的英语口语练习唱片借给我学习。但当我向他请教怎样才能快速学好英语的方法时，黄先生不太高兴地严肃指出，学习不要总想走捷径，做学问要靠刻苦积累，他要我老老实实选一本英文小说，硬着头皮读下去，做到甚至能背诵几段。尽管因当时的种种原因，我都未能出国，但先生的严谨学风，以及做科研工作要关注国际学术动态、追踪学科前沿的教诲，令我一直深受教益。

还记得黄先生到结构材料研究所指导工作时，针对当时存在的交流和开放不够的现象，他说，科研工作应当多交流和开放，不要总因担心给别人学了去而不愿交流，能轻易被别人捡走的只是小钱，经过自己刻苦钻研的东西才是金子、是捡不走的。用意只是鼓励大家不要故步自封，要多交流开放，加强协作。但这句话在后来“文化大革命”中，却被作为宣扬“个人名利”思想而令黄先生遭受批判。在当时极左思潮的巨大压力下，我也曾不得不违心地参与过批判。但黄先生理解当时的历史情况，“文化大革命”后，他以博大的胸怀表示毫不介意，仍一如既往地给予我关怀，使我在感悟先生关于科研工作要开放交流的教诲的同时，内心更感愧疚。

师恩难忘。先生在世时，每年大年初一清晨，我都要从远在德胜门外的家骑车到清华大学去先生家拜年。每次先生都要关切地询问我的工作情况，给予我指点。先生的音容笑貌至今仍时时萦绕心中。2015 年，当我去南京水利科学研究院试验基地开会时，见到那里耸立有黄文熙先生的铜像。会后，我独自来到黄先生铜像前，深深鞠躬致敬，在心中默默告知先生，我一直在努力不辜负他的引导、关怀和期望，一时间万般思念涌上心头，不觉早已热泪盈眶。

在黄文熙先生铜像前留影

第六节　响应“又红又专”的要求

一、曾被宣传为所内“艰苦朴素标兵”

回到水利水电科学研究院不久，一年见习期满，院里决定超越多级，破格提升我为九级工程师，参加所的工程师小组，大致相当于现在的所技术委员会。工资也相应从见习期的 58 元加至 100 元。我十分感谢领导的关怀，同时，也深感业务上的压力。这时，家中两个弟弟尚在上学，我按月寄家中 60 元作为家用，有时还得给已工作的两个弟弟一些补助，生活十分简朴。记得当时活期储蓄有奖，一次我有幸被抽选中了很难得的二等奖，奖项是奖给与当时存款数相同的金额，可惜我工作几年后的存折上只有 28 元存款。还记得我和所里的工人段师傅曾被宣传为所内的"艰苦朴素标兵"，可能是因为我作为工程师每月有 100 元工资收入在当时已属不低，但生活却很节省简朴。实际是，我在当时的经济负担的情况下，也只能艰苦朴素。

二、努力做好共青团工作

在急切追求业务水平提高、在工作上较快成长的同时，我始终谨记自己首先是一名共产党员。在反右运动刚过后的浓厚政治气氛中，一心为响应成为"又红又专"的知识分子的号召而努力。刚到结构材料研究所后，我被选为所团支部书记，还负责所的黑板报、墙报工作。除了配合党支部做好日常政治思想工作外，困难时期还组织了团员和青年群众在院内空地种菜，与邻近玉渊潭公社的团组织共同组织团日活动，他们指导我们种菜，我们向他们赠送自己捐出的图书。我们的团支部被水利水电科学研究院团委评为优秀团支部，我也被选为出席中央国家机关共青团代表大会的代表。当 2008 年我回所参加结构材料研究所建所 50 周年活动时，见到当年在一起参加共青团的各种活动的同志们，虽然如今也都已白发苍苍，但共同回忆间，似乎又回到了"我们也曾年轻过"的岁月，令人无限神往。其间，我从未放松在政治思想上的继续锤炼和提高，先后被评为水利水电科学研究院的先进工作者和学习毛选积极分子。我也感受到组织的关心和同志间的温暖。记得刚到所不久，我们所的一位周姓同志突发重病，在医院抢救时亟须输血，因他的血型是较为稀少的 AB 型，与我的血型相同，我闻讯后立即赶往复兴医院要求献血。其时，医院内已聚集了领导和院里的不少同志，领导考虑到我工伤刚出院不久，坚决拒绝了我再三要求献血的申请。这使我既从大家的踊跃献血中体会到集体温暖和同志友爱，又感受到组织的关爱。

三、积极参加“四清”工作

在全国开展“四清”运动后，我于 1965 年被派到云南以礼河工程工地参加“工业四清”。这个“四清”工作队比较庞大，人员由两部分组成，一部分是水电部门的水电总局和水利水电科学研究院的人员，另一部分是昆明的铁道兵部队的人员。总领导是水电总局的领导，水利水电研究科学院由田孝忠同志带队。

在奔赴云南的路途中，在招待所住宿时，清早就见田孝忠同志已在打扫走廊卫生、洗刷痰盂了。老干部的身教令我深受感动，第二天我就默默地跟着他一起干了。到工地后，我被分配在负责局机关“四清”的队部办公室工作。任务是到分布在各工区的工作组了解情况、传达队部要求、做各类统计分析报表等。按“四清”工作队员要同吃、同住、同劳动的要求，我被分派定期到打铁班组参加劳动，协助工人师傅锤打施工用的抓钉。此外，稍有空闲或是晚上时间，负责办公室工作的陈宝森同志常带我们去打扫局机关附近的公共厕所，或去输送上坝土料的皮带机漏斗处捅料。每个周末局机关所在地的简易礼堂常为工人放映电影，这是工地唯一的娱乐活动。每次电影散场后，陈宝森同志就带领我们去打扫散落在场内满地的向日葵瓜子壳，在偌大的场地，每次都要逐排清扫出几大箩筐的瓜子壳。

在此期间，离我们工地所在的会泽县毛家村不远的东川发生了较大的地震，工地的房屋也掉瓦扬土。田孝忠同志曾担任过结构材料研究所领导，知道我是从事抗震研究工作的，与队部商量后，特批给我和土工研究所有关同志几天假期，到震区进行现场考察调研。由于云南农村较贫困，房屋多为土坯墙，屋顶采用当地很重的片岩石块作瓦片，地震时极易倒坍，加之地震又发生在夜间，因而伤亡惨重。走进村子，见到一排新坟上飘扬的白纸幡，心情十分沉重，也深感抗震工作者的责任重大。我们夜宿帐篷，白天匆忙调研和记录，及时获得了震害资料后，如期赶回工地。

我意识到，参加“四清”工作队是在政治思想上对自己的又一次锻炼和考验。在9个月的“四清”期间的紧张工作和劳动中，我自觉严格要求自己，接受考验。在“四清”工作结束的大会上，在数百名“四清”工作队员中，有18名得到大会表扬的先进工作者，我也位列其中。

第七节　在邢台地震现场

参加完“四清”工作后，从云南回到北京，我就立即到邢台地震现场，参加调研和工程强震监测工作。这次强震影响很大，周总理亲赴现场慰问受灾群众和指挥抗震工作。周总理在对灾区群众的讲话中语重心长地指出，我们再也不能只给后代留下发生过地震的记载，而要总结研究防震减灾的经验。这是对地震工作者们发出的庄严呼唤和要求，给了我们极大的震动。正是按照周总理的指示精神，国务院成立了地震办公室，为以后建立国家地震局、系统开展地震预测预防研究奠定了基础。在邢台地震后的两个月内，我和组内几位同志，一直在震区附近的黄壁庄、岗南、岳城等水库进行大坝和水闸等水工建筑物的测震工作，特别是还有机会在岳城水库见到了周总理。当时，我们刚到工地招待所，正卸完测震仪器，一抬头迎面看到到岳城水库检查抗震安全的周总理，刚由钱正英部长等陪同，从工地招待所职工食堂出来。由于事发突然，一时间我们竟忘了向总理问好，呆呆地目送轻车简从、风尘仆仆的总理上车离去。回过神来，才为在这人民遭灾的困难时刻，总理和大家在一起的景象而深受感动，也为未曾向敬爱的总理致敬而深感遗憾。

第八节　晚婚晚育和我的妻子

一、和于岩的重逢和相恋

1958年从苏联回国时我已26岁，为了能集中精力做好业务工作，也为了能在经济上分担母亲和两个正在读书的弟弟的生活费用，我曾决心三年之内不准备谈恋爱和结婚。直到1961年，由同在北京同仁医院工作的我在留苏预备部的同学杜鸿仪（来自延安，曾是我在留苏预备部学习的九班班长和九班所属党支部成员，是我被党支部列为培养发展后的联系人之一）和于岩的姐姐于秀芬牵线，我和留苏回国不久的于岩开始接触。其实，我和于岩本就是留苏的同校同学，在苏联的第六届世界青年联欢节上就早已相识了，只是当年是一般的同学关系，彼此都没有其他想法。后来，她看到了在莫斯科动力学院中国同学间公布的、我回国后在工地上的表现，加上与她同寝室的苏联学友丽达（是曾和我同系同级的共青团干部，后来又和她在一起当研究生），曾向于岩谈起过关于苏联同学们对我的学识和人品的好感，这些都给她留下了对我的良好印象。

初次接触后，很快就有了更深了解。我知道她原籍河北省束鹿县（今河北省辛集市），其父亲于元昌早年独自从农村离家闯关东，在当杂工和学徒时刻苦自学，曾远行至海参崴，还学了一些俄语。回到哈尔滨后，先在一家银行当学徒，之后开始经营木材攒了些钱，把家乡的妻子和儿女（于岩的大姐和大哥）也接至关外，在哈尔滨安了家。于岩就出生在哈尔滨，后来全家又迁至齐齐哈尔。1947 年齐齐哈尔解放，于岩在学校期间参加了新民主主义青年团，毕业后被分配到齐齐哈尔市第一初小任教，被吸收参加了城市土改工作队。其后，因年龄尚小，有机会继续学习，被推荐至哈尔滨工业大学就读。1956 年从哈尔滨工业大学毕业后，经选拔，被派往莫斯科动力学院攻读研究生学位，于 1960 年完成副博士学位论文答辩后回国。

我也对她详细介绍了自己的家庭情况和经历。由于我们都怀有积极要求进步、自觉改造的决心，共同怀有对人民培育的感恩和以所学回报国家的情怀，彼此志趣相投，互相爱慕，且在同窗时曾已相识，有了基本了解，所以发展自然较快。回国后，她被分配在位于车道沟的三机部第一研究所工作。紫竹院位于我们两人单位所在的居中位置，就成为我们约会的理想场所了。当时，紫竹院还并非公园，也没有围栏，里面有一片小树林，寂静清雅，在那里留下了我们至今难忘的无限美好记忆。有时，她带来当时食堂难得有的一块油饼，我带去食堂用白面和豆面做的一个"金银卷"，彼此共享，在那个困难时期，这就成为我们互表心意的好礼物了。夜晚我送她回所后，再步行回木樨地宿舍，路途不算近，且已深夜，却因心情愉悦，一点儿也不觉得累。最后到谈婚论嫁时，在她的单位到我所来调查和了解了我的政治情况后，她才获得单位开具的同意结婚的证明，其时我俩都已是 29 岁的大龄青年了。

二、我们在上海登记结婚

应我母亲坚决要我们到上海举行婚礼的要求，我们是在上海黄浦区办理的结婚登记手续，也算是旅行结婚了。母亲又非要按上海

我和妻子于岩的结婚照

旧俗为我们拍了一张结婚照，并在新雅饭店办了集聚家人和少量亲友的一桌婚宴。这在今天是很平常的事情，但当时我觉得没有必要，太浪费。但拗不过母亲，也不想在这个时候让她不快，只能勉强同意。很巧的是，从告示牌中得知，当天在该饭店的相邻房间中，正巧以“断手再接”闻名的陈中伟医生也在此举办盛大的婚宴。

回到北京，好不容易在水利水电科学研究院位于二里沟的宿舍分到了位于 4 楼一间朝北面积只有 12 平方米的房子，承蒙组里的同事们帮助，用白灰粉刷了房间墙面，从单位租借了一张板床、一张三屉桌、两张凳子，铺上我们两人原来的被褥，这就是我们的新房了。虽然简陋些，但无论如何，总算有了自己的家，已感到心满意足了。因为没有暖气，冬天需要生炉子。那天周末得到通知，凭结婚证可到甘家口商场买一个炉子，但是 5 点以前必须去，并且这是最后一天了。我赶紧联系于岩，两人请了假，稍提前下班，就急匆匆赶去甘家口商场，买了一个蜂窝煤炉子和几节烟筒，一起抬回家中。虽然很累，却满心欢喜，毕竟能生火做饭才算真成了家呀！当然以后还要去购买和搬运蜂窝煤。哪知等一切安装就绪，用了整整一个星期天也没有点着炉子，弄得满屋子和身上都是烟尘。最后还是在楼下同事的帮助下，我们才学会如何生炉子。深感成个家真不易啊！也深感两人在生活上的无知，更显现出了我们都出身于商人家庭、缺乏艰苦生活磨炼，应该自觉多锻炼。曾记得，新婚后，一些留苏时的老同学一起来家祝贺，正好那时我们单位发了一些胡萝卜，困难时期这就成了我们招待宾客仅有的上品了。

三、女儿诞生和于岩工作调动

1963年我们有了第一个孩子——女儿石君。当时，国家科学技术委员会调查留苏学生工作的专业对口情况。于岩在三机部研究所的工作与她学的专业并不是很符合，她和一些学工企自动化的留苏同学都提出了要求专业归队的申请，后一起被集中调到机械工业部的机械研究院（今北京机械工业自动化研究所）工作。由于该单位在德胜门外，她往返路远，照料孩子不便，在几经申请后，她终于在机械研究院里分到了一间12m^{2}的房间。我们退还了在水利水电科学研究院的房子，雇了两辆平板三轮车，就把全部家当，其中不少是我们两人从苏联回国时购买的俄文书籍，搬到了位于德外大街的新居。从此，我就开始了连续32年风雨无阻每天用1.5个小时往返骑自行车上下班的征程。

如今我们结婚已57年，两人已届耄耋之年，同为共产党员、留苏归国的教授级高级工程师，回顾在风云变幻的岁月中携手走过的不平静的旅程，不禁为共同对报国和理想追求的矢志不渝、为白首偕老和相濡以沫的真情相随而庆幸和慰藉。

第七章

“文化大革命”中的困惑

第一节 “文化大革命”初期的惶恐

一、初次见到潘家铮同志

1966年八九月，虽然“文化大革命”已开始，但水利电力部上海勘测设计院中还有越南的实习人员，我被派去上海为他们讲两个星期的“模型试验研究”的课。我原想，这次到上海勘测设计院后，可能有机会见到在该院工作的潘家铮同志。哪知一进入设计院所在的大楼门口，迎面看到的是贴满了批判潘家铮的“大字报”。走进楼上一个大厅时，接待人员顾鹏飞同志指着坐在远处墙角处的书桌前的人说，那就是潘家铮。尽管这位我心目中一直渴望结识和请教的作者近在咫尺，但在当时的情况下却难能如愿，我只能遗憾地遥望他埋头看书的身影，连他的脸都未能看清。

二、潘院士是我工作中的学习楷模

我真正能当面见到潘家铮同志已是在“文化大革命”以后了。1981年我在美国哈扎（Harza）工程公司工作一年回来后，在向时任水利电力部李颚鼎副部长做工作汇报后，他要我到水利水电规划设计院去介绍我在美国工作时了解的情况。在潘家铮总工程师主持的会上，我见到了他。当时潘总的家尚未搬来北京，住在水利水电规划设计院招待所内，我曾去过他的宿舍，只见陈设极为简单，但房内堆满了大量资料和书籍，充分反映了他工作之余勤奋学习和潜心研究的情景，说明了“业精于勤”，他的博学多才是付出巨大辛勤劳动的结果，我为他的敬业精神而深深感动，并受到激励。

至20世纪90年代，我参加由潘总主持的会议多了，也更多地学习了他的浩瀚著作，了解到他的众多杰出成就。知道他在新安江水电站设计中成功采用大底孔导流和创导以封闭式排水系统降低大坝扬压力等先进技术，在葛洲坝工程中推广应用，并被列入设计规范。在富春江、龚咀、乌江渡、东江、凤滩、安康、龙羊峡、二滩、三峡、龙滩、小湾、溪洛渡、向家坝、锦屏一级、锦屏二级以及其他许多工程中，他解决了诸如岩溶区建坝、重力坝深层抗滑、拱坝坝肩稳定、碾压混凝土筑坝、复杂地基处理和边坡稳定计算等一系列技术难题。了解到他的全面系统地涵盖了从坝工理论、地下结构、有限元分析、水力学到岩土力学、滑坡涌浪等的技术成果。他的刻苦自学精神、深厚渊博学识，令我深深敬佩和仰慕。

特别是潘总身居高位，勇于承担责任和风险，始终以研究推广新技术为己任，支持技术创新。除发展了抽排理论降低大坝扬压力外，他还结合研究阐明了计算拱坝的试载法中的许多基本问题，在边坡稳定分析方面提出了最大最小原理，在研究混凝土裂缝及在水库边坡滑坡分析中提出简捷计算公式等，显著提升了我国的水利水电技术水平。他还推动开发筹建我国水电设计计算机辅助设计（CAD）技术和专家智能系统，创建了全国大坝安全监测中心，主张水利、水电建设应在保护环境的前提下开发，在开发的过程中保护，维护和推进工程建设与自然环境的和谐发展。在我参加由他主持的中国工程院研究项目“中国能源战略研究和水电与生态环境”过程中，深切感受到他全局性和前瞻性的深谋远虑。印象更深的是在20世纪80年代国内掀起结构可靠度设计的热潮中，潘总在原则上积极支持开展这项研究的同时，又指出对其在工程中应用要十分慎重、区别对待；他提出的“积极慎重、转轨套改”的方针，指明了当前切实可行的方向，在很大程度上统一了认识，并在“水工建筑物抗震设计规范”中成功应用。潘总为举世瞩目的三峡和南水北调工程从论证到整个建设过程呕心沥血、敢于担当，做出了卓越贡献。2009年，我有幸参加了由他任组长的国务院三峡枢纽工程质量检查专家组工作，有机会倾听他的很多真知灼见，感受到他作为一名技术领导岗位的专家，对工程、对人民高度负责的精神。他所说的箴言“我们从事的工程建设，一定要对子孙后代负责，要经得起大自然的长期检验”，深刻铭记我心。尤其是最后他虽重病在身，仍念念不忘工程质量和进展的精神，更令人感动万分。我一直以他为我工作中的学习楷模。

2000年，潘家铮院士与我在国际大坝委员会第20届大会和第68届年会上交谈

2007年，潘家铮院士与我在工地交谈

2009年，潘家铮院士与我等众人在三峡枢纽工程进行质量检查

2009年以前我从未在潘总领导下工作，和他的接触并不多，直接交谈的机会也很少，我对他一直是怀着仰视的崇敬心情，更从未曾向他请求过什么。但我没有想到，潘总却时时在关注着我。早在20世纪90年代初，我意外地得知潘总要推荐我参加中国科学院学部委员的候选。2001年，在潘总推举下我获得了何梁何利基金科学与技术进步奖。后来我才知道，潘总还在我并不知晓的情况下，多次关注过我。我也了解到他对其他不少同志的关注。他在辛勤工作的同时，还时刻在为我国水利水电建设事业的发展满腔热情地关注和扶持后人的成长。我在感动之余，也常以不能辜负其苦心而自勉，但至今仍为未能如潘总要求的那样把工作做得更好而深感不安。

如今潘总已离我们而去，但其为我国水利水电建设做出杰出贡献的丰碑将长远屹立，其勤奋忘我、开拓创新的博学精神和敬业精神的风范将永存。

三、参加电磁振动台验收的感触

从日本明石公司定购的电磁振动台在1966年上半年刚到货，虽然那时院内业务工作已停顿，但因日方要派人来调试，要在限期内由我方验收，所以只能临时组织起一个验收组负责验收，组长由试验工厂的一位工人师傅担任。因为是用英文交流，所以我既当翻译，又要负责技术应对，任务繁重。在当时，能被允许参加验收工作，我已感到很幸运了。在验收工作中通过交谈，偶然得知这些来参加调试的日方年轻技术人员白天在这里工作，晚上回到旅馆还要学习到深夜。他们说，出差几个月，如不学习，回去后就可能因为赶不上别人而被淘汰。这使我很震惊。在世界知识更新迅速、竞争激烈之际，回顾我们这里，却把学习和科研都停顿下来，不禁心中既焦虑又无奈，感慨万千。

在验收过程中，我发现了该振动台的不足之处，指出一些技术指标并未完全满足合同规定的要求。几经辩论，日方技术人员也不得不承认了。由于日方来调试的技术人员做不了主，在他们向其国内请示后，又派了一位能负责的理事来华处理。经了解情况后，这位理事也承认了我方指出的问题，并表示，为此即使赔偿我方40万元人民币也不为过。

第二节 抗震工作

1966年邢台地震后又发生了山东地震，震区一些均质土坝震害严重。我们搞抗震研究的，当然要不失时机地赶赴现场，取得震害的第一手资料。记得在察看黄河大堤的情况时正逢大雨，我们还被困在黄河大堤上，在汽车内过了一夜。后来，不断收到院里催促返院的通知，只好匆匆赶回。

刚经历了邢台地震，又发生了山东地震，人们都担心北京是否会发生地震，所以，尽管科研工作已基本停顿，但经水利水电部军事管理委员会的特许，京津地区的抗震工作还能进行。我也被吸收参加到这个行列中，参加者除我院员工外，还有其他单位的有关同志。我们对京津地区的一些大坝和变电站等电力设施，进行现场测震和抗震复核工作。

当时，我们还到密云水库、官厅水库等京郊水库调研，甚至还能在水库里游泳。为了对水库大坝进行抗震复核，我们还草拟了一个暂行规定，虽然很粗浅，也不完整，但却为后来制定水工建筑物抗震设计规范塑造了雏形。

可惜好景不长，随着运动的日益深入和对地震的逐渐淡忘，我们的抗震工作也不得不中止了。

第三节　思想困惑和准备下放

一、在极左思潮中的困惑

随着运动不断深入，极左思潮泛滥成灾。在看到水利水电科学研究院内造反派对留苏人员抄家并公布和批判他们在苏联的照片后，我和于岩急忙把自己留存的与苏联友人的合影都忍痛毁了。但对凝聚我们多年艰辛学习的莫斯科动力学院的毕业证件和成绩单毕竟难以割舍，却又怕成为“念念不忘修正主义”的罪证，最后想出把它们撕开但仍保留的办法，万一被查出，也可以说证件已被撕碎来作为并未眷恋的搪塞。

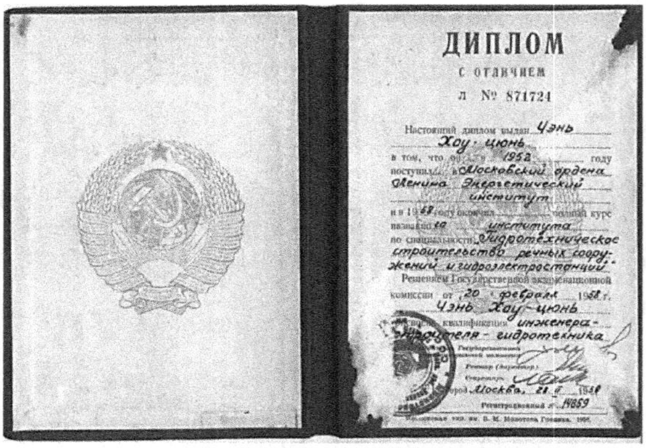
ДИПЛОМ
С ОТЛИЧИЕМ
Л № 871724
Настоящий диплом выдан Чэнь Хоу-цюнь
в том, что он в 1952 году поступил в Московский ордена Ленина Энергетический институт
и в 1958 году окончил полный курс названного института
по специальности Гидротехническое строительство речных сооружений и гидроэлектростанций
Решением Государственной экзаменационной комиссии от 20 февраля 1958 г.
Чэнь Хоу-цюнь
присвоена квалификация инженера-строителя-гидротехника
Ректор (Директор)
Секретарь
Город Москва, 21 II 1958
Регистрационный № 14869

被撕破的我在莫斯科动力学院的毕业证书

ВЫПИСКА ИЗ ЗАЧЕТНОЙ ВЕДОМОСТИ

被撕破又用胶条粘好的成绩单

后来开始要恢复党的组织生活了，对每个党员都要重新甄别检查。我真心实意地深刻检查了自己出身商人家庭、未经艰苦磨炼、埋头业务导致留苏期间对“苏联修正主义”认识不清、在“文化大革命”中跟不上形势、思想觉悟低、阶级斗争观念差等，总算幸运地通过了甄别检查。怀着对共产主义理想的坚定信念，当时我真怕被这个令人困惑不解的大潮影响到自己无比珍惜的政治生命。

二、准备下放

随着院里下放名单和去向的宣布，要求人员必须按期轻装离京出院。我只好回去和于岩商量，她们单位暂无动静，但她坚决表示，不论去哪里，干什么，都要与我同行。于是，我们就一边匆忙收拾行装，一边由我去排队购买捆绑箱子的草绳。好在并无多少行李，麻烦的是在苏联省吃俭用购买后带回的大量俄文技术书籍又重又多，实在难以随身携带上路，又无处可送，无奈只能忍痛作为废纸处理。于岩向单位借了一辆运货三轮车，满满地装了一车，我骑到西单商场的旧书店作为废纸论斤出卖。在称重时，书店的人还规定要把硬皮封面撕掉，就这样，我们两人在苏联学习期间省吃俭用费心收集的书籍资料就被按几分钱一斤的废纸收购，竟一共卖了 18 元之多。第四天怀着不知去向的忐忑不安的心情去上班，发现宣布的第一批下放名单中没有我的名字。虽不知下一批名单何时宣布，但好歹有个缓冲的时间了。

三、儿子的出生

此时，考虑到一个孩子将来太孤单，1968 年我们的第二个孩子出生了。正值国庆节前夜，于岩有要临产的感觉，我们就搭乘公交车去北大医院妇产科，她当即被送入产房，我在外边等候，竟瞌睡过去了，朦胧中猛然醒来，才知儿子已在凌晨 00：15 平安出生，但因已深夜不能再去病房探视了。我因被指定要参加当天的国庆节游行，规定要在清晨 4：00 赶到水利水电科学研究院礼堂前集合，所以我就急匆匆步行赶去集合地点报到。在和大家一起喝了稀粥后，就点名整队出发，直至中午游行队伍解散后，我才急忙赶去医院探望于岩母子。一路上我感到要散架似的疲惫不堪，中途不得不接连多次坐在路边休息片刻后才能继续行走。好不容易才赶到医院，见到母子都挺好，一时竟忘却疲劳而感到十分欣慰。从医院回到家中，没有吃一口饭喝一口水，就直接倒在床上呼呼大睡，直到第二天早上才醒来。

四、我们被抄家

儿子出生不久，“文化大革命”已进入“清理阶级队伍”的阶段，被“靠边”站的我虽未被列入清理对象，但也无缘参加专案组工作。在此期间，我爱人于岩被单位造反派贴出了“大字报”，进了“学习班”。原因是她在留苏期间，也就是 1958 年国内反右后，在国外留苏学生中开展了“向党交心”运动。于岩就向组织说了自己有过对“人性论”和“人道主义”等认识不清的问题，通过学习，才认识到要从阶级斗争的观点去理解和认识。谁知这些自我交心的材料竟被放进了档案中，到“文化大革命”的“清理阶级队伍”阶段，竟被对立的造反派组织翻出来作为证据。造反派还为此来抄了家，把她保留的少量留苏时的照片及手套等生活用品、连同我工伤后收到的一些信件都拿走了。实在没发现什么，他们就只能把于岩在苏联时买的黑色绸手套作为有资产阶级思想的依据。当时于岩白天要参加“学习班”，还好未被隔离，仍让回家。那时时届隆冬，我正好被单位指派参加烧锅炉供暖，值了夜班，白天在家可照顾在襁褓中的儿子，给他喂水、换洗尿布，做家务。就这样折腾了一阵子，由于什么问题也没有查出来，于岩的“学习班”也就不了了之了。

五、我差点儿随于岩下放改行

在“文化大革命”后期，为响应“小三线”建设，于岩所在单位要把她所在的电站组成编制地下放内迁广西桂林。按规定我可随行，并答应可在该单位安排我的工作。我考虑到两个孩子尚小，于岩一个人难以照料，而当时我所在的水利水电科学研究院已经解散，我是在尚未下放的“留守处”，我只能同意随行。心想不管在哪里，只要认真改造、踏实工作，也一定能为国家和人民服务。只是想到可能要被迫改行，就感到既无奈又遗憾。当时，于岩的单位规定，下放桂林的人员每家可买一个搬家用的大木箱。我们买了木箱，我早先准备下放排队购买的一大捆草绳也正好能用上。好在我们在思想上已早有被下放的准备了。我当即把情况向我单位的基层领导汇报了，未曾想到，当时我单位的领导和军代表不同意我随行调离。由我单位出面向于岩单位联系商请把她留下，他们单位强调了是她所在的电站组以整个组成编制的方式内迁，且有建设“小三线”文件的依据，不同意于岩留下。经多次交谈协商，我所在的单位甚至表示，于岩留下后可由我单位安排她的工作。最后，于岩单位总算同意把她留在了软件中心工作。

随于岩下放桂林的事总算结束了，我因而避免了可能改行的风险。对此，我至今对当时我单位的领导十分感念。

第四节　不忘学习外语

在参加专案组工作期间，除了参加审问和学习政治书刊外，还是有不少空闲时间的，人们常打牌消遣。作为一名技术人员，我总感到有点儿可惜，但当时也无业务可搞。我想到如能趁此机会学点外语、记点单词或许还较现实可行。想到自己是搞抗震研究的，日本是多地震国家，这方面的技术资料丰富，如能学点日语，也许以后可能会有用。好在当时还能买到学日语的书，我就偷偷地开始自学日语。在上海沦陷期间，虽然我从小学五年级到初中二年级都要上日语课，但由于老师和学生们都怀着对日本侵略者的仇恨心理，老师并未认真教学，学生也未认真学习。记得初中的日语老师上课常讲《三国演义》中的故事，考试时让大家开卷抄书，应付当局，所以我基本没学到什么。至今只能从背字母开始学起来。在当时的气氛和环境下，我只能用一本《红旗》掩盖着日文书，胆战心惊地学。一段时间后，我单位来自铁道兵的军代表拿了两篇有关铁路隧道的日文技术文献要找人翻译，当时在日本留学的老专家都已被下放，我想这倒是一个测试我几个月来偷偷自学效果的机会，就斗胆自报，愿意试试。好在日文技术文献中很多技术用词都是从英文音译而来的，所以勉强完成了任务。

第五节　接受提交国际大坝会议论文的任务

一、领受涉及国际学术活动的任务

后来，水利水电科学研究院、在清河的电力科学研究院和在良乡的电力建设研究所尚未下放的留守人员又合并临时成立了水利电力部的科学研究所。原水利水电科学研究院的人员归水利调度室，于骁中同志任主任，我被指定为副主任之一。根据上级指示，为了要争取作为会员国家参加国际大坝委员会，需要准备编写两篇提交国际大坝会议的论文去列席会议，以争取支持。经研究确定了提交的论文内容：一篇是综述中华人民共和国水利建设的成就的，一篇是关于新丰江水库地震和大坝抗震加固的研究成果。后者就指定由我负责筹组。由于这是“文化大革命”以来少有的涉及国际学术活动的任务，所以各级领导都十分重视。我也感受到较大压力，但总算有机会能重新公开地大力开展抗震科研工作了，这毕竟是值得高兴的事。

二、力求反映我国科技水平

为了写好这篇论文，使之有充分的科技含量，能反映出我国在这方面的研究水平，不仅需要搜集、整理和总结已有资料和成果，还需要做一些补充和深化研究的工作。因此，我拟了一个工作大纲，并据以请单位发函约请了广东省地震部门、水电设计部门、清华大学、北京大学、中国科学院下属的工程力学研究所、计算技术研究所、地球物理研究所等单位的有关同志共同参加。约请参与的那些同志我都较熟悉，且那时他们也都基本闲着，想做些业务工作，所以都很乐于参加。大家都集中在水电水利科学研究院办公楼内，组成了一个长达半年多的临时的研究和写稿班子。

大纲共分为三个部分。第一部分为工程概论，由广东省水电设计院同志负责，主要阐述水库蓄水引发水库地震后的工程几次抗震加固的目标和情况。由于坝址区地震烈度原定为Ⅵ度，不需要进行抗震设计，坝体采用了下游面开敞的单支墩大头坝坝型。在水库蓄水发生地震后，在尚难预估地震发展趋势的情况下，领导决定按Ⅷ度地震设防要求，立即在各坝段下游开敞的坝垛间增设混凝土撑墙，以增强大坝的坝轴向刚度和整体性。及时果断的加固有效减轻了随后发生的Ⅷ度主震的震害。主震后，又在坝腔内回填一定高度混凝土的二期加固，进一步提高了坝体的稳定性。

第二部分为水库地震研究，主要由广东省地震部门负责对我国首例、世界四大6级以上震例之一的水库地震进行了深入研究。内容包括：在深入总结已有研究成果的基础上，分析了水库地震成因的构造背景；基于对我国首次设置的水库地震监测台网取得的大量记录的分析，给出了水库地震活动特点和发展趋势的估计。

第三部分为工程抗震研究，内容包括对新丰江水库地震的地面运动特征、为坝体加固方案提供依据的坝体动态特性和地震响应的研究，以及现场测振对抗震加固效果的检验。

基于中国科学院工程力学研究所和水利水电科学研究院我国首次在坝址和坝体系统设置的强震观测台网，取得了距坝基下游100m处的坝址自由场的地震动加速度记录，纠正了传统的以坝基廊道中的记录作为坝体地震动输入的错误概念。并在对大量记录分析后，给出了新丰江水库地震的地面运动特征，揭示了坝体地震动加速度响应沿坝高的分布规律。

为验证当时普遍采用的以一维悬臂梁模型对典型坝段进行了其自振特性和按反应谱法的地震动响应计算结果，在水利水电科学研究院新引进的电磁振动台上首次进行了坝体动力模型试验。试验结果表明，采用静力试验中的坝体-地基模型进行动力模型试验，地基的尺寸和边界条件的设置方式导致的地基振动性态会严重影响坝体真实地震响应。揭示了基于封闭式振动系统的振动台输入机制，难以体现实际坝基地震波能量逸散的开放式波动系统的地震动输入机制。因此，只能对新丰江大坝典型坝段刚性地基的模型进行了空库的试验，验证了按结构力学方法计算的各主要低阶的频率和振型。同时，还首次以坝址自由场实测的地震动加速度记录作为振动台输入，获得了坝体各高程的地震动加速度和下游坝面主应力响应的时间历程，突显了不容忽视的高阶振型影响。还通过竖向冲击破坏试验定性表明，水库地震较大的竖向分量，也是导致坝体上部开裂的因素之一。

鉴于结构力学的一维简化模型不能反映新丰江单支墩大头坝头部复杂的断面突变影响，又和北京大学、中国科学院计算技术研究所共同协作，在我国首次应用二维有限元模型模拟了坝段断面的实际复杂结构，并按坝址自由场实测地震动输入，应用电子计算机进行了坝体地震响应分析。结果表明，坝面应力分布除在出现裂缝的108m 高程处呈现主峰外，在 100m 高程坝腔断面突变处，显示了一维结构力学未能反映的应力次高峰，后来在库水位下降后，确实发现该高程附近坝体也有开裂。

为验证大坝抗震加固的效果，我们和中国科学院工程力学研究所一起，又对大坝在加固前、一期和二期加固后的坝体分别进行了现场原体测振试验。结果表明，加固后坝体的顺河向、坝轴向基本频率都有提高，说明了加固后的坝体纵向、横向刚度都增大了，验证了加固增强了坝体整体性的效果。

三、论文的效果和影响显著

在上述这些工作的基础上，我汇总写出了《新丰江水库地震及其对大坝的影响》的论文初稿，并向当时领导这项工作的水利电力部钱正英同志做了汇报。事后，科研所领导安排一些未下放的留美回国的老专家将论文翻译成英文，我负责联系该论文提交国际大坝委员会文本的印制工作。在科研基本停滞的“文化大革命”时期，准备论文的任务总算圆满完成。该论文由首次参加1973年国际大坝委员会的我国代表团在大会上发放后，据说引起了大会的高度关注。论文被《中国科学》在1974年分别以中、英文发表。1978年，我参加了“文化大革命”后第一个来访我国的美国地震工程代表团的交流会，这个代表团由国际工程抗震界权威乔治·豪斯纳（George Housner）教授率领，有韦恩·克劳夫（Wayne Clough）等国际知名教授参加。在会上，我见到代表团各人的手中都持有《新丰江水库地震及其对大坝的影响》的论文复印件。会后，代表团成员还专门到新丰江大坝现场进行了考察，说明该论文得到了国际学术界的关注。

应当说，新丰江水库地震和大坝抗震加固的系统研究，对我国水库地震和混凝土坝抗震的研究具有开拓性的引领作用。为把准备论文的任务完成好，我在参加了从组织人员、主持系统的研究工作、主要执笔编写论文的全过程中，业务上得到了很多锻炼和提高。所以虽然在当时“文化大革命”的形势下，在竭尽全力完成任务后，我虽未能随论文出国参加国际大坝委员会会议，在论文中也并未领衔署名，但还是为论文的成功和自己能主持完成这项任务而深感欣慰，在“文化大革命”期间科技界一片萧瑟的氛围中，能学以致用地为国家做些贡献，是我的心愿。

第六节　编制我国首部《水工建筑物抗震设计规范》

一、任务的由来和队伍的组成

1973 年在完成提交国际大坝委员会会议的新丰江抗震的论文后，当时的国家基本建设委员会抗震办公室（简称建委抗震办）下文，首次组织建筑、水工、铁路、公路、煤炭等部门编制各自的行业抗震设计规范。此前，我国仿照苏联，仅有笼统地以房屋建筑为主、包括各类建筑物的抗震规范。为此，水电部基建司要求水利科学所的水利调度室承担编制水电行业的水工建筑物抗震设计规范，我被任命为编制组负责人。我根据所了解的情况，经与水利调度室，东北、北京、广东等地的水电设计院，水电十三工程局等工程局，大连工学院，华北水电学院等单位的有关同志联系后，通过水电部基建司发函商请。好在当时这些同志在各自的单位也都没有太多工作，所以很快从各地集中到京，组成了编制组，住在我们单位的招待所内。因为是首次编制我国的水工建筑物抗震设计规范，大家都心中无底。我根据过去参加过由中国科学院工程力学研究所主编的抗震设计规范的讨论，以及“文化大革命”初期为对京津地区水库大坝进行抗震复核而草拟的暂行规定工作的经历，草拟了编写大纲，并经大家反复讨论修改后确定。

二、要解决的关键问题

当时同时编制的五个部门的抗震设计规范由建委抗震办统一领

导。我国过去的水工建筑物的抗震设计主要借用美国和苏联的相应规范，首次编制我国的《水工建筑物抗震设计规范》，需要根据我国国情，总结我国的实践经验，体现水工建筑物特色。为此，需要研究和解决一系列关键问题。

（一）引入设计地震动的综合影响系数

设计地震动峰值加速度值是抗震设计的前提，及确定抗震设防水准和相应造价增加的关键参数。当时已有实测强震记录表明，实际地震动峰值加速度较之与传统采用的设计烈度对应的值要高出很多。为此，建委抗震办规定了设计烈度对应的实际地震动峰值加速度值，但引入了一个所谓的影响系数，将设计地震动峰值加速度值较之实际值加以折减。对此在工业和民用建筑中解释为，是由于构件的抗震设计是按弹性结构进行而未考虑结构在设计地震作用下进入延性阶段所致。据此，在此前我国由建设部门编制的包括各类建筑物的抗震规范中，因为混凝土大坝是脆性结构而要求其影响系数值取为 1.0，从而使大坝地震作用提高数倍，使大坝抗震设计难以进行，也不符合震情实际。对此在 20 世纪 60 年代曾引起部门间的剧烈争议。因此，在编制的《水工建筑物抗震设计规范》中，需要对这一长期有争议的问题给出合理的取值和明确解释。为此，明确指出，大体积水工建筑物的影响系数取值应主要根据其地震作用与现行设计方法和安全系数相配套的原则确定，而不能套用建筑结构中以结构延性大小为依据。据此，对按拟静力法进行抗震计算的水工建筑物规定了应引入取值为 0.25 的综合影响系数。

（二）确定拟静力法的地震惯性力分布

此前，对于可简化为悬臂结构的水工建筑物，已经研发了基于结构力学的地震动态响应分析方法。在编写提交国际大坝委员会的有关新丰江大坝抗震加固的论文过程中，在与北京大学力学系、中国科学院计算技术研究所协作下，也研发了重力式坝体的二维有限元动力分析方法。在与吉林大学数学系老师的协作下，还尝试了三维的拱坝动力特性的分析计算。但毕竟混凝土坝等的水工结构的动力分析还处于初始阶段，在当时也尚难以为设计人员掌握及普遍推广应用。因此，除对高度超过 150m 的高坝要采用动力分析外，水工结构的地震惯性力都仍只能采用拟静力法计算。但当时，地震惯性力沿各结构高程的分布，仅从早期美国采用的矩形分布，过渡到苏联规范采用的粗略考虑结构动力放大效应的梯形分布。在编制的《水工建筑物抗震设计规范》中，对各类坝体和水闸等结构，基于结构力学的地震动态响应分析结果或已有实测结果，首次对各类水工结构的地震惯性力，分别给出了较梯形分布更接近实际的分布图形。

（三）对动力分析中设计反应谱的改进

此前，在动力分析中的以峰值加速度归一化的设计反应谱，都沿用建筑部门的规定，其最大值的平台从零周期开始。这影响到一些基本周期较短的中小型水工建筑物的地震动被人为放大。实际上，接近零周期的刚性结构是不应有动力放大效应的。因此，在制定的《水工建筑物抗震设计规范》中规定，归一化反应谱的平台从周期为 0.1s 处线性下降到零周期的 1.0。当时，建委抗震办要求同时编制的 5 本抗震规范中，有关地震动输入的参数要保持一致。为此，专门召集各部门规范主编及有关专家讨论，会上几经争辩，才同意仅水工规范把归一化反应谱的平台从周期为 0.1s 处线性下降到零周期的 1.0。但目前，这已经普遍被各部门的抗震设计规范所采纳了。

（四）提出各类水工建筑物抗震工程措施要求

此前，水工建筑物设计仅限于抗震计算。鉴于水工建筑物十分复杂，而其抗震计算还相当粗略，不少震害现象也很难通过计算反映，而采取必要的工程抗震措施却能有效控制。因此，在制定《水工建筑物抗震设计规范》时，首次专列了“抗震结构和工程措施”一章，在总结了国内外抗震设计实践及震例的基础上，对各类水工建筑物提出了具体的抗震工程措施要求。这对减轻震灾、确保工程抗震安全有重要意义。

这些关键问题的解决，为水工建筑物的抗震奠定了基础。

三、编制的艰辛过程

在“文化大革命”期间，业务工作仍处于很不正常的状态，经常受到干扰。当时社会上又刮起了一阵要大破所谓的资产阶级对群众“管、卡、压”之风，编制抗震规范似乎正属于对设计人员的“管、卡、压”，因而引起了各部门抗震规范编制组的担心和恐慌，怕正好成为批判对象。幸而建委抗震办的负责人陈寿梁同志及时召开会议，稳定了大家的情绪，要大家坚持工作，总算把这阵风顶过去了。

在《水工建筑物抗震设计规范》初具雏形后，鉴于是初次编制水工抗震设计规范，我们心中无底，因此需要向将来使用规范的设计人员征求意见，同时也做一些规范的宣讲工作。在征得水电部基建司同意后，编制组冒着酷暑，先后到散布或下放在广州、武汉、浙江、杭州等多处的有关设计部门进行交流和广泛征求意见，对规范进行了修改和补充。在此基础上，我在负责土工部分的卞富宗同志协助下，完成了规范全部条文及条文说明的编写工作，经编制组认真讨论后，提出了规范审查稿。当时抗震规范的编制工作在研究所内由已被“解放”的水电科学研究院原副院长、那时负责业务工作的陈椿庭同志领导。他对规范条文亲自逐条逐句地反复审查，连标点符号和修辞都不轻易放过，要求修改。老一辈科学家那种一丝不苟、高度认真负责的治学态度，使我深受教益。

完成审查稿后，在德州召开了规模较大的《水工建筑物抗震设计规范》的审查会，由陈椿庭同志率领编制组全体人员参加。正当我紧张地负责整个审查准备工作之际，却突发高烧并伴有腹泻，而第二天和第三天我要负责规范的汇报和答辩工作，因而只能在当地医务所就诊后，草草吃些磺胺之类的药，带病做报告。会上，围绕一些技术问题还展开了较激烈的争论。在基本完成答辩后，因高烧不退，头昏脑涨，全身乏力，我实在无法支撑下去了，不得不独自乘火车回京。到家后高烧达40℃持续17天不退，最后全身呈现红色斑症，不得不去北大医院皮肤科就诊，医生当即安排我住院。入院后，虽然用了包括冰袋降温等各种措施，但高烧却仍不见退。因担心烧坏脑部，医生告诉我不得不用上打激素的治疗方式，这是他想尽量避免而又不得已的办法了。果然，采用激素治疗两天后，我开始退烧了。这时，从来探望的同志处得知，规范最终顺利通过审查，我感到极大欣慰，心中满怀对长期共同战斗的编制组的战友们和对规范编制精心指导的陈椿庭同志的感激之情。

我国第一本水工建筑物抗震设计规范，和同时编制的其他部门的抗震规范一起，直到“文化大革命”结束后的1978年才正式颁布，在其后的20多年中被广泛应用，在我国的水工建筑物抗震设计中发挥了应有作用。应当说，这只是我国水工建筑物抗震的入门阶段。水工建筑物的抗震设计还停留在基于结构力学的坝体结构和采用拟静力法分析为主，坝体的动力法的抗震分析尚处于探索阶段。

第七节　能出国参加国际学术活动了

一、在希腊和南斯拉夫参加国际学术活动

（一）在雅典参加国际大坝委员会大会

1974年，我突然被通知去希腊雅典参加国际大坝委员会的大会，这是我国首次作为会员国参加国际大坝委员会会议。代表团由

沈崇刚同志带队，长江流域规划办公室的张邦奇同志和我参加，会后还到南斯拉夫进行考察。由于事发突然，我确实感到意外和激动，倒不是因为出国而激动，而主要是对我而言，这标志着我终于在政治上被认可具备出国参加国际交流的资格了。对于在极左思潮中“靠边”压抑、背着无奈的“出身”包袱的知识分子而言，我感受到的是那种犹如重被母亲牵起了手的孩子似的感触和激动。

我们是乘坐巴基斯坦国际航空公司的飞机出国的，记得这是当时我国唯一的国际航线。“文化大革命”期间出国的代表团很少，记得那架飞机上的乘客极少，偌大的机舱内只有不到10位旅客。我们于深夜到达卡拉奇，在机场等候转希腊的瑞士班机飞往雅典。在希腊机场，我国驻希腊使馆的同志来接我们到使馆招待所住下。大使亲自接见我们，我们和使馆的同志们一起就餐，彼此交谈得很好。当时使馆内还有一批年龄很小的小朋友，据说是专门派出来学习希腊文的。使馆同志带领我们去大会会场所在的希尔登酒店办理了报到注册和入住手续。这是我从苏联回国后的第一次出国，感到一切都是那么新奇和陌生。

在大会上，感受了通过我国首次作为会员国参会的兴奋，对这个国际大坝建设最高学术殿堂怀有高山仰止的心情。哪里能想到，47年后我竟然会在这个舞台上领受当年唯一的终身荣誉奖章和奖状。

在参加大会的活动中，我深感自己用英语交谈的能力太差，影响主动交流。但毕竟是见了世面，经受了一次历练，取得了一些经验，了解到若干当前大坝建设中普遍关注的问题。同时，也促进了自己要努力学习英语、加强国际交往能力的决心。

会后，我们参加了工程考察，我国使馆因想多了解些情况，故也派员参加。考察了几个希腊大坝现场。这里与马拉松长跑相联系的马拉松城附近的马拉松大坝，其仅0.41亿m^3的水库，据说却是1931年世界首次发现水库蓄水引发地震的工程。此外，在使馆人员陪同下，怀着对这个世界文明古国的敬仰心情，参观了著名的古希腊卫城和古代奥林匹克运动的遗址。他们十分重视对引以为傲的古迹的保护，从这里带走任何一块石头都是违法的，自然也见不到任何涂鸦。在这里，我们正好遇到一位新华社的记者，还有幸给我留下了平生第一张彩色照片。

希腊使馆借我们这个代表团到来之际，还邀请了希腊科技官员到使馆进行交流叙会。

（二）在南斯拉夫考察姆拉丁其拱坝

按计划，我们从希腊转往南斯拉夫考察正在建设中的高 220m 的姆拉丁其拱坝。到达南斯拉夫首都贝尔格莱德后，我们受到使馆的热情接待。当时我国驻南斯拉夫的大使曾是三门峡工程局的党委书记，对我们这个水电部的代表团自然格外亲切，亲自宴请了我们，为我们介绍了不少情况。我们到达时正值南斯拉夫召开党的代表大会期间，据说铁托官邸和大会会址就在距离我国使馆不远处的街对面。那时我国已和南斯拉夫互派留学生，我们还见到了一些中国留学生。

姆拉丁其拱坝位于据说是铁托故乡的黑山共和国，在工地，我们受到南斯拉夫同行们的热情接待，他们向我们详细介绍了工程建设概况，工地的机械化程度和管理水平相当高。当我们得知这个井然有序的高坝建设工地最多时也仅有 800 余名工人时，感到很惊讶。交流中，南斯拉夫方人员亲切地称呼我们“同志”。记得在黑山旅店住宿时，在餐厅就餐时，邻桌的几位人员得知我们是来自中国的代表团时，向我们伸出了大拇指，说他们曾是第二次世界大战时的游击队员，对战斗中建立的中华人民共和国的同志们表示敬意。给我留下深刻印象的是，在我们住宿的这个邻近工地的小城，每到傍晚，差不多全城的居民都出来到街上散步，不时地还相互点头打招呼，晚霞中，小城沉浸在一片温馨祥和的情境中。

从工地回到贝尔格莱德，我们按计划还和南斯拉夫方进行了技术交流。南斯拉夫在喀斯特（岩溶）地基处理技术方面在国际上享有盛名，我们向他们学习了解了一些情况。此外，长江流域规划办公室的张邦奇同志带着三峡工程船闸设计中的一些问题，向他们了解了铁门水电站船闸的情况。为此，我们还第一次乘坐了高速的气垫船，沿着著名的多瑙河到现场去考察。我看到船舶众多、航运繁忙中的多瑙河已不再是蓝色的了。铁门水电站是以多瑙河为界河、由南斯拉夫和罗马尼亚共建的，电站、船闸等所有建筑物都是完全对称的，两国各占一半，坝顶就有国界。

我还记得在南斯拉夫期间的几件小事。有天早晨，陪同我们去工地的工程师迟到了，因为他的汽车因昨夜在马路上违反规定停放，被交警吊运走了。20 世纪 70 年代初，在南斯拉夫贝尔格莱德，拥有小汽车似已较普遍，但停车位奇缺，多要在马路上寻找允许的停放点。另外，在使馆见到门口的对话设备和楼内照明的声控开关等，对当时的我来说都觉得很新鲜。

我们仍需从南斯拉夫返回希腊，经雅典回国。回国前，使馆同志热情地陪我们去购买纪念品，我用规定的全程零花钱买了一条浴巾、一磅毛线和一小罐橄榄油。

二、在加拿大参加国际诱发地震会议和会后考察访问

（一）在日本逗留三天等候转机

1975 年在加拿大召开了首次举行的国际诱发地震会议，由于水库地震是会议的重要内容之一，水电部受邀派代表参加，我被批准作为由中国科学院工程力学研究所刘恢先所长率领的代表团成员之一，代表团共有包括一名英语翻译在内的八人，除我外，都是地震部门的。当时我国尚未与美国建交，去加拿大需经日本中转。代表团到达日本东京时，我国驻日使馆人员在机场接我们，驱车安排我

由刘恢先先生带团的中国地震代表团参加在加拿大召开的国际诱发地震会议（我位于左三）

们住进新大谷酒店，并在酒店陪同我们一起用晚餐。记得餐后剩下一个包子，没想到餐后还为我们把这个包子打包带走，而为此所用的层层精美包装的费用，我估计远超过了这个包子本身。由于要三天后才有航班，而在此期间我们也不能外出，就只好在旅馆干等。还记得临走那天，我们看到街上有很多全副武装、手持高大盾牌的军人，戒备十分森严。经打听，原来是这天日本天皇要出访美国。

（二）对水库地震的进一步认识

到达加拿大渥太华后，我们先住在大使馆，还和章文晋大使一起用过餐。随后赴会议所在地的班夫城，这是加拿大中部著名的风景区，记得会场设在一所艺术学院内，环境优美、设施完备。会议规模很大，集中了各国有关专家。这次会议特别对石油深井回灌和水库蓄水引发的地震提供了大量震例，并对其机理进行了多方面的探讨，我们很受启发。我国地震部门提交的关于新丰江水库地震成因分析的论文也受到关注。会议期间，我遇到美国加州大学伯克利分校的威什尔斯本教授，他热情地向我介绍他在研究裂隙岩体渗漏及其在深孔注水诱发地震方面的情况。当时我并不清楚他是美国人，只对他研究的问题很感兴趣，因专心交谈还差点儿误了参加会议的集体拍照留念，我们两人急匆匆赶去时只好站在边上。20 世纪 80 年代后期，我在加州大学伯克利分校短期进修时，才知道威什尔斯本教授是该校矿冶系的知名教授，我还专门去拜访过他。

在加拿大参加国际诱发地震会议时合影（我位于后排右一）

回国不久，刘先生把代表团成员都召集到哈尔滨，集中讨论总结和分工编写这次出国的技术报告，我负责水库地震部分。我们住在离车站不远的黑龙江旅社，早出晚归。

通过对各国有关资料较系统的思考分析，我们做成了一批读书卡片。虽然在新丰江地震中我开始接触到水库地震问题，但通过这次会议和会后编写报告，我对水库地震的类型、特点和成因机理有了更进一步的认识。我们的总结报告最终由科学技术文献出版社刊印发行。

（三）考察哥伦比亚大学和加拿大地震部门

会后按照计划，我们还参加了由加拿大地震部门接待的考察和访问。为使这次考察更有成效，根据团长安排，代表团分为两组。一组由刘恢先团长带领我主要去不列颠哥伦比亚大学进行抗震方面的考察了解，另一组由马瑾同志（现中国科学院院士）带领进行地震地质方面的考察了解。最后按规定日期在温哥华会合回国。

代表团成员在加拿大地震局门前合影（我位于前排左二）

与加拿大不列颠哥伦比亚大学土木工程学院院长、国际知名教授芬（Finn）合影

在温哥华，我们受到了不列颠哥伦比亚大学土木工程学院院长、国际知名的芬（Finn）教授的接待。我们参观了他们的土工试验室和刚建立的振动台设备。刘恢先先生还和他就当前抗震研究中的一些关键问题进行了交流，令我受益匪浅。可能是因为刘先生在国际学术界的威望，芬教授对我们格外热情，他在温哥华高楼顶部的旋转餐厅宴请我们，我第一次品尝到了据说是法国名菜的蜗牛，他还亲切地和我们聊起了他的家庭。“文化大革命”后，芬教授曾应邀到水利水电科学研究院访问并做学术报告，那次由我担任翻译。其后我在一次国际会议上遇到他，他热情地在给我的他的名片上写上欢迎我有事随时可和他联系之类的文字。后来，水利水电科学研究院岩土工程研究所一位年青同志想要到加拿大哥伦比亚大学读研究生，请我帮助联系和推荐，芬教授很快就给我回信表示同意。但遗憾的是，那位同志后来又联系去美国的学校了。记得在哥伦比亚大学还遇到了那里的华人研究生，曾主动为我们开车服务过。

在加拿大地震部门安排下，我们还参观了加拿大地震观测中心，了解了他们的地震设防区划图编制情况，观看了他们对设置在各个台站仪器的定期巡检，看到他们对实测的地震记录用放大装置逐点读取以进行数字化的设备。该设备在当时还是少见的。受此启迪，在“文化大革命”后，当我被任命为抗震防护研究所副所长时，还采购了国内生产的类似设备。后来，在模拟记录的强震仪被数字式仪器取代后，这类设备自然被淘汰了。

（四）与苏联专家的邂逅

有一天，我和也是留苏归来的马瑾同志一起在大会安排的餐厅就餐时，可能我们在交谈中无意夹杂了几句俄语，邻桌的一位苏联代表主动过来和我们招呼，记得他自我介绍说是位研究地质的教授（据地震部门的同志讲，他是该领域的著名专家），作为专家到中国工作过，受到过周总理的接见，曾带过三位中国留苏研究生，从言谈中感受到他对中国的感情。那时正在“文化大革命”期间，中苏关系十分紧张、极左思潮横行，担惊受怕的我们只能不失礼貌地被动应对，显得十分拘谨。但我们内心深感，怀有共同理想的中苏人民间的友谊是牢不可破的，特别是和中国人民友好相处过的苏联专家们，更是如此。

（五）海外侨胞的深情厚谊

我初次到温哥华时，在城市中常遇到华人。尤其是在规模不小的唐人街，到处都是有中文招牌和广告的商店，路边报摊上也有不少中文书报，连马路上的街名指示牌都有中文名称，行人中很多在讲中国话，简直犹如置身国内。难忘的是，一次刘先生和我进到一家餐馆用餐，老板是从中国台湾去的，我们点了菜后，突然从后厨出来一位大师傅，听说我们来自中国，非要见我们，他好像见到亲人似的，热情地和我们握手久久不分开，他说他十分思念在大陆的故乡，问了我们很多大陆的建设情况，最后还非要老板不收我们餐费，由他请客。后来还是刘先生说，他的诚意我们很感谢并心领了，但我们还是应按规定付费。最后，他依依不舍地把我们送出门外，还频频挥手道别，他的热情让我们很感动。我们代表团在温哥华会合后，有一天，我们去一家较大的中国餐馆就餐，老板得知我们来自大陆，特别友好热情，自称他在日本和廖承志相识，我国驻温哥华领事馆的宴请，都是委托他们的餐馆办理的。还告诉我们，他们的高级大厨师只有在晚上 7 点后的几个小时内，才上班亲自掌勺，要我们那段时间去就餐。这些小事也使我亲身体验到，旅居海外侨胞热爱和向往回到祖国的深情厚谊。

（六）在加拿大一户农家

在我们离开渥太华的途中，加拿大方的接待人员带我们参观了一户农家。这户农家主要种植牧草，我们参观了他们的农机房，只见从播种、收割到压制成包的各式农机齐全，他们还养了好几匹马。正是依靠这些机械和畜力，他们夫妇两人才能独自经营大面积的牧草地，只在收获的农忙时节，才短期雇请少量劳工帮忙。主人热情接待我们这些来自中国的稀客，还和我们合影。他们住在用当地盛产的粗壮木料精心建造的二层楼房中，室内沙发、电器等一应家具和设备都相当讲究，而且还有卡车、轿车和一辆度假用的房车。这户加拿大农户给我留下了深刻的印象。我坚信在真正的社会主义道路上，随着生产力的提高，城乡差别必然会逐渐消除，中国的富强绝离不开农村的富裕。但是在当时“文化大革命”的氛围下，我也自然只能把这些疑虑和想法深埋心底，缄口不语。

（七）和刘恢先先生在一起的难忘时刻

这次会议正好是在我国海城地震发生后不久。海城地震由于预报成功，地方行政部门及时动员说服和积极安排震区居民撤离，避免了人员伤亡，引起了国际同行的极大关注。因而在会议期间，各国专家都想借这个难得与中国同行相聚的机会，了解我国成功解决这个世界性难题的情况和经验。但刘恢先所长在一片赞扬声中，十分冷静地告诉大家，这次海城地震，因前兆现象十分突出，为临震预报提供了少有的条件，但对其中有些广为传播的现象，还有待认真核查和分析。我国政府特别是地震部门，都十分关心涉及广大人民安危的防震减灾工作，但各地不同类型和条件的地震成因十分复杂，其预报仍然是一个尚未解决的世界性难题，海城地震的预报成功并不意味着地震预报这个难题已经解决，我们希望和各国同行继续为解决这个难题而共同努力。刘先生对待学术问题的实事求是的严谨科学态度，令我受到深刻教益。设想如果当时中国的地震代表团也附和某些传闻，夸口中国已成功解决了地震预报问题，那在第二年面对突发的唐山大地震的惨重灾情，将会给我国在国际学术界造成多大的不良影响啊！

在温哥华期间，我和刘先生同住一室，外出也相伴，刘先生告诉我他留学美国时常与中国同学驱车来加拿大游览，所以对温哥华很熟悉。访问中偶有闲空时，刘先生便带我逛街，给我介绍景点，还讲了当年他们留美学习时的情况。我深深感到这位备受人们尊敬的、作为我国抗震学界泰斗的长者，是那么的平易近人、和蔼可亲。

在出国报告完成后，刘先生还热情地邀请马瑾同志和我到他家中吃饭，由他夫人洪晶教授亲自下厨，做了一桌在当时可以说是相当丰盛的美食。洪教授也是一位学识渊博的知名学者，我爱人于岩在哈尔滨工业大学就读时的物理课就是她教的。“文化大革命”后，刘先生已从原来的居所迁出到只有两间屋子的小居室内。由于藏书多，他巧妙地利用空间，在墙上设置了不少书架。身为热情回国参加新中国建设的高级学者，刘先生即使在“文化大革命”的极端困难条件下，仍兢兢业业、认真负责地为国家工作。从像他这样老一辈爱国敬业知识分子的精神风貌中，我深受教益。

第八节　几次震灾现场的考察和调研

一、参加水电部对海城地震灾区工程的慰问

1975年2月4月，我国辽宁海城、营口地区发生了7.3级的强震。此前，地震部门已将该地区列为重点监视点，加强了防震宣传工作。这次地震的前兆现象十分明显，如在主震前的近4天内，在该地区实测到最大达4.7级的500余次小地震，呈现密集和平静相间的规律；重力、地磁和地下水氡含量等有异常变化；众多动物反应异常等。地震部门及时发出临震预报，当地军政部门立即紧急动员和协助群众撤离，极大地降低了震害。国际上反映强烈，认为是开创了地震预报和预防成功的先例。

震后不久，水电部军管会决定由张季农副部长带队组织部盖司长等去灾区慰问水利电力部门职工，把我这个搞抗震的也列入了慰问团。这次地震波及面很广，我们到了灾区的一些主要水利水电工地和电厂。当时还余震不断，记得在鞍山招待所时的有天晚上还遇到了一次较强余震。

我们到了一些遭受震害的水利工地，看到了被冒水喷砂破坏了的南河沿等排灌站，也了解到了一些水闸、土坝和土堤遭受的裂缝、震陷等震害情况。这次地震中由于地基破坏导致的工程震害给我留下了深刻印象，不少建在有埋藏较浅的饱和细砂和砂壤土的地基上的排灌站，都遭受了因地基液化的严重破坏，饱和土层埋藏越浅，灾害也越重。但经过板桩围封的地基或采用桩基础的工程都无严重

灾情，说明这类工程抗震措施对可液化地基的处理是很有效的。我们由此认识到地基的选择和处理对水工结构抗震的重要性。

二、参加内蒙古自治区和林格尔地震调研

1976 年 4 月 6 月，内蒙古自治区和林格尔一带发生了 6.3 级地震。当时水利调度所派我和汪闻韶（1980 年当选为中国科学院学部委员）同志会同云南省水利厅的董夑川同志赶赴现场，在内蒙古自治区水利勘测设计院的同志共同参与下，对震害较重的和林格尔、清水河、凉水等三县多 12 个各类水库进行了现场调查。历时一周，对每个水库的概况、震情和震害都进行了详细记录、拍照和描绘简图，分析了产生震害的原因。

我们所到之处较偏远，生活和工作条件都较差。让我深受感动的是，留美归国的汪闻韶其时虽已年届花甲，但仍和大家一起不辞辛苦地长途跋涉工作，其一丝不苟、认真负责的敬业精神令人敬佩。

这两次地震的现场调研，为正在编制中的《水工建筑物抗震设计规范》提供了参考。

第九节　周总理逝世时的悲痛心情

1976 年年初，敬爱的周恩来总理病危和逝世的噩耗，牵动了全国人民的心。怀着无比悲痛的心情，我当即去购买了黑布给全家人戴上以表示哀悼，见到店里人们也都纷纷在挤购黑布。那时在我们住的宿舍楼里，只有一户人家中有一台 9 寸的黑白电视机，那几天晚上，大家就都到他们家里观看周总理追悼会的实况报道，屋里挤得满满的。看到长安街十里长街群众自发送别周总理的场景，禁不

住热泪盈眶。在单位，同事们也都自发地在右臂戴上了黑纱，那几天大家的心情都十分沉重。我们院的群众在礼堂布置了悼念周总理的灵堂，我记得还把悼词请我们规范编制组书法好的卞富宗老先生用大字誊写。

待到4月初清明节前夕，不断传来人们自发到天安门广场送花圈悼念敬爱的周总理的消息。我也在一个假日骑车去了天安门广场，在长安街上看到广场上人山人海，人民英雄纪念碑附近摆满了各色花圈，还有标语，深深感受到人们对周总理的热爱。

第十节　在唐山大地震期间

1976年7月凌晨唐山发生7.8级地震时，于岩当时正在东北出差。当时我家住在四楼，我被强烈震感震醒后，意识到是发生了强烈地震，立即本能地猛窜到外间，迅速把在两张小床上还在睡梦中的两个孩子拖起来塞到床底下。只见门旁小书架上的书被震落，桌上的暖水瓶也倒了。待震动停止后，外边已是人声嘈杂，天正下着雨。我拿了一把雨伞，牵着两个孩子，随大家一起匆忙奔出楼外，此时在楼外空地上已聚集了不少惊慌失措的人。给两个孩子打着雨伞站在院中的我，首先想到的是，作为一个抗震工作者，地震就是命令，此时此刻正是需要我在岗位上的时候。于是，我匆匆向同室邻居说明我必须赶去单位，暂请他们代为照顾两个孩子后，就立即在朦胧的夜色中，骑车从德胜门外赶至木樨地的所里。向地震部门了解到了震情，主动向所领导汇报随时待命。这时听说部里领导也都集中在水利调度所内。

由于当时至唐山的通信都已中断，中央领导十分关注邻近唐山的陡河水库的震情，因为水库如有灾变，将雪上加霜地导致严重次生灾害，为此决定紧急派专机送人到震区了解实情。当天中午，我受命随水电部有关人员在大雨滂沱中去西郊机场搭乘军用直升机飞抵唐山，了解陡河水库震害情况。当我们到达唐山震区上空后，只见下面一片断垣残壁，纵横街道空无一人，是我多次在震区现场考察调研中从未见过的惨象。原本准备要在唐山机场加油返航的，但此时已无法和地面取得联系，因而直飞陡河水库近旁的陡河上空多次回旋观察，见高 22m 的陡河均质土坝虽然严重开裂，但幸而地震时库内水位较低，大坝也并未溃决。为节省油料，直升机只能在机翼转动不停的情况下，在电厂附近空场上做短暂降落，在向有关人员询问概况并搭载一名人员后，就立即匆匆在倾盆大雨中升空返航。

返京后，立即到水电部向钱正英同志汇报。此时已是晚上 7 点多，又突然发生了最强的一次余震，震感强烈，汇报中断，大家都纷纷下楼到楼前空地暂避。稍后，再回到楼上办公室商讨，我根据领导指示，起草了向国务院的报告。子夜才回到家中，在倾盆大雨中却不知两个孩子的去向，好不容易才在于岩单位的车库中，找到了蜷缩在邻居身边的两个孩子。我赶紧返回四楼的家中，给孩子们取了些衣被回来，相拥度过了一夜。

地震发生后的第二天，我在新街口邮局排长队向远在东北出差的于岩发了封报平安的电报。她因工作需要和返京的交通受阻而迟迟未能回京，在这段日子里，我始终按时上班，坚守岗位，积极开展有关抗震防灾工作，并随时待命。我和孩子们在于岩单位为职工搭盖的一个大棚中的木板通铺上，白天由大女儿到单位食堂购买临时统一供应的饭食。两个孩子的学校早已停课，白天我就只能拜托同室邻居的于师傅代为照顾了。其间，我的女儿感冒发烧，我也只是下班后才带她去挂急诊就医。直到于岩回家，我们才开始在院内捡些破旧材料，搭建了一个简陋的抗震棚，孩子们还觉得很新鲜。直到天气转冷，震情似也已趋平缓了，我们才回到四楼家中居住。

但起初为防强余震，仍然挤在稍经加固的大床底下睡觉，身边放了应急的手电筒和小收音机。

第十一节　在干校劳动

在发生这样一次大地震后，作为抗震工作者，自然很希望尽快赶赴震区现场考察调研，以掌握第一手震害实践资料，从中分析总结和改进水工建筑物抗震安全性。但由于震区现场和通往灾区的交通都忙于救灾，因而一时间尚难以允许科技人员赴现场做震害调研。好不容易等到可以到现场做震害调研了，当时水电部已将所属在京的原水利水电科学研究院和在清河的原电力科学研究院的留守人员临时合并成一个院，我就向领导提出去现场做震害调研的申请。但此时，水电部军管会下令，部机关和所属在京单位中尚未到过干校劳动的人员，一律要去水电部在小汤山的干校劳动一年。因为这是最后一期干校，所以是“雷打不动”的政治任务，不能以任何理由推迟。我也在此列，更何况论出身还是“可教育好的”人员，在那个年代，自然不敢违抗。

就这样，我来到了水电部小汤山干校劳动，被分配在大田组，从翻地、下水田插秧、播种、浇灌、种玉米、间苗、收割、刨花生、翻送粪肥等农活都经历了一番。对于从小生活在城市、“五谷不分”的我，确实是从这些农活中受到了一定的启蒙教育。更重要的是，一开始对我这个“四体不勤”的知识分子，对大田的劳动体力上也深感不足，我虽然努力追赶，但仍常落在后面，深深感受到农民劳动的艰辛，再次体验到对自己这样一个在旧社会未经艰苦生活磨炼的知识分子参加劳动锻炼的必要性。

在干校，毕竟我们的劳动量比农民还是要少不少，而且在大忙时刻，还得到附近驻军的协助，所以经过一段时间就逐渐能适应了。干校的伙食虽较简单，但体力劳动后仍感到胃口更好。有时见到附近农民家有婚庆，才到干校食堂来要求帮助压些面条，而面条在我们的干校伙食中并不少见。联想到我在云南参加“四清”中见到的附近农民很差的生活条件，从而体会到比之艰辛劳作的农民来说，我们的生活已好得多了。每次从大田归来，虽然都感到很疲累，但在简单的浴室中冲一个温水澡，然后在食堂饱餐一顿就觉得很满足。在晚上没有政治学习时，就拿上一个小板凳，到食堂前的空地上一坐，观看当天的“新闻联播”，脑子里暂时完全放下了困惑的技术难题，反倒感到身心放松。说也奇怪，进干校才几个月，我的体重竟有所增长了，这在我是很少有的。在干校按连、排的编制中，原分属水利水电科学研究院和电力科学研究院的人员与部里的干部是混合编排的，不按单位，只按大田组、炊事班、养猪班等工作类别划分。我在莫斯科动力学院留苏时的学长林汉雄分在养猪班。大家虽然来自不同单位，但在这里似乎都感到更亲近了。

第八章

沐浴在拨乱反正的春风中

第一节 参加毛主席纪念堂抗震工作

1976年10月中的一天，我突然被叫到干校场部，领导要我立即搭上来接我的车，赶回院内接受重要任务。我虽不知是什么任务，但仍匆忙随车回院。回院后才知道是要我技术负责毛主席纪念堂水晶棺的抗震试验工作。也许是由于发生过唐山地震，抗震安全受到特别关注，水电部军事管理委员会才特批把我从干校暂调回院。我参加了一个由领导干部、技术人员和熟练工人等10余人组成的“三结合”小组，技术上主要由我负责。能接受这项任务，为毛主席纪念堂出力，当然是感到很光荣的。但当时“文化大革命”刚刚结束，科研工作还没有步入正轨，没有任何参考资料可资借鉴，要在限定的短时间内完成，确保水晶棺结构的抗震安全，我深感任务难度大，时间紧迫，担子很重。

当时任务之所以交给我院，是要利用那台“文化大革命”初期刚从日本进口的能模拟实测地震波的电磁振动台测定水晶棺结构的动态特性和地震响应。我们先用有机玻璃和特制加重橡胶制作模型，进行初步探索性试验。但到要对原型进行试验时，却面临一系列技术难题。

首先，是水晶棺体积庞大，而振动台尺寸有限，难以适应。我们也研究了几个扩充台面的方案，但要在如此紧张的时间内改造设备，谈何容易？从材料到技术上都有不少困难。经反复思考，我感到水晶棺底板的刚度很大，现有振动台面不经加大也足以传递地震动输入，经讨论后该方案被采纳。其次，由于实体结构的刚度很大，变形很小，普通应变片无法满足量测精度，我确定首次采用高精度的半导体应变片，并解决了这类应变片的温度敏感性问题。最后，在试验过程中发现记录中有明显的低频干扰，经多方研究仍无法消除，严重影响试验结果。在极度焦虑中，我独自在试验室中反复试验和观测思考，终于发现干扰是传感器和记录仪器间悬吊的连接导线的振荡引起的感应所致，经适当固定后就消除了。这些难题的逐一解决，终于使任务能如期顺利完成。

在试验过程中，我又偏偏感冒发高烧，但由于时间紧迫，工作不容拖延，只能带病工作，自然更顾不上当时不少人都还在忙于修建和加固防余震的抗震棚的事情。

在这段工作过程中，我深有感触的是，当时人们对毛主席怀有深厚感情，为了如期完成任务，大家都自觉加班加点忘我工作。在平时需要很长时间才能完成的工作，很快就完成了。有些加工任务，无法按正常程序绘制图纸，跟工人师傅说明后，他们很快就配合完成了。遇到需要外协的问题，例如需要半导体应变片和特殊的黏结胶水等，当我们打听到上海华东电子仪器厂、中国科学院化学研究所等单位可能有时，就拿了指挥部的介绍信，一路绿灯，到处都受到热情接待，甚至有的还免费供应。这是我从事科研工作以来从未遇到过的真诚协作的良好环境和条件。要是都能这样，对我们的科研事业将会有多大的促进啊！

这项任务完成后，我就又回到干校继续参加劳动锻炼。直到1977年7月召开毛主席纪念堂竣工表彰大会时，我接到通知我被评为先进工作者，临时回来参加了表彰大会，并领受了奖状。关于我参与这项工作的专访报道，曾刊登于1993年10月2日的《中国水利报》上。

第二节 水利水电科学研究院的恢复和抗震防护研究所的建立

一、抗震防护研究所的艰辛创建过程

1977 年下半年从干校劳动锻炼期满后回院，正值水利水电科学研究院重新恢复筹建之际，新成立了由原结构材料研究所和岩土工程研究所内搞抗震防护的人员组成的抗震防护研究所，全所包括防护、结构和土工抗震三大部分，我被任命为该所副所长，分工负责结构抗震部分的工作。

当时祖国大地正从“文化大革命”和极左思潮的严冬中解放出来，开始沐浴在拨乱反正的春风中。社会上正开始突破“两个凡是”的制约，开展“实践是检验真理的唯一标准”的讨论。很快邓小平同志复出，召开了全国科学大会，我们的水工结构抗震工作被推选为全国科学大会表扬的先进集体，我作为先进集体代表参加了大会。正如郭沫若同志在发言中所说的，大会迎来了科学的春天。会上听到邓小平同志说他愿做科技战线的“后勤部长”，看到陈景润同志受到的尊重，这一切都给知识分子以无比激励和万分感动。在这样的氛围中，使面临担负重建我院水工结构抗震团队和基地重任的我，沉浸在今后可以甩开膀子大干、学以致用回报祖国的追梦热情和兴奋之中。

但冷静下来考虑到水利水电科学研究院经过解散和人员下放的

劫难，队伍和设备都遭流失。面对此百废待兴、重新开始的局面，感到困难和问题不少，责任重，思想压力大。但想到这是组织交付的任务，也是自己梦寐以求的难得机遇，就下定决心必须直面挑战，迎难而上。

首先是我这个本来涉足抗震专业不久、根基很浅的带头人，经过漫长的“文化大革命”中业务工作和学习的停顿荒废，自身业务水平差，加上由于长期无法阅读资料，对本专业的国际进展现状和发展趋势更缺乏了解。如今作为负责筹建研究所一级的结构抗震队伍的领队，必须有明确当前工作的方向、任务和途径的能力，而我自知在这些方面还十分薄弱，亟须尽快充实加强。因而，我尽力搜寻一切可能得到的有关大坝抗震的资料，如饥似渴地刻苦学习思考，以冀能尽快在边干边学中弥补在“文化大革命”中失去的岁月。

组建队伍是开展科研工作的最关键因素，经院批准，从水利水电科学研究院已下放的人员中调回了部分人员，再加上一些新分配来的学生，组成了包括试验和计算的结构抗震和强震观测两个研究组。后来，又把现场测震和水库地震的研究纳入强震观测组内。

在设备方面，除了“文化大革命”初刚引进的一台电磁振动台外，已基本一无所有。于是，组织团队自己动手，一起把电磁振动台的试验室铺设地砖，彻底整顿打扫，并争取了在近旁原水利研究所已不用的平房中，建造了一个可以进行满库激振试验和测定动水压力的模型槽及加快石膏模型干燥的烘烤室。在院领导的支持下，购置了一些进口的激振器、动态应变仪、记录仪和示波器等必要的试验仪器设备，初步具备了进行以激振器在坝体模型顶部激振、测定其动态特性的试验研究条件。

此外，在以往新丰江工程和邢台地震中进行的强震观测工作基础上，购置了少量强震仪及测震记录读数仪，这是一种把当时仅能做模拟记录的实测地震波形用放大仪逐点读取其幅值以进行数字化的设备。这种设备精度既差效率又低，在数字化迅速发展的今天早已被淘汰，但在当时还是唯一可行途径，是我在加拿大考察时看到的。同时，在部和院有关部门的支持下，还为我们配备了专用的越野车和简单的野外生活设施，以便在发生地震时能及时赶赴现场，获取第一手震情资料。

这样，在院领导的支持下，特别是在于忠院长的直接关怀和鼓励下，经过一段艰辛的创建过程，抗震防护研究所已初步具备了进行水工结构抗震的模型试验研究、分析计算、强震观测等工作条件，可以逐步开始水利水电工程的抗震研究了，并开始在新丰江等大坝上设置了强震观测台站。

作为水利水电行业的研究所一级的结构抗震研究机构的负责人，我承担了制定团队的发展规划和提出技术思路等的顶层设计重任。为此，直到 1987 年院领导为使我能集中精力搞研究工作，让我退离行政领导岗位，在近 10 年中，我的科研活动主要集中在以下方面：全方位地安排应用基础理论、计算分析、模型试验、现场测振和强震观测多方面的研究，参与小浪底工程抗震研究，培养研究生，筹建地震模拟振动台，探索与国际接轨和合作等。

二、全方位开展水工结构抗震研究

（一）基础理论的提升和计算分析方法与编程的掌握

当时，主要混凝土重力坝和拱坝的地震响应的求解，尚处于采用在频域内的振型分解反应谱法的层次。首先，我要致力于对混凝土坝体结构的模态分析理论和求解方法的学习，尽快迎头赶上。

20 世纪 80 年代中，在胡海昌院士主持下，成立了振动工程学会，航空、机械、交通、土建、力学等领域的有关人员广泛参加，为振动学科搭建了一个学术交流的平台。我深感，结构动力学和振动理论是结构抗震学科的基础，振动工程学会的成立，为我们这些从事抗震科研工作的人员提供了一个难得的学习和借鉴的机会，因而需要紧紧抓住，积极参与。我有幸在振动工程学会成立之初就当选为理事。后来，振动工程学会内组成了主要由北京大学、清华大学、北京航空航天大学等院校力学专业教授主要参与的结构动力学分会，我一度也被选为分会的负责人之一。在积极参与分会组织的各项学术活动中，我逐渐在振动的应用基础理论学习上取得了显著进展，受益匪浅。长期以来，我都被选为振动工程学会的常务理事和《振动工程学报》的编委。直到现在，我还和北京大学力学系的王大钧、袁明武等教授保持着联系。

当时，正如黄文熙先生早就预见到的，计算机的应用和数值计算技术的进展十分迅速。我先后自学了 BASIC、ALGOL、FORTRAN 等计算机编程语言。在分别向吉林大学数学系和北京大学力学系的老师们学习和与之协作的基础上，依托他们，我学习和参与了混凝土坝的坝体模态分析理论、方法与计算机程序的编制，使之当时能在比用原码编程的 103 型更为先进的 320 型计算机上，用计算机语言进行混凝土重力坝和拱坝的振型及地震响应分析。其时，正好美国加利福尼亚大学伯克利分校编制的 SAP 线性结构分析通用程序刚传入国内，我争取到了参加一机部机械科学研究总院举办的 SAP 程序培训班学习的机会，对应用 SAP 通用程序进行有限元结构线弹性静、动力分析的理论和方法加深了认识。

1980 年，中美两国土木工程学会签订协议，可选派部分中国土木工程科技人员去美国有关公司短期工作一年。我争取机会，被批准参加为此举办的英语考试。考试通过后，被芝加哥哈札工程公司录用为高级工程师（senior engineer），学习和参与了拱梁分载法的拱坝数值分析方法和应用 FORTRAN 语言的计算机程序编制，为回国后带领研究生编制国内外第一个完整的拱梁分载法的拱坝动态分析程序奠定了基础。1981 年，借助于负责中美政府间地震科研合作协议的“拱坝地震反应的相互作用”项目，引进了美国加利福尼亚大学伯克利分校编制的、可进行网格自动划分和线弹性静动态分析的“拱坝有限元分析程序（ADAP）”，并加以改进，以适用于多种形态的河谷地形。

通过上述努力，我们基本上掌握了基于线弹性的混凝土拱坝和重力坝的动态分析方法及程序的编制和应用，开始在二滩拱坝等实际工程的抗震设计中应用。在这些学习的过程中，我深感，作为一个学科带头人，首先自己要努力学习，以提升在结构振动基础理论、计算分析方面的水平，因为这对做出顶层设计和规划，带动和组织所内结构抗震工作的开展是至关重要的。此外，还要考虑到当时新筹建的结构抗震队伍中的不少成员过去没有搞过水工抗震工作，因而，在团队内大力推动基础理论和计算分析方法的学习，坚持定期举办讲座和研讨会，相互学习和交流，以求尽快共同提高。

（二）动力模型试验

当时，混凝土坝的抗震分析计算仍限于基于线弹性的模态分析的振型迭加反应谱法，但由于大坝体系动态分析的复制性，在坝体结构-地基-库水体系的动态相互作用的数值分析方面，仍存在相当多的困难，且已有数值分析的方法也有待试验验证。因此，坝体结构的动态模型试验仍是研究的重要途径。当时我所的电磁振动台受频率高、台面尺寸小的制约，难以考虑大坝体系的动态相互作用影响，因而主要依托引进的电磁激振器和多点激振测试系统等设备，进行结构-库水的模态响应测试，再据以求解其地震响应和进行抗震安全评价。

我们先后结合枫树坝、白山、龙羊峡、二滩、小浪底等工程的混凝土坝工程进行了模型试验研究，并将其结果和计算分析结构进行比较和相互验证。

在模型试验中，动水压力的测定是重要内容之一。在忽略库水的可压缩性假定下，首次应用高灵敏度的动水压力传感器，测定了坝体前几个低阶振型的坝面振型动水压力。把经由各种途径求得的坝体各个低阶振型动水压力值及其分布规律进行了相互比较和验证，诸如：模型试验实测的结果、动水压力三向电模拟试验结果、在进行中的中美地震科研协作项目中在响洪甸、泉水两拱坝现场振动试验中实测的结果，以及按可考虑库水与拱坝坝体间相互作用的（ADAP）拱坝有限元程序的计算结果等。在此基础上，提出了“在忽略库水的可压缩性假定下，拱坝各坝段的坝面地震动水压力作用，可作为坝面的附加质量，其值可由常用的相应于坝段水深的威斯特伽特刚性坝面动水压力之半求取”的建议。这个建议为修订的《水工建筑物抗震设计规范》所采纳。

（三）强震观测和现场测震

在强震观测方面，除了在新丰江大坝设置强震观测台站外，还派遣人员去哈尔滨工程力学研究所学习强震观测记录的整理和分析工作。在现场测震方面，积极开展中美政府间地震科研合作协议中的以拱坝现场测振为主的“拱坝地震响应的相互作用”协作项目。主要应用水利水电科学研究院研制的四台同步偏心轮式起振机激振外，还利用大地脉动、水中及水上爆破、小火箭等方式激振，先后在我国响洪甸、泉水拱坝现场开展了包括坝面动水压力在内的坝体动态特性试验研究。

（四）水库地震研究

新丰江水库地震开启了我国系统研究大坝抗震安全的先河，水库地震开始在我国大坝建设中受到关注。1973 年我主持参与编写提交国际大坝委员会会议的《新丰江水库地震及其对大坝的影响》论文；1975 年我参加了由国家地震局组团的在加拿大举行的首次国际诱发地震会议，并负责编写了有关水库地震部分的出国考察报告。其后，我虽对水库地震十分关注，但参加与之有关工作的机会不多。

直到1980年抗震防护研究所在我分管的结构抗震的强震观测组内成立了水库地震研究课题组，调入了夏其发、汪雍熙、李敏等地质专业的同志，水库地震工作才陆续有序开展。他们首先搜集了国内外已有水库地震的震例资料，开展了对正在发震的乌溪江和乌江渡两座水库的水库地震发展趋势的研究和评价。对国内已发震的新丰江、丹江口等多座水库进行了实地调查，分析其诱震条件与形成机制。这些工作为以后深入开展水库地震的研究奠定了基础。

通过以上围绕大坝抗震安全开展的各项研究工作，初步完成了在水工结构抗震研究方面与国际接轨的“跟跑”阶段。

三、我开始带研究生了

1978年下半年，我国开始恢复研究生制度，我院被审定可以招收相关学科的硕士研究生，我被批准为首批硕士研究生导师，于当年招收了两名研究生。“文化大革命”前我院个别学术权威人士虽已开始带研究生，但似尚未公开招收。当时黄文熙院长招收的一名研究生放在结构材料研究所抗震组，由我辅导。如今我要亲自带研究生了，总担心因为缺乏经验不能尽责而不安，因而研究生论文的研究工作实际上是我和研究生们一起做的。

当时新丰江大坝发生6.1级的强水库地震后，坝体上部发生贯穿性裂缝，上游坝面经断裂部分虽经各类化学灌浆处理后可以防渗，但仍无法补强。由于担心裂缝以上部分坝体再遇强震时可能失稳，一直在把库的水位限制在裂缝以下高程的情况下运行，严重影响正常效益的发挥。为此，我选定针对这个问题的课题，与我所带的一名研究生共同进行研究。我们在电磁振动台上进行了头部断裂的坝段地震响应试验，对有裂缝的坝顶部分，实测了其在再遭受地震时的滑移和摇晃过程。同时进行了把有裂缝的顶部坝体作为刚件，对其地震响应进行非线性数值分析。结果表明，新丰江大坝即使再经受Ⅷ度强震，由于地震的快速往复作用，上部坝体的滑移量和倾角都很小，震后仍能满足正常水位下的稳定安全指标，从而为加固后的新丰江大坝恢复正常运行提供了依据。这项研究后来在小浪底进水塔抗震稳定分析中得到了应用。更重要的是，我们从中得到启迪，开始对传统的刚体极限平衡法能否反映混凝土坝抗震稳定状态产生了疑虑。

从 1978 年被批准为硕士研究生导师后，我陆续招收硕士研究生 10 名。当时国务院学位委员会对我院这类科研单位的研究生名额限制较严，且长时间内还曾有研究生毕业后基本要作为本单位编制内人员参加工作的规定，因此，招收名额有限。记得 1987 年在我仅有一个招生名额的情况下，就有 30 余名报考者。1984 年我被国务院学位委员会批准为博士研究生导师，共为我院培养了博士研究生 11 名，其中 3 名的论文获得院优秀博士论文奖。后来，我被河海大学和西安理工大学聘任为博士生导师，也为其各培养了两名博士生。此外，我还是地震和建筑等领域高校的 10 位博士后研究人员的合作研究导师。

参加博士论文答辩（我位于右三）

与博士后出站的屈铁军同志合影

中国水利水电科学研究院 2011 级研究生毕业留念（我位于前排左九）

直至 2015 年后，考虑到自己已届耄耋之年，我决定不再担任研究项目的负责人，也不再招收研究生了。应当说，在培养研究生和与博士后研究人员合作研究的过程中，我的一些创新思路和理念，在我带领学生们共同研究的过程中得以不断改进和实现，其中都有他们的努力和贡献。我对计算机的应用和 PPT 的掌握，就常得到学生们的帮助。我把培养视作共同合作和相互学习的过程。

第三节　三向六自由度地震模拟振动台的建置

一、建置的依据和技术要求的确定

20 世纪 80 年代初，坝体的抗震设计处于从传统的拟静力法向动力法分析转变的阶段。坝体地震响应只能作为线弹性体系的振动问题，采用基于模态分析的振型分解反应谱法求解。如拱坝这类三维的坝体-地基-库水体系的动态特性十分复杂，当时还难以对其基于结构力学的数学模型进行模态分析计算，主要需通过物理模型试验，采用单点或多点激振器测定其动态特性。但在按振型分解的反应谱法求解坝体的地震动态响应时，在对地震动各个方向的分量、坝体结构各阶振型的响应进行组合时，以及求其静、动响应迭加结果时，都要引入一些假定。况且即使能对复杂的大坝体系的地震响应进行数值分析，也仍然需要相应的试验检验，因此，亟须建置三向大型地震模拟振动台。我们已有的仅能做水平或竖向单向振动的小型电磁振动台已难满足要求。经调研，对载重量和推力大的多自由度的大型振动台主要采用电控液压驱动的方式。而当时我国国内尚不具备设计和制造这类大型振动台的条件，需要从国外引进。为此经所研究同意，我向院提出了引进三向大型地震模拟振动台的申请，经院同意向水利电力部提出申请。部里对该大型设备的引进十分重视，经李鹏、李锐、李鹗鼎三位副部长共同签署批准引进。院指定由我具体负责筹建并提出相应技术指标。

当时国内外尚无大坝地震模拟振动台的先例，其技术恰当、经济可行的特性参数的确定至关重要。我深知大型设备如建置不当不仅将造成严重浪费，而且会成为沉重包袱，因而深感责任重大，需慎之又慎，切不可掉以轻心，因而广泛搜集和分析了国内外振动台的有关资料，并认真研究了大坝动力模型试验的特点。考虑到我国拟建中的混凝土坝的高度可能会高达 250～300m，且模型需要模拟包括坝体、部分地基和 3 倍坝高长度的水库。由于只能采用天然水体模拟库水，坝体和地基模型的质量需要和原型相同，因此确定振动台的台面尺寸和载重量需分别不小于 5m 和 20t，且模型坝体的高度限于 1m 左右。鉴于即使 300m 级高坝的基频也大致在 1Hz 以上，按相似律要求，几何比为 300 时，能激发坝体 3 阶振型响应的振动台工作频段需达 120Hz 左右。考虑到整个模型的重心高度约为 1.5m，因而对倾覆力矩的要求大致为 35tm。这些技术参数体现了有别于当时国内外现有振动台的大坝抗震试验要求的特性，其合理确定直接决定了投资数百万美元的大型装备的运行功能及其技术难度和造价。

二、艰辛的申请和谈判过程

当时国家对外汇使用的管控是很严格的，涉及数百万美元的大型装备的引进需要向国家外汇管理局申请，并首先要经国家建设委员会审查批准。建委抗震办考虑到上海同济大学已从美国 MTS 公司引进了一个双向的振动台（油源设备由国内自制），并批准中国建筑科学研究院正建置由国内自制的大型振动台（后来运行不久后就又重新引进），所以开始并不同意我们的申请。经反复解释说明已有振动台的工作频带等特性并不适用于大坝抗震试验要求后，由建委抗震办组织有关专家进行审核，已经离开我院到清华大学任教的黄文熙先生还亲自参加了审查会，对我们的申请给予了有力支持，最终才获得批准。

振动台的引进项目由一机部进出口公司负责，与美国、日本、德国等各国厂家分别谈判。我参加了所有谈判的全过程。当时各国大型振动台大多由美国 MTS 公司制造，他们经验多，要价也高。德国的申克公司是从事疲劳机、万吨液压机、造波机等液压设备的百年老厂，当时也很想进入大型液压振动台制造领域，因而积极参加投标。我参加了与多个厂家交叉进行的商务谈判全过程。由于我们设备的技术要求高、难度大，而我们批准的外汇额度有限，所以尽管有各厂家间的相互竞争，但谈判仍十分艰辛。考虑到三向六自由度要求是影响报价的技术难点，为此，我经请示同意后提出，目前要求先按两向制造报价，但设计须全部按三向要求，以便于日后补充申请到外汇后，能直接扩建为三向，使谈判得以继续进行。

我们了解到德国申克公司虽然未制造过大型振动台，但其液压技术方面的经验十分丰富。在谈判中，我们感受到他们想进入中国市场的心情，因而强调我院在国内外的影响，希望能把这个振动台的制造成为他们公司的一个窗口。最后终于达成了协议，签订了合同。一年以后，在部外事司的协助下，我们又争取到了一定外汇。经签订补充合同后，就顺利地达到了建置三向六自由度振动台的要求。

但在我带队去德国具体落实方案时，却发现德方认为振动台在最高工作频率120Hz处的传递函数按惯例可下降3dB，而我们坚持传递函数在整个工作频段内都必须满足合同要求的平坦特性。争论十分激烈，德方的销售经理甚至提到要中止合同。我向厂方充分说明高频段幅值下降势必对使用功能有较大影响的理由，并和随同的部外事司的姜云宝同志商讨后，坚持不予让步，并指出如德方要中止合同，需自负违约责任。谈判陷入僵局，气氛紧张。第二天，适逢周日，厂方邀请我们参加项目谈判的全体人员去附近参观，为表达不满，我和姜云宝同志都拒绝参加。估计他们研究后感到我们的要求合理，我们的态度坚决，以及中止合同后果的严重性，就由德方主管该项目的上级部门领导出面请我们共进晚餐进行调解，最终以同意增加价值数十万马克的两台油源基本满足了我方坚持的要求。

三、建置中的重重困难

振动台系统包括液压加载和控制系统、支承基础、台体等部分。液压加载和控制系统的设备可以引进，但支承基础和庞大的振动台体则必须在国内制作，而其质量和性能又直接影响振动台的最终功能。为了使厂家对振动台的整体性能负责，我们与厂方商定，支承基础、台体由厂方负责设计，我方按设计要求负责制作，再由厂方验收。最后，由我方对整个振动台体系进行验收，厂方需确保振动台整体性能符合合同中的各项验收指标要求。

（一）对控制系统的了解

这个振动台的技术复杂、难度很大，德国申克公司对液压加载设备的制造有丰富经验，关键在于控制系统的设计和制作。他们对此相当重视，专门制作了一个完全模拟我们振动台控制要求的 1m×1m 的小型振动台，以研究控制系统的设计和调试。当时，模拟控制仍是振动台的主要控制部分，控制内容包括：对作用筒油柱共振、伺服阀共振、三维无旋运动各力矩等的补偿、振动台各自由度间和三向运动间的几何退耦、台面应力松弛的优化调节、拓宽工作频段、保证回路稳定等。采用了可分别由位移或加速度控制的、三参数输入和反馈组成的闭环控制系统。同时，采用数控部分对传递函数进行迭代补偿、各类信号生成和数据采集分析，加上运行操作自动化和故障显示及保护的监控部分。项目组内配备了电气和计算机专业的人员，分别负责对模拟控制和数字控制部分的掌握。但我作为项目负责人，为保证质量，必须对作为振动台核心的控制系统有基本了解。而这对于从事土建专业的我来说是相当困难的。为此，我不得不恶补有关知识，除向项目组内的有关同志请教外，我还在去制造厂协调、培训和检验过程中，常常向厂方有关人员穷追不舍并自学至深夜。在此期间，积累了许多学习卡片。

在振动台的建置过程中，我们和德方主要用英语交谈，但有些资料是德文的，为了更好地交流和学习了解，我买了《德语 300 小时》《德英、英德袖珍字典》《德、英、中会话手册》，突击学习了一些基础德语，并做了德语语法卡片。幸好德语语法中名词的格和俄语相似，俄语分 6 格，德语只有 4 格，比俄语还稍简单，只是德语有的复合字很长，不太好读。好在有些技术性词和英语相近。我还发现，有些词如“图书馆”“土豆”“电影”等则完全与俄语同音。记得当时在德国德方接待人员在其家中招待我们时，我还曾勉强能用德语致谢，可惜由于是突击式学习，根基浅薄，后来不用，除了几句“您好”“多谢”“再见”等口头语外，其余的很快也就都忘了。从我自学日语、德语的体验中，我感到要真正掌握一门外语，关键在于多用苦练，突击式的哑巴外语是很不牢靠的。我也进一步领悟了黄文熙先生对我想寻找学习英语的捷径的语重心长的中肯批评。

（二）支承基础的建设

振动台基础要承受从各加振器传递来的反力，需减少其相互间的耦合影响，并要求限制其对振动台体及其周围环境的影响。为此，要求基础有足够的强度、刚度和重量。厂方委托德国波鸿大学教授设计的基础为复杂的双层结构，内部结构底部以卵石薄层隔震，其四周与外部结构预留廊道，以便必要时可设置支承整个内部结构的隔震弹簧系统。动力分析表明，在不设支承弹簧时，其基频为10Hz以下，最大位移仅1mm。基础与台身加额定载重的重量比仅50。由于混凝土强度高、钢筋密集、仓面狭窄、施工要求高、困难很大，我们请了熟练工人用专门的振捣器施工。项目组人员亲自掌握混凝土配合比并全程旁站监理。基础完工后，由厂方委托设计单位随带仪器设备进行各个部位的检测，结果质量全部合格，顺利签字验收。

（三）振动台体结构的制作

振动台体的制作是面临的另一难题，台体的结构要求强度高、重心低、刚度大、基频高于工作频段上限。重量要轻，但为减少试件的反作用影响，又不能小于试件重量的1/2。制作5m×5m的大尺寸的振动台体，如采用合金材料，不仅造价过高，且制造工艺难度也大，因此只能采用钢材。厂方委托专门公司进行设计，设计中以基频最高、重量最轻为目标，在300多个方案中进行优化选定。该方案中，振动台体以纵、横向的垂直隔板为骨架，加焊蜂窝状六角加强筋，顶、底盖板按等强度原则，由变厚度钢板拼焊而成，因而振动台体的整体结构十分复杂。其中焊接质量是关键。为此，在机械科学研究院有关同志的协助下，陪同我拜访了机械科学研究院的老领导，经联系由机械工业部下属行山东厂家加工制造。我多次去厂家做技术要求说明和了解进展情况。厂方十分重视，指派了全国顶级焊接工人师傅操作，要求全部焊缝达到我国一级焊缝的质量标准。同时，严格控制材料的尺寸、重量。为消除庞大的振动台体结构焊接后的内应力，配备专门设施，对其进行了三次退火处理。因台体的制造质量和性能直接影响振动台的最终功能，故德方对其质量十分重视，我陪同申克公司会同其委托的振动台设计公司及他们聘请的焊接专家一起，用他们携带的检测仪器到现场参加验收。他们的焊接专家对全部焊缝都进行了 X 射线探伤检查或超声波检查。实测的台体重 23t，而基频为 148Hz，质量和指标全部符合设计要求。在签字验收后，德方表示，即使在整个欧洲，也顶多能达到这样的制作质量水平了。

（四）整个系统的现场安装

整个现场安装工作由德方和我们共同进行。项目组内的工人师傅从到德方厂内培训和对部件验收开始就跟踪学习，配合德方人员参加安装的全过程。

在基础结构上需要安装支承各加振器的预应力埋件，其制作和安装要求精度很高。为此，我了解到上海同济大学测量系对此比较权威，且熟悉德国规范要求，为此，委托他们按德方要求测量定位，再请我院制作水轮机模型叶片的工人师傅负责预埋件板的制作和安装，使安装精度达到 ±1mm 以内。

当时院内并无安保人员夜间巡视，安装现场有待安装的部件和不少德方带来的专用工具和仪表，为保证安装的安全进行，其间，我夜间基本都住在安装现场的实验大厅内。一天凌晨，我发现基础的安装坑因水管漏水被淹了，赶紧找到冷却水研究所，恳请工人师傅帮助及时抽排，才避免了影响安装的事故发生。

在振动台体以专用卡车在夜间运抵北京后，要把庞然大物在基础安装坑内精确吊装就位，并非易事。我们专门请了我院试验工厂有经验的工人师傅和试验电站的起重工师傅，与德方人员共同商讨制订方案，制作了必要的辅助件，终于使吊装工作一次顺利完成。

在整个安装调试过程中，我们和德方人员始终密切配合，协助解决他们提出的合理要求，遇有争议，都能相互理解，协商解决。双方人员间关系融洽，建立了友谊。安装紧张期间正值我们的春节，德方人员提出继续工作的要求，我们同意加班配合。记得在除夕那天，我们按中国习俗，邀请他们和我们一起学习包饺子，请他们吃饺子，他们十分高兴。验收顺利结束后，德方人员回国前把一些专用工具都留下了，还把自己的自行车送给了项目组的工人师傅。

在振动台建置过程后期，领导为了让我集中精力搞科研，我已不再担任研究所副所长一职，但仍担任振动台建置项目负责人。

四、国内外高度关注并充分发挥作用

（一）被誉为世界上最好的大坝抗震模型试验设备

这个我国首座三向六自由度大型地震模拟振动台终于建成了。院里举办了隆重的启用发布会，黄文熙先生等著名专家亲临大会，他们都对这项设备给予了充分肯定和高度评价。新华社、《人民日报》、《人民日报·海外版》、《光明日报》、《科技日报》、中央电视台、中央人民广播电台等都对此进行了报道。

我国首座三向六自由度大型地震模拟振动台

我在大型三向模拟地震振动台启用开放汇报会上做报告

这样一个少有先例的三向六自由度大型地震模拟振动台的建成，不仅在我国工程抗震界颇有影响，在国际同行中也受到高度关注。

20世纪80年代中，当我在美国加州大学伯克利分校做短期访问学者时，国际工程抗震权威克拉夫（R.W.Clough）教授曾专门为我举行了一个研讨会，请我介绍我院正在建置的三向大型地震模拟振动台。

1990年美国学术出版社出版的美国国家科学技术委员会发表的《混凝土坝地震工程的设计、性能和研究需求》中，对我院的振动台所做的评论是："几乎没有能在满足相似要求下对适度大小的模型进行模拟地震动的试验。现在世界上最好的混凝土坝抗震模型试验设备在北京中国水利水电科学研究院启用了。着手和这个研究院合作进行振动台上的研究项目，将能为美国研究人员开拓混凝土坝非线性形态的研究提供一个最卓越的设备。"

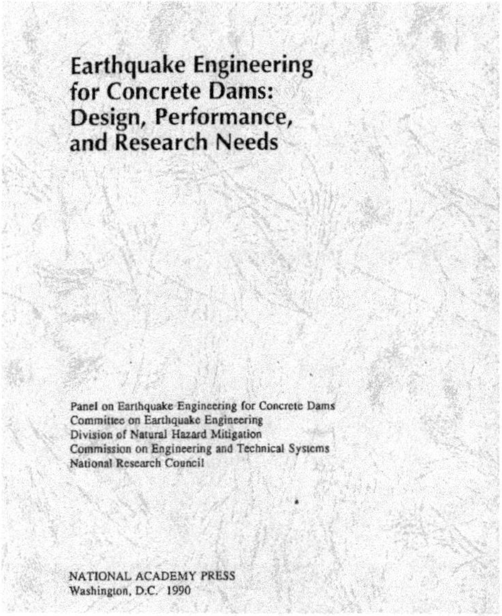

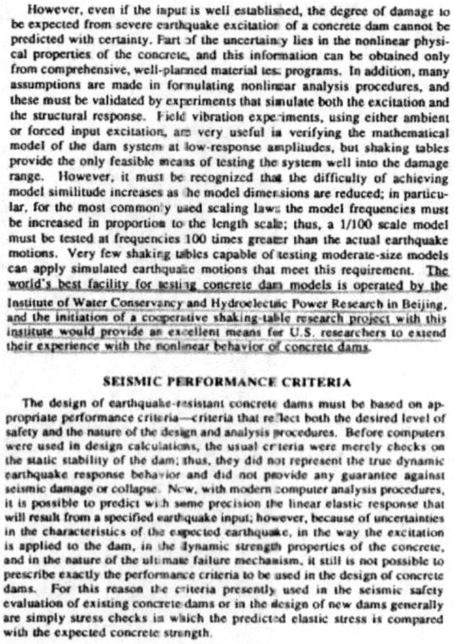

However, even if the input is well established, the degree of damage to be expected from severe earthquake excitation of a concrete dam cannot be predicted with certainty. Part of the uncertainty lies in the nonlinear physical properties of the concrete, and this information can be obtained only from comprehensive, well-planned material test programs. In addition, many assumptions are made in formulating nonlinear analysis procedures, and these must be validated by experiments that simulate both the excitation and the structural response. Field vibration experiments, using either ambient or forced input excitation, are very useful in verifying the mathematical model of the dam system at low-response amplitudes, but shaking tables provide the only feasible means of testing the system well into the damage range. However, it must be recognized that the difficulty of achieving model similitude increases as the model dimensions are reduced; in particular, for the most commonly used scaling laws the model frequencies must be increased in proportion to the length scale; thus, a 1/100 scale model must be tested at frequencies 100 times greater than the actual earthquake motions. Very few shaking tables capable of testing moderate-size models can apply simulated earthquake motions that meet this requirement. The world's best facility for testing concrete dam models is operated by the Institute of Water Conservancy and Hydroelectric Power Research in Beijing, and the initiation of a cooperative shaking-table research project with this institute would provide an excellent means for U.S. researchers to extend their experience with the nonlinear behavior of concrete dams.

SEISMIC PERFORMANCE CRITERIA

The design of earthquake-resistant concrete dams must be based on appropriate performance criteria—criteria that reflect both the desired level of safety and the nature of the design and analysis procedures. Before computers were used in design calculations, the usual criteria were merely checks on the static stability of the dam; thus, they did not represent the true dynamic earthquake response behavior and did not provide any guarantee against seismic damage or collapse. Now, with modern computer analysis procedures, it is possible to predict with some precision the linear elastic response that will result from a specified earthquake input; however, because of uncertainties in the characteristics of the expected earthquake, in the way the excitation is applied to the dam, in the dynamic strength properties of the concrete, and in the nature of the ultimate failure mechanism, it still is not possible to prescribe exactly the performance criteria to be used in the design of concrete dams. For this reason the criteria presently used in the seismic safety evaluation of existing concrete dams or in the design of new dams generally are simply stress checks in which the predicted elastic stress is compared with the expected concrete strength.

《混凝土坝地震工程的设计、性能和研究需求》中称我院的振动台为"世界上最好的混凝土坝抗震模型试验设备"

（二）少见的高使用率和共享性

振动台启用后，任务十分频繁，通常多需要排队预约登记安排，大型试验设备有这样高的使用率并不多见。迄今，振动台已先后为二滩、三峡、小浪底等在我国强震区修建的几乎所有重大水利水电工程都进行了抗震校核试验，也进行了一些基础性的试验研究。

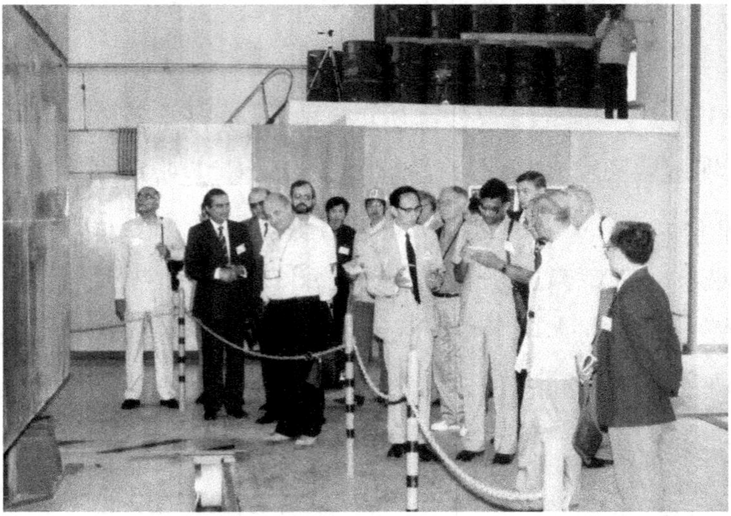

国内外专家在参观振动台

在振动台上进行了考虑拱坝横缝影响的模型试验验证

自从美国加州大学伯克利分校的克拉夫教授提出研究拱坝横缝影响后，芬范斯（G.L.Fenves）教授在拱坝有限元静、动力分析程序 ADAP 基础上，以动态子结构方式编制了以接触刚度模拟横缝法向开合影响的程序 ADAP-88。为了验证该程序，我们结合我国建设中的250m高的拉西瓦拱坝工程，首次在振动台上进行了考虑拱坝横缝影响的模型试验验证。模型包括刚性地基和长度为3倍坝高的库水。在特制的加重橡胶模拟的坝体中设置了可传递压力但不抗拉的横缝，研制了测定横缝开度的专用传感器。试验结果基本验证了按ADAP-88程序对该模型计算的横缝开合过程及其规律性。该项研究引起了美国垦务局、加州洛杉矶公共工程局、哈扎工程公司的关注，共同对该项目给予了资助，要求提供研究报告的英文版本。试验期间，加州大学伯克利分校的克拉夫、芬范斯教授和哈札工程公司的人员曾到试验室参观和座谈。根据此项研究成果，由叶昶华先生和我共同撰写的论文还获得了哈札工程公司的年度科研论文奖。

由于这个振动台是当时国内唯一的大型三向地震模拟振动台，除了为水利水电部门服务外，不少部门也都利用这个振动台进行了各类抗震试验，包括建筑部门的北京电视塔和各类高层建筑、电力部门的各类高压电器等的试验。尤其是核电部门的驱动机构和安全壳等核岛的重要设备，以及石化部门的储油罐等。

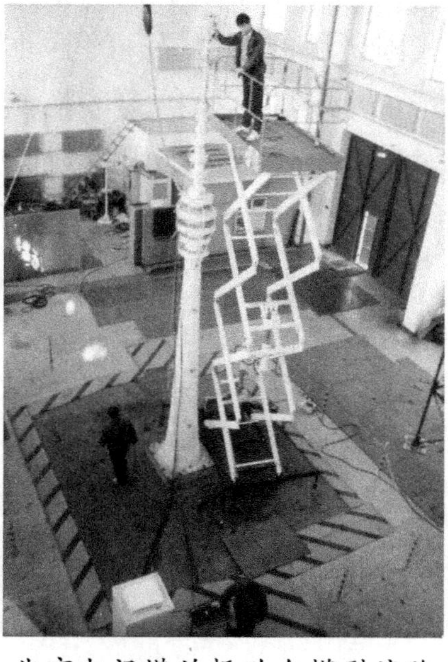
北京电视塔的振动台模型试验

高压电器的振动台试验

高层建筑的振动台模型试验

（三）核电站中核岛设施的抗震试验

核电站中核岛设施的抗震安全至关重要，秦山核电站是我国首次自行设计和建造的核电站，其反应堆控制棒驱动机构是关键的安全控制设备。我们与上海核工程研究设计院协作，在我们的振动台上对我国研制的磁力提升的驱动机构进行了足尺的落棒抗震试验，成功地对秦山核电站反应堆控制棒驱动机构在地震时的安全落棒进行了验证，获得了国家核安全部门的许可。其后为巴基斯坦的恰希玛核电站的反应堆控制棒驱动机构进行了类似的抗震试验验证。此外，还为秦山核电站的安全壳、堆芯燃料组件等不少设备进行了抗震试验研究。我们的振动台成为被国家核安全部门认可的核电站设备抗震试验装置。

核电站驱动机构的振动台试验

迄今，仍有各类有关核电站的试验项目在该振动台上进行。

（四）大型储油抗震试验

大型储油罐是石化企业中的重要设备。我国许多油罐都位于地震区，是石化设备抗震的薄弱环节，一旦遭受震害，大量罐内可燃液体外溢和燃烧，可能导致毁灭性的次生灾害。当前普遍采用的是自由搁置在环梁上的外浮顶储油罐，其抗震安全是关注重点。为此，受中国石油化工总公司上海高桥石油化工公司委托，共同协作在我们的振动台上对当时国产最大容量为 50 000m^3 和高径比最大的 3000m^3 的自由搁置在环梁上的外浮顶储油罐，分别进行了抗震模型试验。在广泛查阅分析国内外有关资料的基础上，制定了当时最为系统的试验大纲。在公司的配合下，采用复杂的特殊工艺制作了严格控制非圆度的钢材罐体模型，以及贴近实际的圈梁基础模型，布设了量测罐体动力放大效应和多波效应的加速度计、量测罐底翘离位移和浮顶位移的位移计、量测罐内动液压力的动水压力计和液面波动的波高仪、量测罐体各部位应力的应变计等各类传感器。在试验中测定了罐体环向和梁向的各阶振型特性，及在各类不同地震动输入波形下的地震响应。这是当时所见到的对储油罐最为系统的抗震试验研究。研究成果被编入地震出版社出版的《立式储罐抗震》和《石油化工设备抗震》，分别获得中国石油化工总公司科技进步奖二等奖。

高压储油罐的振动台试验

应当说，振动台为我国核电和石化部门抗震设备抗震安全试验做出了显著贡献。

该振动台的使用率一直都很高。迄今，诸多试验项目都经常要排队等候，有时运行人员还不得不加班加点工作，这在研究机构的大型试验设备中并不多见。在当时已实行的委托科研项目可以提成奖励的体制下，实验室人员中也曾出现过为增加收入要提高横向委托试验项目收费标准，并将其优先于纵向应用基础研究项目的倾向。我认为并坚持建置这个国家投入的大型设备的目的，应在首先保证水工抗震深化研究服务的前提下，有利于共享，不宜因收费过高而影响广泛应用。这也萌发了我基于振动台设备建立共享的开放实验室的想法。后来，终于实现了曾被纳入中国科学院开放研究实验室管理系列的夙愿。

五、试验技术和设备的改进

为充分发挥振动台设备的作用，需要不断相应推进动力模型试验技术，尤其需要切近高坝的复杂特性，为此开展了下列诸多相应研究。

（一）系统建立高坝动力模型试验相似要求

大坝的体积庞大，加上要考虑地基和库水的相互作用，其动力试验的验证受场地和加载设备条件的限制，只能在缩尺的物理模型上进行。在缩尺模型的结构抗震试验中，关键是模型设计必须满足相似律的要求。由于自重和库水压力是水工结构的主要荷载，而试验中库水质量和重力加速度具有不可能缩尺的特点，为此我基于量纲分析和相似理论，总结了考虑自重、库水及变形情况下各变量间的相似要求，系统给出了各类物理量的相似条件。特别是根据水工混凝土属脆性材料，结构都属小变形的情况，强调了可以把由变形产生的位移 u 作为独立的物理量，从而给特别是高坝试验中模型比例和材料的选择带来了很大的便利。

（二）使模型试验更加贴近工程实际

选择满足相似律和量测精度要求的模型材料是动力模型试验中的重要环节。由于模型中只能用天然水模拟库水，从而在需考虑结构与库水间的流固耦合作用时，要求结构模型材料的容重也必须与原型相同。为此，早在20世纪60年代初，与北京橡胶六厂合作，已成功研制了基于加重橡胶的水弹性材料。其后，为验证结构的抗震开裂安全裕度，在参照国内外已有经验的基础上，成功研制了基本满足混凝土抗拉强度相似要求的坝体模型材料，在坝体模型中模拟了其纵、横缝隙。

在大坝动力模型试验中，坝体与地基间的动态相互作用至关重要，为突破以往采用刚性地基的局限，以加重橡胶模拟了近域地基。但困难在于对有限地基中体现能量逸散的人工边界的模拟，及对地基中潜在滑动岩块边界渗透压力的模拟。为此，我建议利用减震器中的黏性液体加阻尼边界，在滑动岩块施加渗压合力。经团队同志努力，在其地基模型四周设置钢性窄槽，灌注高黏度液体，以近似模拟反映能量向远域地基逸散的辐射阻尼效应的粘滞阻尼边界。还用微型气压装置模拟了地基中潜在滑动面上的渗压作用。还对滑动面进行特殊处理，以近似模拟其抗剪强度参数。此外，通过计算分析，求解了在地震输入时相应于模型地基底

高拱坝坝体-地基-库水相互作用下的振动台试验

部各点的地震动响应，加以均化后作为振动台台面的输入地震动，基本解决了坝体地基的模拟难题。

以上试验技术的推进，使高混凝土坝的振动台模型试验更加切近工程实际，标志着大坝及振动台模型试验取得了突破性进展。

（三）振动台在维护中的不断改进

振动台采用的模拟控制系统，诸部件的稳定性较差，且相互间有干扰，操作比较复杂，其功能已逐渐可由快速发展数字控制技术所取代。原有的模拟控制系统的插件板，厂家也已停止生产，无法再取得备件。为此，我提出了以数控技术替代原有的模拟控制系统的建议。在申请获得批准后，在经与多家厂商谈判比较后，仍选择了由原来的德国申克公司参加该振动台研制和调试的人员，负责对模拟控制系统的改造、对油压系统的大修和油料的更换。看到在团队成员的共同努力下，使这个国家投入巨资建置的设备在维护中不断改进，在30年的历程中，能持续高效发挥作用，感到无比欣慰。同时也深有感触，大型设备的建置犹如工程建设，需以高度的责任心，不仅要周详规划和高质量建成，更要不断精心维护和改进，使之能持续高效运行，最大限度地发挥和拓展预期作用。

但也应当指出，随着计算机的高速发展，高坝抗震设计研究已由传统的线弹性分析逐渐向其损伤破坏的非线性分析发展。目前，高坝的振动台模型试验，由于模型材料难以满足与原型材料损伤过程的本构关系相似律要求，尚无法对高坝地震损伤破坏后失效的安全裕度进行验证。

（四）对重大科研设备建置的体会

在自始至终参与三向六自由度地震模拟振动台的建置和应用的全过程中，我深深体会到在重大科研设备装置建设中，必须充分重视人的作用，才能充分发挥设备装置的作用。而在现行的科研体制中，仍然存在重器轻人的现象。例如，有仅出于攀比把拥有重大科研设备装置作为在竞争中提升单位层次的标志，而忽略是否具备了能应用该设备装置以取得更深化研究科研成果的人才队伍的条件，致使科研设备装置长期搁置，成为摆设甚至包袱。更普遍的是，甚至在社会公益性的科研单位，对建成后的重大科研设备装置支持或仅部分支持的运行费中，还不包括维护人员费用，却要收设备折旧费、实验室暖气费、水电费等，致使设备管理人员偏向于过多接受可支付人员费的横向服务性任务，而影响到深化本专业重要研究任务的主要预期目标。因此，为充分发挥重大科研设备建置的作用，不仅需要稳定的政策和经费支持，更需要稳定的传承和相应的高质量人才队伍，其中包括熟练的工人师傅。

第九章

退离所领导岗位后

在1987年离开行政领导岗位后，我意识到这是组织上为让我集中精力搞科研创造条件。1987～1997年我退离行政领导岗位后的这段时期中，我始终不忘履行作为学科带头人应负的责任，与大家一起共同战斗在科研一线。在团队同志们尤其是侯顺载同志的大力协作下，主持和参与了以下几项主要任务。

第一节　纳入中国科学院开放研究实验室

一、唯一的院外开放研究实验室

在改革开放浪潮的推动下，中国科学院于1985年按照“开放、流动、联合、面向全国、面向世界、面向未来”的发展方向，开始建设并相继向国内外开放了113个实验室（站），开展了高水平的合作研究，对全国高校和科研机构起到了示范推动作用。这在当时是科技体制改革中的新生事物。在其启迪下，为了更好地发挥世界先进、全国唯一的大型三向地震模拟振动台的作用，以及在共享、交流基础上，发展为在国内外有影响的工程结构抗震研究和人才培养基地，我们于1988年向院申请，并被水利电力部批准在院内建立面向全国的结构振动开放研究实验室。实验室建立的两年期间，先后为各部门不同类型建筑结构和设备进行了一系列抗震试验研究，提供了重要的科研成果。为了进一步加强实验室的学术领导和组织管理，更充分地发挥实验室的作用，加强应用基础研究，推动我国抗震科学技术的发展，我于1990年又向院提出申请参与中国科学院开放研究实验室的建议。当时水利电力部已分为水利部和能源部，在

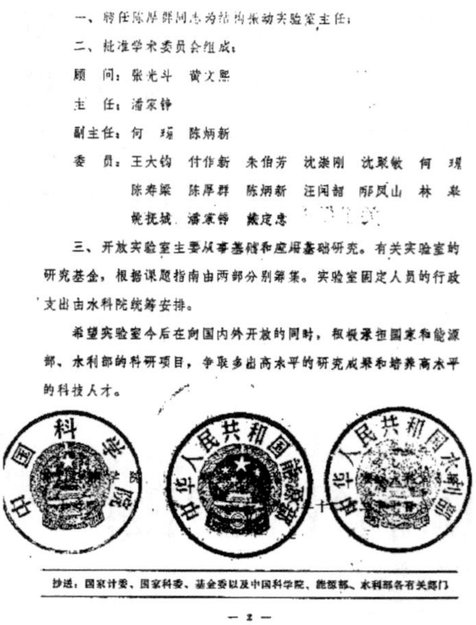
一、聘任陈厚群同志为结构振动实验室主任；

二、批准学术委员会组成：

顾　问：张光斗　黄文熙

主　任：潘家铮

副主任：何　璟　陈炳新

委　员：王大钧　什作新　朱伯芳　沈崇刚　沈聚敏　何　璟
陈寿梁　陈厚群　陈炳新　汪闻韶　郦凤山　林　皋
姚抚城　潘家铮　戴定忠

三、开放实验室主要从事基础和应用基础研究。有关实验室的研究基金，根据课题指南由两部分别筹集。实验室固定人员的行政支出由水科院统筹安排。

希望实验室今后在向国内外开放的同时，积极承担国家和能源部、水利部的科研项目，争取多出高水平的研究成果和培养高水平的科技人才。

抄送：国家计委、国家科委、基金委以及中国科学院、能源部、水利部各有关部门

— 2 —

1990年，由中国科学院、能源部、水利部批准的结构振动实验室主任、学术委员会等

建议被院领导批准并上报两部后，经中国科学院、能源部、水利部商议，并经中国科学院院长办公会议通过，批准水利水电科学研究院的结构振动开放研究实验室纳入中国科学院开放研究实验室管理系列，于1990年12月由三个部门联合下发文件，批准结构振动实验室对外开放，并聘任我为该实验室主任，组成由张光斗和黄文熙为顾问、潘家铮为主任的学术委员会组。规定实验室的研究基金根据课题指南由能源部、水利部两部分别筹集，实验室固定人员的行政支出由水利水电科学研究院统筹安排。结构振动开放研究实验室被列入中国科学院的地球科学与资源环境科学领域内的12个院级开放实验室之一。

这个实验室是在产业部门支持下，唯一被纳入中国科学院开放研究实验室管理系列中的院外实验室。我想主要是考虑到它具有下列的特色和优势：①产业部门的科研单位往往在经济上更有条件建置一些先进的大型试验设备，可以充分发挥设备在其他部门共享的潜力，以避免重复建设；②能依托产、学、研、用

在结构振动开放研究实验室首届学术委员会上做报告（我位于右二）

相结合的协作和交流平台，针对工程建设需求，使研究成果尽快在工程中应用；③将加强交叉学科间的交流和提升应用基础研究的学术水平，因而成为在产业部门有重点、有步骤地适当建立和发展面向全国的开放研究实验室的试点。

实验室建立后，于1991年5月召开了由潘家铮主任主持、张光斗顾问参加的学术委员会会议。会议审核并批准了实验室提交的《管理办法》和《课题申请指南》，并建议尽快落实每年定额为30万元的研究基金。

被批准为纳入中国科学院开放研究实验室管理系列开放研究实验室，对我和我的团队是很大的激励，促使我们在研究基金尚未能落实的情况下，尽力按照开放实验室的管理办法和“开放、流动、联合、面向全国、面向世界、面向未来”的精神，决心把结构振动开放实验室办成居于本学科发展前列、在国内外有一定影响的水工抗震研究和人才培育基地。

1991年6月，我参加了中国科学院资源环境科学局和计划局在贵阳召开的地球科学与资源环境科学领域开放实验室（站）的工作会议，我代表结构振动开放实验室提出的报告被收录在《开放、流动、联合——开放实验室（站）管理研究文集》一书中，该书由科学出版社出版，由孙鸿烈、欧阳自远作序。

参加1991年6月在贵阳召开的中国科学院资源环境科学局开放实验室、站工作会议（我位于前排右五）

二、在评估中获得好评

在结构振动开放实验室运行5年后，其时能源部已改为电力工业部。实验室向中国科学院提出了评估申请报告，经批准后，于1996年4月由中国科学院会同水利部和电力工业部对水利水电科学研究院的结构振动开放研究实验室进行了检查评估。由中国工程院李鹗鼎院士任组长、中国科学院欧阳自远院士和资源环境科学局黄鼎成研究员为副组长组成了专家组。专家们认真查阅了实验室的评估申请报告，听取了我做的实验室工作报告和三个学术报告，实地参观检查了实验室，并分别召开了实验室学术委员会、固定研究人员、客座研究人员、水利水电科学研究院职能部门代表等不同类型的座谈会，对结构振动开放实验室1991～1995年的科学研究、人才培养、对外开放、科学管理进行了全面考核。

评估结果如下：

> 5年来，实验室结合我国重大工程建设实践、追踪学科发展前沿、提炼出工程迫切需要解决的具有普遍性的应用基础研究课题，承担了国家攻关课题6项、国家自然科学基金项目2项、部级重点课题7项、重大工程试验研究任务32项、国际合作课题4项，取得了一批国际先进水平的科研成果。完成研究报告71份、论文124篇。其中在国内外学术会议和刊物发表95篇。先后获国家级、部委级科技进步奖共12项。大型三向六自由度模拟地震振动台使用率高达70%。
>
> 实验室固定人员中40岁以下青年占72%，5年中12名青年科技人员获部委级二等奖以上成果奖。
>
> 在开放基金不到位的情况下，实验室累计自筹资金53万元，资助了26项开放课题研究。

据此，在评估专家组签署的评估意见中，评估专家组认为：作为产业部门的开放研究实验室，根据自身特色，发挥与工程实际广泛联系的优势，贯彻“开放、流动、联合、竞争”的运行机制，进行了有成效的探索，成绩显著，在学术上和解决重大工程实际问题方面达到国际先进和国内一流水平。评估专家组建议：水利、电力两部尽快协助落实三向振动台大修经费和开放课题基金渠道，并建议中国科学院和国家有关部门尽快将该实验室列入国家重点实验室建设系列。

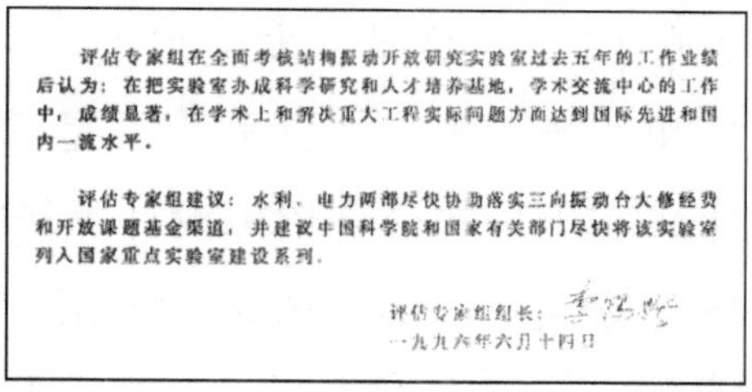

评估专家组在全面考核结构振动开放研究实验室过去五年的工作业绩后认为：在把实验室办成科学研究和人才培养基地，学术交流中心的工作中，成绩显著，在学术上和解决重大工程实际问题方面达到国际先进和国内一流水平。

评估专家组建议：水利、电力两部尽快协助落实三向振动台大修经费和开放课题基金渠道，并建议中国科学院和国家有关部门尽快将该实验室列入国家重点实验室建设系列。

评估专家组组长：

一九九六年六月十四日

1996 年，中国科学院、水利部、电力工业部对结构振动开放研究实验室进行检查评估后的结论

三、因基金无法落实而不了了之

评估结果对结构振动开放研究实验室的高度评价，给了我们巨大鼓舞。大家都热情高涨，怀着对被列入国家重点实验室建设系列的美好发展前景的无限憧憬，准备再接再厉、全力以赴。可惜的是，其后在电力工业部和水利部两部间就开放实验室主要归属问题始终未能协调成功。实验室除获得中国科学院 5 万元的启动补贴费用外，就落实开放课题基金问题向两部的申请报告，以及按开放实验室规定申请免除大型振动台上缴设备占用费及大修经费的报告，都久久未获批复。实验室处于难以长期自筹对开放课题申请的资助基金、无法继续贯彻“开放、流动、联合、竞争”的运行机制的困难处境，“开放”已不得不名存实亡。面对作为产业部门开放实验室的试点、可能列入国家重点实验室建设系列的美梦都在不了了之中幻灭，我为自己作为结构振动开放研究实验室负责人的无能和无奈而深感内疚与遗憾。

第二节　参加小浪底工程的工作

小浪底水利枢纽是黄河下游以防洪、防凌、减淤为主要任务，

兼顾供水、灌溉、发电等的一项重大骨干工程，是黄河治理开发的里程碑工程。小浪底工程是部分利用世界银行贷款的工程。1990年，在工程的公开招标设计工作中，应世界银行要求聘请了14名各国专家组成了特别咨询专家组，我被提名参加了由水利部组建的相应的中国咨询专家组。在小浪底工程的工作中，我主要参加了多级孔板泄洪洞方案中的对山体振动影响的论证工作和进水塔抗震的科研工作。

一、多级孔板泄洪洞振动影响的论证

小浪底工程设计采用将洞口集中布置在左岸山体的枢纽布置方案。为充分利用在左岸单薄山体占很大空间的3条直径为14.5m的导流隧洞，并避免常规隧洞大面积高速挟沙水流抗磨和高压衬砌的困难，设计采用了将其改建为永久的孔板泄洪设施的方案。由于这是我国首次采用在洞内大流量泄洪设施，据估计，全部泄洪洞泄洪时的总消能量可达数百万千瓦以上，从而引起了不少水力学专家对因而导致的左岸单薄分水岭山体的振动影响的高度关注，成为孔板设泄洪方案能否成立的主要问题之一，引起了诸多争论。我从振动问题出发考虑，认为：①水流流经孔板时的突然收缩和扩散，在强烈紊动的环状剪切涡流和碰撞中的能量似应主要转化为热能随水流消散，并非都转化为对山体的振动能；②水流对洞壁产生的脉动压力频率很低，应不致激发起基频较大的山体振动响应，更难与一般并无突出的低频峰值特性的山体间发生共振；③水流脉动是随机分布的，面脉动远小于量测到的点脉动，各个孔板泄洪洞之间及一个洞内的多级孔板之间的水流脉动压力峰值的出现，在时间和空间上都是随机的，不应将其对山体的振动影响效应简单迭加。所以，对多级孔板洞的泄洪，似不必有可能引起山体“地动山摇”的担心。

为此，我参加了中国人民解放军总参谋部工程兵科研三所主持，在小浪底工程现场以小型爆破激振对左岸分水岭山体振动特性的测试工作。我记得那次从右岸去左岸过黄河时，是乘坐了一艘由跨河钢丝绳导引的人工划动的小船，晚上寄宿在山间小屋中。工作结束后还应邀去总参工程兵科研三所，受到首长接见。后来，我参加了黄河水利委员会主持的在碧口水电厂排沙洞内设置的实际孔板洞中进行了泄水消能的中间试验。1988 年我受黄河水利委员会勘测规划设计研究院委托，提交了一份《黄河小浪底多级孔板泄洪方案对山体围岩振动影响的咨询报告》。

我的关于小浪底孔板泄洪洞泄洪对山体振动的影响的意见，得到了当时主管小浪底工程的水利部娄溥礼副部长的支持。我记得还引起了原部长钱正英的关注，在那年国庆节假期，我还参加了她亲自召集有关同志听取汇报的讨论会。

在经过众多单位的不同比尺的水力学试验和分析计算，并经反复详尽的研究论证后，小浪底孔板泄洪洞泄洪设施最终被批准实施。2000 年的Ⅰ号孔板洞进行了水位 210.2m、过流 1288m^3/s 左右和水位 234.05～234.15m、过流 1480m^3/s 左右的二次泄水运用。我参与了我院对山体振动的现场实测工作。实测结果表明，在闸门全开时，Ⅰ号孔板洞泄流诱发的山体振动的最大加速度仅为 4.91cm/s^2，基本上属于无感振动。估计在提高库水位后，3 条孔板洞同时泄洪时，也只会诱发微弱的山体振动。

二、进水塔抗震的研究

根据小浪底工程坝址的地形、地质条件及运行要求，枢纽所有非挡水建筑物均布置在左岸山头。泄洪、排沙、发电、引水共 15 条隧洞的进口以 9 座组合式进水塔直线型布置在左岸风雨沟东侧，大大改善了进水塔前河水流态，使流速降低，减免气蚀磨损。高低进水口互相保护，使防止泥沙淤积和闸门淤堵问题得到解决。由于坝址位于基本烈度为Ⅶ度的地震区，进水塔作为 112m 的高耸结构，内部及外部四周环水，塔身结构、受力情况和边界条件都十分复杂，是工程泄洪引水设施的咽喉，关系到整个工程安危，因此，抗震安全受到高度关注。

经地震部门研究确定，工程坝区设计采用的峰值加速度值为0.215g，水库蓄水可能引发水库地震，但其最大震级一般不超过5.5～5.6级，小于本区构造地震考虑的最大可能震级。但在1991年世界银行特别咨询团的专家报告中，推荐按照各国已发生水库地震的最大震级6.25、震中距10km、最大峰值加速度0.5g进行抗震复核。我认为该建议并无充分依据和论证，但考虑到是世界银行贷款项目，经国内地震专家会议研究，最终进水塔折中按设计地震峰值加速度为0.313g进行了抗震安全校核设计。

对这样一个关系到整个工程安危的大型进水塔的抗震安全性，在当时并无进水塔抗震设计的规范规定的情况下，首次对其进行了从有限元动力分析计算到振动台模型试验的全面和系统的分析研究。

在有限元动力分析研究中，计入了塔体-无质量地基及山体-不可压缩库水的动态相互作用，分别针对孔板泄洪、发电排沙和明流泄洪等不同洞体的进水塔体，计算了其在不同水位下的动态特性和不同地震作用下塔体结构的位移、加速度和应力响应。特别在确定塔内外动水压力附加质量的分布中，引用了美国最新的分析研究成果。

此外，由于小浪底工程进水塔位于地基的防渗帷幕之前，塔底承受全水头扬压力，因而使塔体在地震作用下的抗滑、抗倾覆的稳定性成为设计中的难题。小浪底项目组与美国柏克特核电公司合作，用反应谱方法，对以三维梁、板有限单元模拟的孔板洞进水塔进行了初步的动力稳定性分析，以基底最大应力是否达到基岩极限承载力判断其动力稳定，但这种分析难以反映地震作用下进水塔结构实际的非线性动态稳定特性。实际上，在往复的地震作用下，即使结构基底局部基岩应力瞬时超过其屈服强度，结构仍具有一定抗倾覆能力。为此，我们采用了8～21节点有限单元模拟塔体，考虑了塔底和基岩接触面间的刚性滑移和转动的接触边界条件，在时域内求解了塔体结构在各项静载和地震作用下的非线性动力响应，得出了在地震作用过程中塔基的滑移和转动的时间历程，论证了进水塔在设计地震作用下的抗滑和抗倾覆稳定性。这项成果获得了1994水利部的科学技术进步奖一等奖和1995年的国家科学技术进步奖三等奖。对小浪底进水塔群的研究也为修订中的《水工建筑物抗震设计规范》增加"进水塔"一章创造了条件。

1995年在小浪底库区建成了水库地震遥测台网，我应邀参加了其验收和鉴定会。台网监测结果表明，自水库运行至今，已远超过一般水库蓄水引发地震的时期，而库区并未引发世界银行特别咨询团的专家报告中所建议的6.25级的水库地震。

第三节　水工建筑物的可靠性设计

一、从头学起

1984年，国家计划委员会颁布了《建筑结构设计统一标准（GBJ 68-84）》，要求设计都采用以概率理论为基础的结构极限状态设计原则，即可靠度设计，并且要求其他工程结构标准、规范也应尽量符合该标准的有关原则。一时间，可靠度设计作为设计工作中的一项重大变革，风靡全国各工程建设行业。为此，1986年由原能源部、水利部共同开始制定的《水利水电工程结构可靠度设计统一标准（GB 50199-94）》，作为强制性国家标准，也于1994年颁布施行。能源部、水利部两部要求其各设计规范也都需按此原则修订。当时我正负责对《水工建筑物抗震设计规范（SDJ 10-78）》的修订工作，因而对此也十分重视。由于自己对此知之甚少，心中无底，正好水利水电规划设计总院为此举办了可靠度设计基本知识的培训班，邀请了这方面的知名专家、大连工学院的赵国藩教授（1997 年当选为中国工程院院士）来做系统讲课，我报名参加了学习班。我和赵教授虽不熟，但彼此听说过对方，他见我这个已届花甲之年的老者还和年青学员一起坐在下面认真听讲，感到奇怪。我感到，既然可靠度设计对规范修订很重要，而自己过去又很少了解，老老实实当学生，从头学起、努力跟上是很自然的。

二、积极参与

除参加可靠度设计的培训班外，我在广泛学习有关资料的同时，还积极参与了《水利水电工程结构可靠度设计统一标准（GB 50199-94）》的各项研讨会，对该标准的初稿和两个附件中的问题提出了意见。此外，我还应邀多次参加了建设部的《建筑抗震设计规范（GBJ11-89）》的研讨和审查会，从中获得不少启迪和借鉴。在近 10 年的时间内，我结合《水工建筑物抗震设计规范》的修订工作，先后带领了两届硕士研究生和一届博士研究生，并参加了国家自然科

我应邀在水工结构可靠度设计高级研讨班上讲课

学基金重大项目“城市与工程减灾基础研究”的工作，较系统地进行了可靠度设计及其在混凝土坝中的应用的学习和研究。首先，基于把地震作用作为随机变量，研究了水工抗震设防概率水准和地震作用的概率模型。采用一次二阶矩的近似概率法，基于振型分解反应谱法，求解了混凝土重力坝和拱坝在一定设计基准期内达到预定功能的、具有一定概率含义的可靠指标。鉴于实际地震作用应当作为反应时间过程的随机过程处理，首先将其强震段作为平稳随机过程，基于结构反应的首次超越概率，求解了混凝土重力坝和拱坝的抗震可靠度。实际地震作用是幅值和频率都非平稳的随机过程。为此，借助渐进功率谱的概念，生成了幅值和频率都非平稳的随机地震过程，并应用大连理工大学林家浩教授的虚拟激励法求解了混凝土重力坝和拱坝的抗震可靠度。研究过程中，我带领研究生自主研发了相应的基于三维有限元的混凝土重力坝和拱坝的抗震可靠度的计算程序。在此期间，我参加了 1993 年在奥地利因斯布鲁克举行的第六届国际结构安全和可靠度大会，在会上我做了《混凝土重力坝抗震可靠度分析》的报告，与日本等国家的同行们进行了交流。1998 年，我应邀为水利水电规划设计总院举办的水工结构可靠度设计高级研讨班讲课。1999 年由科学出版社出版的《抗震结构的最优设防烈度与可靠度》一书中，收录了我在这方面的主要研究成果。该书是国家自然科学基金重大项目“城市与工程减灾基础研究”中的部分成果，由王光远教授、程耿东教授、邵卓民研究员和我等合著。

三、慎重求实

可靠度设计的关键是如何在工程中应用的问题。对此，潘家铮院士提出了“积极慎重，转轨套改”的方针，对此我的理解是：①为考虑工程设计中作用效应和抗力的随机性，对采用基于概率统计的结构极限状态的统一可比的失效概率设计的可靠度方法，原则上宜采取积极的态度；②但目前在水工建筑物特别是大坝工程设计中都采用可靠度设计，仍受诸多条件的限制，因此必须十分慎重；③从单一安全系数的设计表达式向可靠度设计中普遍采用的以分项系数表达的极限状态的多安全系数的“转轨”，由于可以使工程人员对影响结构可靠性的各项因素的内涵、取值依据有更清晰和明确的了解与认识，是更为合理和可行的。

但为保持规范的连续性，当前“转轨”后的分项系数值，尚需要与现行的安全系数进行“套改”，问题是在把安全系数K与可靠指标 β 进行“套改”时，我在实践中思考后发现：不确定性包括随机性、模糊性和未认知性，后两者为不适用概率统计的非随机不确定性。安全系数 K 包含随机和非随机的不确定性，后者对很大程度上依据工程经验设计的水工建筑物尤其重要。而可靠度设计中表征失效概率的可靠指标 β 仅考虑了随机不确定性，所以两者内涵是不相同的。因此，目前对水工建筑物要求按可靠度设计是不现实的。为此，在“套改”中不得不引入了一个体现非随机不确定性的结构系数 γ_d。但引入了不适用概率统计的非随机性的不确定性结构系数 γ_d 后，就不可能通过基于概率统计的可靠度分析得到统一的可靠指标 β 了。所以，我认为，引入 γ_d 后“套改”的分项系数法只是由单安全系数法转轨为多安全系数法而已，并无失效概率含义，并不是可靠度设计。实际上，目前作用效应和抗力的分项系数并不是由可靠度分析的验算点确定的，而是根据工程经验分别取其 3σ 和 2σ 的分位值，其实际的随机不确定性的可靠指标仅 2 左右而已，远小于统一标准要求的目标可靠指标值。我逐渐认识到在引入 γ_d 后，再去“套改”统一标准的目标可靠指标值的做法，完全是概念上的混淆。这样的问题在其他行业中也不同程度地存在。因此，2009 年颁布的《工程结构可靠性设计统一标准（GB 50153-2008）》和 2013 年颁布的《水利水电工程结构可靠性设计统一标准（GB 50199-2013）》中，都把“可靠度”改为“可靠性”了。“度”和“性”的一字之改，表明目前对工程结构要求都按可靠度设计是并不现实的，这已基本达成共识。但采用以分项系数表达的多安全系数，可以使工程人员对影响结构可靠性的各项因素的内涵和取值依据有更清晰和明确的了解与认识，设计人员能根据工程实际情况，更科学合理地处理，因而显然更为合理。目前，水利和水电部门分别因按单一安全系数法或分项系数法设计而导致的分歧，其实是完全没有必要的，因为两者在安全裕度上并无本质差异。所以我认为应当慎重求实，盲目跟可靠度设计之风既不可取，坚持单一安全系数法似也并无必要。采用以“套改”后的分项系数表达的多安全系数法的“转轨”途径，应当是合理和可行的。

第四节 《水工建筑物抗震设计规范》的修订

一、修订的背景

“文化大革命”以后，我国陆续在地震区修建和拟建不少高坝，抗震安全问题突出。在此期间，国内外都发表了不少与工程抗震有关的标准、规范、导则，提出了与水工建筑物抗震有关的要求，诸如《水利水电工程结构可靠度设计统一标准》《工程场地地震安全性评价技术规范》《大坝地震动参数选择导则》《水利水电工程地质勘察规范》《建筑抗震设计规范》等。由我负责的编制组，紧密结合我国国情和水工建筑物特点，广泛地调查总结了近年来国内外大地震对工程结构影响的经验教训，吸收了地震工程研究中成熟的新成果，参考了各国最新的水工抗震设计标准，征求了设计等各有关单位的意见，在对规范中的各章内容都提出专题报告的基础上，完成了修编任务。经张光斗、潘家铮、朱尔明等72位专家组成的审查会议确认，该规范内容较全面，基础理论先进，方法可操作性好，反映了水工建筑物的特点，重视了与原规范的连续性与我国各有关规范的协调，与国外水工抗震设计规范相比具有较大进展，属国际领先水平。该规范于1997年由电力工业部和水利部分别颁布，并于1999年获得了电力工业部科技进步奖二等奖。

由张光斗、潘家铮、朱尔明等参加的《水工建筑物抗震设计规范》审查组专家合影（我位于前排左一）

二、主要修订内容和特色

除增加了水闸、水工地下结构、水电站压力钢管和地面厂房、进水塔等结构的抗震设计外，主要的修订内容和特色可概括为以下几点。

第一，由确定性设防水准向概率法跨越。从地震工程学科的进展和水工建筑物抗震设计实际需要出发，确定了水工建筑物的抗震设防水准框架。对一般工程依据《中国地震烈度区划图》按50年超越概率10%的基本烈度设防。对于列为甲类抗震设防的重大壅水建筑物，增加了进行专门的工程场址地震安全性评价确定设计峰值加速度值的要求。在对中国已有众多水利水电工程地震安全性评价结果进行统计分析的基础上，确定了其按比基本烈度提高一度的设计烈度，可取为 100 年内 2% 的超越概率水准。

第二，由单一安全系数向分项系数转轨的跨越。通过对传统的安全系数 K 与可靠度设计中的可靠指标 β 两者的不确定性内涵不同的分析，在兼顾国家标准《水利水电工程结构可靠度设计统一标准（GB 50119-94）》的原则和保持规范的连续性的要求下，在抗震校核中，不再采用传统的单一安全系数准则，采用了基于以“转轨、套改”后的必极限状态方程中分项系数表达的多安全系数方式进行安全性判断。对于按动力法进行地震响应分析的结构，都根据工程经验及对现行各类水工建筑物设计规范中规定的安全系数的“套改”，分别给出了其在各种抗震校核中相应的地震作用效应、抗力的分项系数和结构系数值。

第三，从拟静力法响应分析向动力法跨越。鉴于拟静力法不能充分反映坝体和地震动的动态特性，难以对震害作合理解释和有效防止，仅限于在低混凝土坝和土石坝的抗震校核中采用，随着高坝抗震研究的进展，包括对基于结构力学的拱坝和重力坝动力分析程序的研发，对 70m 以上高混凝土坝的抗震校核，都要求取与设计烈度相应的实际地震动加速度的统计平均值，不再引入综合影响系数对地震动加速度做人为折减，并采用振型分解反应谱法的动力分析方法，并在结构或地基条件复杂的情况下补充基于有限元法的、考虑坝体-地基-库水间相互作用的动力分析。

第四，从着重抗震计算向并重工程措施跨越。强调了抗震工程抗震措施在抗震设计中的重要性，因而在总结国内外震害实例和工程实践的基础上，增加了对各类建筑物都分别给出了工程抗震措施的规定。

正是上述抗震设计规范中的这四个方面的跨越，使我国水工结构的抗震设计和研究跃上第一个新的台阶。该规范是唯一被水利和水电部门都认可的。两个部门的《水工建筑物抗震设计规范》只是封面不同，内容完全一致。由于抗震规范内容涵盖了各类主要水工建筑物，既然在抗震设计中统一采用以“套改”后的分项系数表达的多安全系数法的“转轨、套改”，在20年来的应用实践中，并未出现任何矛盾和困难，那么，在各类主要水工建筑物的设计规范中似也应是可行的。

第五节　当选为中国工程院院士

一、在新加坡探亲时得知当选为中国工程院院士

1991年潘家铮院士曾主动推荐我为中国科学院学部委员候选人，据说在首轮通过后在终选时落选。1994年，中国工程院遴选了第一批96名院士（其中30名为中国科学院学部委员转入），1995年开始在全国进行中国工程院的院士选举。其时我虽已年届63岁，但因工作需要尚未退休。经院学术委员会讨论通过，将我作为报送中国水利学会的中国工程院的院士候选人，经中国水利学会组织评审后报中国科学技术协会后再报中国工程院。3月在得知我院通过上报推荐我为中国工程院的院士候选人后，我就因去新加坡探望在那里工作的女儿请假出国，与国内暂无任何联系。直至6月才在新加坡得知我当选为中国工程院院士的消息。7月末，接到我院要我返院参加会议的通知后，当即回国，看到了朱光亚院长签发的我当选为中国工程院院士的通知。

二、在积极参加中国工程院的活动中备受教益

在当选为中国工程院院士后，我即被任为土木、水利与建筑工程学部常委。1998 年和 2000 年先后当选为学部副主任和主任。2000～2011 年连续 11 年担任中国工程院主席团成员。2012 年成为资深院士，但仍参加了中国工程院的各项咨询和研究项目。2015 年被推举为中国科学院、中国工程院资深院士工作委员会委员。自当选为院士至今二十余年中，我在积极参加中国工程院的各项活动中备受教益。

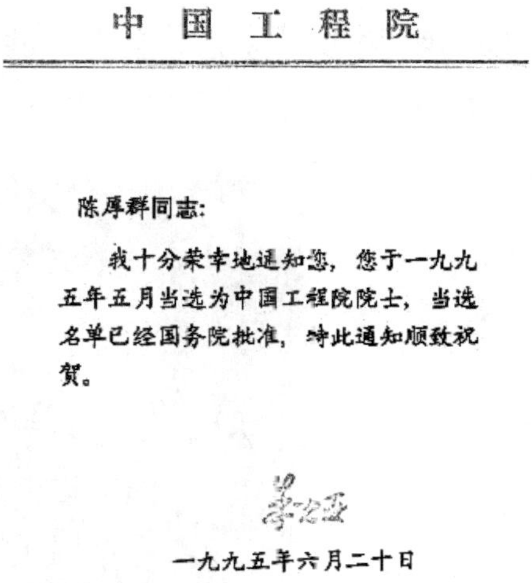
中国工程院

陈厚群同志：

我十分荣幸地通知您，您于一九九五年五月当选为中国工程院院士，当选名单已经国务院批准，特此通知顺致祝贺。

一九九五年六月二十日

由朱光亚院长签发的我当选为中国工程院院士的通知

作为中国工程院主席团成员参加在上海召开的 2004 年世界工程师大会

（一）代表朱光亚院长应邀出席马来西亚科学院的成立大会

1995 年 9 月由中国工程院朱高峰副院长通知我，要我代表朱光

亚院长应邀出席马来西亚科学院的成立大会。我和中国科学院的胡启恒副院长一同到吉隆坡参会。会前我们还受到当时的马来西亚总理马哈蒂尔的接见。会上，我代表朱光亚院长热诚祝贺马来西亚科学院的成立和28位院士的当选。

1995年，代表朱光亚院长参加马来西亚科学院成立大会
（我位于后排右一）

出国前，虽已知在上海的母亲因病住院，但考虑刚当选院士后首次接受重要任务，不便请假，只好先请在上海的姐姐和小弟照顾。刚回国，我就接到母亲病危的消息，我匆匆向朱高峰副院长做了汇报，并把这次会议的有关资料和马来西亚科学院成立的纪念铜盘上交后，就立即赶赴上海探望病中的老母。岂料在医院中见到母亲时她已奄奄一息，见到我时，她握住我的手，却已不能言语了。当晚我在医院病床旁陪侍，至子夜，见母亲床边的心动监视异常，急忙找值班医务人员，竟被告知母亲已离我而去。显然她是一直在与病魔挣扎，期盼着能与我见最后一面。

（二）受中国工程院委派参加东盟科学技术研讨会

1997年受中国工程院委派，我与中国科学技术协会副主席冯长根同志一起，应邀赴马来西亚吉隆坡参加马来西亚科学院年会及东盟科学技术研讨会。会前受国家科学技术委员会委托，要我在会上介绍中国设立培育高新技术转化的孵化园的情况。由国家科学技术委员会提供原始资料，由我编制报告的英文彩色透明胶片，在大会上宣读报告并参加讨论。其间，我还参加了与参会各国代表的交流座谈。

1997 年代表中国工程院出席东盟科学技术研讨会时合影

（我位于第二排左九）

（三）参加中国工程院组织的其他重大学术活动

除代表中国工程院参加上述国际活动外，在中国工程院的安排下，我先后参加了多项重大学术活动。最早是参与了 1996～1997 年由潘家铮副院长主持的“能源可持续发展战略”课题。后来在由徐匡迪院长于 2008～2010 年主持的“三峡工程阶段性评估报告”项目和在 2012～2014 年主持的“三峡工程试验性蓄水阶段性评估报告”项目中，我分别任地震地质组副组长、项目组副组长兼地质灾害和水库地震课题组组长。在由周济院长于 2014～2016 年主持的“三峡工程建设第三方独立评估报告”项目中，我任项目评估专家组副组长兼地震课题组组长。此外，还参与了中国工程院重大咨询项目“中国工程科技中长期发展战略研究”，是其中“西南多震地区的高坝抗震安全及高效运行问题”的课题负责人之一，还参与了“汶川地震工程破坏及对策”的项目。2012～2014年作为项目负责人，主持了中国工程院重点研究项目“西部强震区高坝大库抗震安全”项目。除这些重大、重点项目外，还先后在土木、水利与建筑工程学部的“水利学科现状、发展方向及创新前沿研究”项目中任项目负责人之一，在“我国抗灾救灾能力建设及灾后重建策略研究”项目中任“水利水电工程抗灾救灾能力及策略研究”专题负责人。2014年参与了工程管理学部的“核电站反应堆及带放射性的辅助厂房置于地下的可行性研究”项目等由中国工程院组织的其他重大学术活动。在成为资深院士后，我被推荐为中国科学院、中国工程院资深院士工作委员会委员，参与对工程技术和社会发展中重大问题的宏观咨询研究。通过参与这些活动，在开阔视野、增加知识面的同时，我在思想上增强了作为院士的全局性、前瞻性和使命感、责任感。

（四）参与由中国工程院组织出版的著作

第一，撰写《中国工程院院士文库——混凝土高坝抗震研究》。2011年，在中国工程院学术著作出版基金的资助下，我在高等教育出版社出版了我的第一部专著《中国工程院院士文库——混凝土高坝抗震研究》。

该书全面系统地反映了截至2010年的50年间，我个人在中国水利水电科学研究院的团队中，在为水利水电工程建设服务的抗震科研实践中逐步累积形成的有关混凝土高坝抗震安全的理念、思路、探索和体会。主要取材于我亲自参与的研究、带领团队和研究生共同完成的任务及主要负责的课题中的代表性成果，包括坝址地震动输入、高坝结构地震响应分析、高坝动力模型试验、高坝现场测振试验、混凝土动态力学性能和高坝抗震设计规范等。

该书着重于简明扼要但较全面系统地介绍我们在混凝土高坝抗

震安全设计和研究方面有中国特色的自主创新成果及其在中国高坝工程实践中的应用，以期读者对其有一个总体概念和系统了解。因此，对于一般性的概念叙述和详细的方法及公式推导等均予以从略，这些均可在所附参考文献和已发表的有关论文、报告中进一步了解。

撰写该书的目的是，促进在此领域的国际学术和工程界的交流，进一步开展共同协作，以保障高坝大库的抗震安全。同时，也为从事高坝抗震或与之有关的设计科研的专业人员、高校师生提供较为系统全面的参考。

中国工程院的朱伯芳院士在为该书所写的序言中指出：该书内容极为丰富，涵盖了混凝土坝抗震的各个方面，在许多重要问题上提出了新理念和新方法；可以看出，我国在高混凝土坝方面处于国际领先水平；认为这是一本理论联系实际、富于创新的好书。

第二，参与《中国工程院院士文集——陈厚群院士文集》写作。《中国工程院院士文集》系列丛书收录有院士的传略、学术论著、中外论文及其目录、讲话文稿与科普作品等。徐匡迪院长认为这个文集应当是院士们一生事业成果的凝练和他们高尚情操的写照。

在中国工程院2014年度的全体院士大会期间，院领导主持召开了《中国工程院院士文集》的首发式，其中也展出了《陈厚群院士文集》的样书。该书由中国水利水电科学研究院匡尚富院长担任编委会主任，我参与配合提供了有关资料。该书于2015年由中国水利水电出版社发行。

全书收录了我先后写过的一些主要文稿，内容包括：回忆与缅怀、学术论文选录、外文著述选录、部分著作节选、其他作品选录等，以及本人名片、主要论著目录和记者以《无需扬鞭自奋蹄》为题发表的采访记录等共88.4万字。看到匡尚富院长在为该书所写的序言中以“热爱祖国、志存高远，创建学科、引领发展；注重理论、强调应用，求真务实、成绩斐然；服务工程、亲力亲为，敬业奉献、贡献突出；培养人才、建设团队，为人师表、成为楷模”等溢美之词对我的评价，令我自愧不称而感汗颜。面对院里对我的鼓励和鞭策，虽犹存“无须扬鞭自奋蹄”之壮心，却奈何毕竟已是耄耋之年的伏枥老骥，当有自知之明，自然规律难违。

第三，撰写本书。《中国工程院院士传记》系列丛书是由宋健和徐匡迪两位老院长任顾问和现任院长周济任组长的领导小组主持组织出版的。我虽自知文笔拙劣，之所以仍敢于不自量力地应约自行撰写传记，只是因为“自述”较之请他人代写“传记”，其一是也许可更真切地表达自己内心深处的家国情怀、入党初心和毕生的赤子心愿；其二是可能也更便于阐明自己在从边干边学到攀登、追赶和跨越的六十余年的科研实践中所逐步形成的学术理念、观点、思路和在不断反省中的感悟。甚至还奢望多少能反映一些在那个时代的社会背景、特点和客观环境条件下，我们这代中一些知识分子所具有某些共性的思想和实践的心路轨迹。

三、当选为院士后的感触

当选为中国工程院院士使我受到很大鼓舞和激励，无比欣喜之余，也有很多感触。

感触之一是，中国工程院院士是国家设立的工程科学技术方面的最高学术称号，为终身荣誉。因此，我首先感到这是党和国家给予整个工程科学技术界的巨大关怀，也是对广大工程科学技术队伍的激励和信任。至于我自己，深感在党和国家的长期培育之下，对社会贡献还很不够，却获得如此崇高的荣誉，在满怀感恩之情的同时，更感受到重大的使命感和社会责任感，深怀惴惴不安之心。我意识到，自己当选之日虽已是花甲之年，但面临的是一个需要再接再厉拼搏的新起点，而绝非可以放松休息满足的终点，决心在原本已届退休年龄之际，要再接再厉、竭尽所能地把得之于在党和人民培育下所获得的知识更努力地回报社会，以不辱使命，不负厚望。

感触之二是，中国工程院也是中国工程科学技术界的最高咨询性学术机构。就其职能和任务而言，要对国家工程科学技术领域的重大、关键性问题提供准确、前瞻、及时的咨询建议，以发挥国家工程科技思想库的作用。这对于在较为狭窄的水工抗震领域长期从事一线具体科研工作的我来说，更感受到很大压力。在边干边学、尽力积极参与和努力完成中国工程院交付的各项任务的同时，也认识到这是就院士群体具有的跨学科、跨部门、高水平的优势而提出的要求。就我个人而言，在时空上都应有清醒的自知之明。首先，有幸当选为院士，只是在自己从事的领域、按当时水准的衡量，在同行中所给予的肯定和鼓励。在知识更新快速的年代，“最高学术称号”的“终身荣誉”，绝不意味着个人过去的学术水准能自动延续到现在，更不用说将来了。其次，我在自己从事的专业领域自应力所能及地积极发挥院士应有的作用，并时时关注从相关的交叉学科中学习和借鉴。但对自己并不熟悉的领域的学术问题，则始终抱以虚心学习的态度，绝不敢以权威自居，随意表态。我深知作为院士，需要更加谦虚谨慎，兢兢业业，认知自己的不足，严格要求自己。为此，常以“学如逆水行舟，不进则退”“三人行，必有我师焉”“知之为知之，不知为不知”等古训反省和告诫自己。

感触之三是，院士制度的建立在社会上引起高度关注。受公众关注的院士，其言行已绝非仅涉及个人，而必然会产生社会影响，并理应受到社会舆论的监督。因而意识到院士除应在学术上得到本领域同行们的承认外，也应当以维护科学道德和弘扬优良学风、维护中国工程院的荣誉和院士群体的社会形象为己任，应时时反省自律，并以身作则，在团队中倡导踏实治学、敬业诚信、远离浮躁和急功近利，自觉抵制挂虚职、具虚名等各种形式的学术不正之风，更应时刻意识到自己的第一身份是一名共产党员。

感触之四是，为当选为院士给予自己在学术和工作上“第二个青春”而庆幸。回顾自己在党和人民培育下，从小学到留苏共学习了整整20年，1958年参加工作到1995年当选为院士的37年间，除去“文化大革命”动乱中的岁月外，加上去工地劳动锻炼、工伤住院、参加“四清”、干校劳动及参加各类政治运动，工作时间也就十来年，真正能潜心投入科研工作的时间，主要还是在我已年近半百以后。到1995年，当时63岁的我已属延期退休的人员，原本以为自己的科研生涯已行将终止，是当选为院士为自己在工作和学术上的续航赋予了新的使命，提供了机遇，创造了条件，搭建了平台，给予了支持，因而获得了巨大的驱动力和自信心。在现今已届耄耋之年，通过对迄今的工作和学术的总结，深感就自己在学术上的成长和收获而言，我在当选为院士后的这二十多年中，确实远超了此前的二十多年。可以说，当选为院士在我个人的科研生涯中具有重要的里程碑意义。

第六节　对高拱坝抗震研究中两个关键技术的探讨

这段时期，我国正在西部强震区进行250m高拉西瓦拱坝和当时世界最高的292m高的小湾拱坝的建设。随着有限元法在高混凝土坝地震响应分析中的应用，在地震作用下考虑坝体与有质量地基相互作用中地震波能量向远处逸散的问题和坝体横缝开合问题，对强震区的超高拱坝地震响应的影响就更为突出，成为高混凝土坝抗震安全研究中亟须解决的关键技术问题。

一、坝体-地基相互作用中的辐射阻尼

在 ADAP 的拱坝地震动态分析中采用的无质量弹性地基，是由于当时若计入地基质量的惯性后，无法在有限地基范围内地震波能量向远处逸散不得已而采用的近似假定。这个假定对坝体动态特性的分析尚可接受，但地基质量是客观存在，其惯性效应对坝体-地基的地震响应有着不容忽视的显著影响，需要考虑因坝体-地基相互作用中地震波能量向远域地基逸散而显著降低结构响应的问题。这种能量的逸散类似于阻尼作用，因而也有称之为地基的“辐射阻尼”。坝体-地基相互作用中的辐射效问题，在国内外都备受关注，并进行了诸多研究。但这类研究结果还少有能在大坝工程抗震中被实际应用的。我国最早是在 1987 年由清华大学张楚汉教授（2001 年当选为中国科学院院士）带领研究生提出了在大坝抗震中应用无穷元模拟地基辐射阻尼。国内外也都有类似在频域中建立能体现地基辐射阻尼的地基动阻抗的全局人工边界的研究。但由于其需要由频域转化到适用于非线性结构的时域分析，拟合过程中的频率范围取值有一定的不确定性，对大坝工程更需要先求得坝基地震动输入的相应的实际河谷地形的散射波。计算过程复杂，因而在实际工程中很少被应用。20 世纪 80 年代，中国地震局工程力学研究所的廖振鹏研究员（后来当选为中国工程院院士）研究和提出了能体现地基辐射阻尼的、适用于时域数值分析的局部人工透射边界。1990 年我就和廖振鹏同志商定，在他指导下，共同协作将人工透射边界应用于计入坝体-地基相互作用的大坝体的地震响应的数值分析中。为此，在我们中心与中国科学院计算技术研究所掌握 ADINA 程序的杨真荣研究员协作下，开始了编制在与坝体毗连的近域地基边界设置人工透射边界、在时域内求解高拱坝地震响应的有限元分析程序。但直到 1995 年因求解过程中的稳定性问题未能解决，计算的坝体和近域地基的地震响应很快就发散，程序无法在实际工程中应用。

二、强震时拱坝坝体横缝开合的影响

在采用引进的基于有限元法的ADAP程序进行小湾等强震区高拱坝的地震响应的分析结果显示，作为整体结构的拱坝坝体上部的拱向地震动拉应力值很高，很难满足大混凝土抗裂要求。实际上，拱坝坝体各坝段间存在抗拉强度极低的横缝，在地震作用下必然会开裂而释放拱向拉应力。当时国外已开始对横缝影响进行研究。美国加州大学伯克利分校在原ADAP程序基础上，研发了基于动态子结构原理的、可考虑拱坝横缝影响的ADAP-88程序。1990年，我们借助中美科研合作项目的关系，引进了该程序。但ADAP-88程序要在实际工程中应用仍然存在诸多问题：①它仍是基于ADAP程序的无质量地基假定，难以真正体现坝体和地基的相互作用；②所采用的基于罚函数的原则对接缝的模拟，需要人为假定缝间法向的接触弹簧的系数值，也不能满足接缝面法向相互不嵌入的要求，且不能考虑设有键槽的横缝在张开时仍可能发生的切向滑移；③基于动态子结构原理的子结构内部是线弹性的，在接触边界的非线性分析中，在每个时间步长中，需要对接缝边界诸点对的集群进行迭代，且任何接触点对的变化，都会影响到整个坝体刚度阵的变动。

为此，当务之急是必须在现行探讨的基础上，尽快自行研制出能同时综合横缝开合、地基质量和辐射阻尼等影响于一体的、更切近实际的高拱坝地震响应分析程序。

第十章

在新的使命的激励下

第一节 建立工程抗震研究中心

1997年梁瑞驹院长找我谈话，谈了原抗震防护研究所作为整体已难适应当时形势而面临解体的情况。院领导研究决定，所内的防护和土工抗震这两部分将被调整、归并到岩土工程研究所去。考虑到结构抗震部分的实际情况，如果我能同意重新担负行政领导职务，可由我把结构抗震部分单独组建所一级的机构，否则只能将结构抗震部分归并到南院的结构材料研究所去，同时还研究过我也随之去担任结构材料所所长的方案。我反复考虑后感到，经共同艰辛组建的已初具规模的结构抗震队伍和试验基地，一旦调整归并为研究室，且与结构材料研究所分处南、北两院，发展必然会受到影响。而那时在强震频发的云南省，当时世界最高的300m级的小湾高拱坝工程正待建设。规划中在水能资源集中的西部强震区，还将修建一系列以混凝土拱坝为主的这类超大型高坝。可以预见，高坝抗震安全问题必将成为需要深入研究的突出重点课题。为此，虽然已届65岁高龄，并已退出行政领导岗位10年，但在关键时刻面临的是新的形势下的巨大挑战，但也是难得机遇，在这个关键时刻，自己应当敢于担当和积极作为，为守住这个已初具规模的阵地和队伍，竭尽铺路架桥的余力，因而毅然同意受命重新组建结构抗震研究机构，并取名工程抗震研究中心。

作为研究所级的机构，需要把原来的两个研究组调整为室，并经院批准引进了个别人员加强队伍。确定了中心和室负责人员的班子，明确了分工。建立了中心技术骨干组成的学术小组，定期开展学术活动。由中心、室主任和学术小组组长组成领导小组，集体讨论决定中心重要事项。领导小组每周一上午碰头一次，相互交流情况和决定需要协商的事项。碰头会时间有事则长、无事就散，一般都很短暂。当时正处于探索科研体制改革之际，课题组核算、追求短期效益之风盛行，为了保证纵向任务的完成和中心的可持续发展，我建议并经中心领导小组讨论决定，在坚持采取以室为核算单位的前提下，规定课题组对横向任务的提成比例和经费支配权限。我本人不涉及任何财务和经费的支配，中心和各室的经费使用和奖金的提成分配，都要按商定办法，遵循公正、公平、公开的原则，另有专人管理并向中心领导小组负责。当时外单位租用大型振动台做测试的任务较多，实验室人员的提成收入较多，常和科研试验任务的安排有矛盾。为此，在中心内强调振动台是为了服务于工程需要的科研工作而建置的重要设备，并非只是谋取收入的工具。领导小组确定，实验室必须首先确保中心本身和所承担的外单位委托的试验任务对振动台使用。其间，我们还推行了室主任采用公开选举的办法。当然，这些探索在当时的氛围下是曾有过争议的，但在我的任期内，还是始终基本坚持实行的。

第二节　负责“九五”国家重点科技攻关项目

一、明确总体思路和目标

1996 年，在当时的电力工业部科技司的大力支持下，经过申请答辩，我们院争取到了作为“九五”国家重点科技攻关项目“300m

级高拱坝抗震技术问题”的主持单位，由工程抗震研究中心承担，我担任项目负责人。

通常，在这种大型的国家重点科技攻关项目执行中，涉及较多的单位和内容，总要照顾到方方面面。通过首次作为这类大型科研项目负责人的历练，我逐渐悟到，作为项目负责人，关键是要做好顶层设计。这个项目主要是针对在建中的小湾拱坝工程的抗震设计需求，因此，主观上力求围绕综合地震动输入、拱坝-地基-库水体系地震响应、结构和材料抗力的研究，确保小湾高拱坝抗震安全的总体思路和目标。探索在统一规划部署和协调下，使划分的3个专题相互间能有机衔接和呼应配合，研究成果能形成评价实际工程抗震安全的完整体系，而非经包装的华丽“拼盘”。能真正起到为工程攻关排难的作用，而不仅限于提交报告、发表论文和申报奖励。如今回首反省，尽管是在初次实践中探索，存在诸多不足之处，但确实为我以后负责这类工作积累了经验。

二、主要科研成果

“300m级高拱坝抗震技术问题”项目取得了丰硕成果，标志着我国混凝土高坝的抗震科研已经从“跟跑”开始转向“并跑”。在此，仅就经过项目完成后十多年间的工程实践检验、仍在工程实际中被广泛应用、并纳入修订的《水工建筑物抗震设计规范》中的我们的主要科研成果，简要概括如下。

（一）自主研发更切近实际的高拱坝抗震分析程序

“九五”国家重点科技攻关项目“300m级高拱坝抗震技术问题”为我们实现自主研发更切近实际的高拱坝地震响应分析程序的迫切愿望提供了难得的机遇。在中国地震局工程力学研究所廖振鹏院士和他的学生、清华大学刘晶波教授的指导和协作下，在和工程抗震研究中心的张艳红及我和副导师杜修力的博士研究生涂劲等同志的共同努力下，成功解决了两个关键问题：①在坝体近域地基边界设置人工透射边界的求解稳定性问题；②应用基于以接触力系替代接触单元刚度的动接触理论，改进了 ADAP-88 中的动态子结构方法存在的问题。

我们终于自主研发了当时最切近实际的、能在时域中作为波动问题求解的高坝地震响应分析的程序。在国内外首次能在数学模型中同时计入相互耦合的众多因素的影响，如拱坝、地基和库水间的动力相互作用，邻近坝体近域地基的地形、岩性和各类地质构造影响；两岸坝肩的关键潜在滑动岩块的各滑动面的开裂和滑移；地基岩体的质量和地震能量向远域地基逸散的辐射阻尼效应；沿坝基地震动空间分布的不均匀性；等等。该自主研发的程序结束了对从国外引进程序的依赖，在我国混凝土高坝工程的抗震设计和研究中被广泛应用。

应用该自主研发的程序，在坝肩潜在滑动岩体的抗滑稳定的校核中，提供了可计入潜在滑动岩体与坝体间动态变形耦合的、基于刚体极限平衡法的抗滑安全系数的时间历程，从中可判断最小安全系数值及其发生时刻和持续时间。

此外，应用该自主研发的程序，对为防止地震时拱坝横缝张开度过大导致对缝间止水结构的损伤而在坝体设置的各类工程抗震措施，计算分析和比较了其效果。特别是，对首次提出的在横缝间设置大型阻尼器减震的方案，进行了计算验证，该方案后来在大岗山拱坝工程中被采用。

（二）坝址场地相关的设计地震动研究

（1）场地相关设计反应谱的确定。结合小湾、溪洛渡等高拱坝工程的抗震设计要求，提出了基于地震安全性评价、按场址设计加速度超越概率最大原则选定设定地震、确定重大工程场地相关设计反应谱的方法。替代了按现有的一致概率法给出的设计反应谱，有效地解决了因其依据并不合理、为实际不可能发生的远、近地震的包络而导致在工程中无法应用等问题。成果应用于小湾工程的抗震设计中。

（2）GIS 技术在水库地震研究中的应用。利用地理信息系统（GIS）软件的存储、查询、分析和演示等功能，作为全面考虑水库蓄水后可能引发水库地震的诸多因素的数据集成技术平台，二次开发水库蓄水可能引发地震的统计分析模型，为预测其强度和分布区段提供依据。成果应用于溪洛渡高拱坝工程的水库地震预测中，并在国际大坝委员会的交流中受到同行专家的高度关注。1998 年，该项研究成为国家科学技术委员会委托工程抗震研究中心主持的、与希腊有关部门签订的交流和合作研究的内容。应用地理信息系统及预测，以预测工程蓄水后可能的触发地震的危险性。

（三）全级配大坝混凝土动强度探索

我国缺乏在动载作用下大坝混凝土全级配试件弯拉强度的率效应成果。由于地震作用的不确定性，它很可能在工程运行后发生。在原有预加静载对混凝土在地震作用下的率效应的影响，更是设计人员很关注的问题。为此，结合小湾拱坝工程，对大坝混凝土全级配试件进行了在不同预加静载下的动态抗压、弯拉强度试验，获得了其在冲击加载下的强度的率效应及预加静载影响的初步成果，为进一步深化研究奠定了基础。

综上所述，通过“九五”国家重点科技攻关项目的研究成果，在坝址地震动输入方面，实现了从基于统计的标准设计反应谱向基于设定地震的场地相关设计反应谱的跨越。在坝体地震响应方面，实现了从封闭的振动体系向开放的波动体系、从线弹性整体的结构模型转向考虑了分缝的接触非线性结构模型的两个跨越。在大坝混凝土动态抗力方面，探索了从依据湿筛试件的结果向全级配试件抗折试验结果的跨越。正是基于这些跨越，水工结构的抗震设计和研究跃上了第二个新的台阶。

第十一章

再次退离中心领导岗位后

2002年，我已年届70周岁，在完成了所负责的“九五”国家重点科技攻关项目后，感到重新组建的工程抗震研究中心的制度、队伍和科研条件已基本建立和具备，应当尽快把“接力棒”转交给年轻同志加以持续发展。于是，决定再次退离行政领导岗位，带领研究生潜心致力于科研工作。

截至目前，我始终都在一线工作：2002年结合三峡工程电厂厂房的机组振动测试，开始了向水工结构的机械激振响应的研究拓展。2008年参加汶川大地震的大坝震情研究。2006年负责国家自然科学基金重点项目。2009年担任国务院三峡枢纽工程质量检查组常务副组长，2012年任组长。2012年负责中国工程院重点项目研究，主编国家标准《水工建筑物抗震设计规范》，担任国务院南水北调专家委员会主任。

第一节　向机械和水力激振的结构响应研究拓展

长期以来，我们只研究在地震作用下的水工结构的响应，而很少关心在机械激振下的水工结构的响应。2002年结合三峡工程电厂的厂房振动研究的需要，我带领博士研究生欧阳金惠开始了这方面的研究，其中最关键的是对振动源的研究。已有的研究都是基于粗略的简化假定，而问题的关键是要研究流道中的脉动压力的分布。我们首次根据水轮机试验中少量的流道中脉动压力的测试数据，结合已有的对其分布规律的统计资料，拟定了流道中脉动压力的分布，作为整个厂房结构有限元模型的振动源输入，对其进行了动态特性和振动响应分析。通过在现场对电站在不同运行工况下，对厂房结构不同部位进行的实测其加速度和位移响应值的试验，对计算分析结果进行了验证，取得了较好的效果。我们建议在今后的水轮机试验中，宜考虑到厂房结构振动分析的需求，适当增加流道内的脉动压力测点，以提高振动源输入的精度，使之更切合实际。我们所开创的水工结构的机械激振响应研究的技术途径，已由欧阳金惠多次广泛应用于引水工程和抽水蓄能电站工程的厂房振动的研究中，并且推广到对溢流坝段在泄洪时由脉动压力引发的结构振动响应的分析研究，实现了我们向水工结构的机械和水力激振响应研究的拓展。

第二节　负责国家自然科学基金重点项目

2006 年，国家自然科学基金重大项目“西部能源利用及其环境保护的若干关键问题”设立，致力于解决我国西部强地震区高拱坝性能与安全中的一系列前沿性关键技术问题。在与河海大学、西安理工大学合作下，由我负责，申请到了该重大项目中 2006～2009 年为期 4 年的“西部高拱坝抗震安全”重点项目。

研究的目的是，为高拱坝的工程抗震设计提供理论基础，为当前工程抗震安全提供技术支撑和科学依据，突破传统，形成一整套紧密结合我国国情和切合实际的高拱坝抗震安全分析方法和评价创新体系，以保证我国西部强震区高拱坝工程的抗震安全，推动水工抗震学科的发展。

针对高拱坝抗震安全评价中相互配套、不可分割的三个组成部分——坝址场地地震动输入、拱坝坝体-库水-地基体系的地震反应、全级配大坝混凝土动态特性，进行综合和系统的应用基础性研究，探讨地震作用下的高拱坝的更切合实际的性状和安全裕度及其破坏机理。

这项研究的目的和内容，紧密配合了2008年汶川大地震后国家发展和改革委员会对重大高坝工程需校核“在遭遇极端地震时不发生导致严重次生灾变”的要求。

一、研究的主要成果

（一）坝址场地地震动输入

（1）建立合理的大坝抗震设防水准框架。论述确定大坝抗震设防水准框架特点和原则，诸如：设防水准必须与可定量性能目标相应；采用分类设防和多性能目标。广泛收集和分析了国际大坝委员会，及美国、日本等诸多地震强、建坝多的国家的抗震设计规范和导则，根据国情提出对修订我国大坝抗震设防水准的建议。论证了我国现行抗震设防水准的合理性；提出对重大的高坝大库工程，为防止其地震灾变的严重次生灾害，除对其设计地震做抗震校核外，应校核其在最大可信地震时不溃坝的安全裕度。

（2）确定与坝址场地相关的主要地震动参数。依据对美国西部154个基岩强震加速度记录的反应谱分析，研究了替代现行峰值加速度（PGA）的与反应谱关联的有效峰值加速度（EPA）的确定。提出在坝址地震危险性分析基础上，以满足超越场址设计地震动峰值加速度的潜在震源中发生概率最大者，选定设定地震的震级（M）和震中距（R），再借用美国新一代衰减关系（NGA）中的反应谱衰减关系式确定重大工程场地相关设计反应谱，替代与场地不相关的统计平均标准设计反应谱和谱值明显偏大、不能反映实际地震动频谱特性的一致概率反应谱。

（3）基于渐进谱理论生成幅值和频率都非平稳的人工地震加速度时程，替代迄今只是幅值非平稳而频率是平稳的人工模拟地震波，以适应高坝非线性地震响应分析。根据美国西部震级6.4、震中距45km的共80条基岩实测地震动加速度记录，统计回归目标渐进功率谱三参数经验模型中的各项系数 随震级和距离变化的规律。

（4）明确了作为开放波动问题的高坝设计前提的坝址地震动输入参数的基本假定及其性质、数值、方向、与人工边界关联的输入位置和类型。

（二）拱坝坝体-库水-地基体系的地震反应

（1）完善已研发更贴近工程实际的坝体-库水-地基整个系统的非线性地震反应分析模型、方法和软件。

（2）提出了“综合坝体强度与坝肩拱座稳定的、以坝体、地基和库水整个体系在强震作用下产生的、包括坝体和地基局部开裂和滑移在内的位移响应的突变，作为由量变到质变的整体失稳的极限状态的定量判别准则”的新概念，替代了不计坝肩潜在滑动岩块与坝体间动态耦合影响、不反映整个坝体与地基系统实际的地震动态稳定性状的刚体极限平衡法。

（三）全级配大坝混凝土动态特性

（1）开展了按实际工程配合比的全级配大坝混凝土材料动、静态抗压和抗折试验研究；研制了相应的试验设备和加载技术。比较全级配和湿筛混凝土试件差异及干湿条件、不同龄期的影响；进一步确证了静态预加载对动态弯拉强度的影响，从机理上对试验结果提出了初步的理论解释；开始探索包括软化段的混凝土受拉本构关系全过程的试验研究；开展对混凝土材料动态试验中的声发射检测研究。

（2）开展全级配混凝土三维细观力学动态分析研究。探索了数字混凝土动态抗力研究新思路：研发混凝土试件作为由骨料、水泥砂浆及两者界面三种复合介质的三维细观力学数学模型及其有限元网格剖分；用蒙特卡罗法，对多级配骨料空间分布位置及各介质抗拉强度和弹性模量在试件空间的随机投放，提出了被占区域剔除法，使骨料随机投放能满足实际配合比的要求；借鉴复合材料多尺度算法理论，研发求解最细骨料和砂浆作为双相复合材料的等效力学参数；研究了不同骨料形态模拟的影响；基于试验资料，引入混凝土强度和弹性模量的应变率效应系数和损伤变量演化模型；对试件的抗折强度进行了非线性动态分析，数值分析结果和试验结果进行了相互印证。

（3）开展应用 CT 技术探索混凝土内部破坏机理的研究。系统探索和解决混凝土 CT 试验时的试验技术问题；研制了与医用 CT 配套的便携式动态拉、压加载的专用设备（已申请专利），解决了混凝土试件动态加载的一系列关键技术问题；进行了静、动态的拉、压试验过程中的 CT 图像扫描；研究了混凝土开裂损伤的 CT 图像识别和分析技术，进行了其细观裂纹形态特征及损伤的定量分析；揭示了静、动加载下，内部结构细观破坏形态的差异，印证了对破坏机理的解释；应用 3DMAX 软件完成了能显示混凝土空间裂纹形态及其扩展过程的重建三维裂纹图像和动画显示。

（四）高性能并行计算技术应用

为解决高拱坝地震动分析中计算工作量过大的瓶颈问题，开创了在高坝抗震领域应用的并行计算环境。建置了以联想深腾 1800 高性能服务器、千兆以太网交换机、5 个各有两个主频为 3.0GHz 的中央处理器的计算节点组成的微机群并行计算平台。依托中国科学院梁国平教授的有限元自动生成系统计算程序语言（FEPG）及其基于区域分解法生成的并行有限元计算程序（PFEPG），研究了相应并行计算中动力显式计算格式、动态接触、人工透射边界和粘弹性边界等问题的处理方法，完成了适应高拱坝地震响应分析的并行计算软件的研发：通过对拱坝地震响应分析和全级配大坝混凝土动态试验的细观力学分析的实际应用，验证了并行计算的显著效果。

以上对高拱坝抗震安全深化研究的成果，使水工结构的抗震设计和研究又跃上了第三个新的台阶。

二、成果的评价和应用

该项目的研究成果为当时世界最高的小湾拱坝工程抗震设计所采用，也为高拱坝工程抗震安全评价开辟了新的途径，取得了较大的社会效益和经济效益，具有十分广泛的应用前景。该项目的成果和特色，诸如：紧扣西部能源利用和环境保护主题，追踪学科前沿，充分发挥学科交叉作用，依托“产、学、研”有机结合的创新团队等，得到了国家自然科学基金委员会的充分肯定。在重大计划的重点项目的专家验收中被评为 A 级，并获得再追加资助的奖励。部分成果获得 2007 年度水利部部级大禹科技进步奖二等奖。最终成果于 2010 年获得中国水力发电工程学会首次颁发的水力发电科学技术奖特等奖，由国家发展改革委员会原副主任张国宝同志授奖。

水力发电科学技术奖

获奖证书

获奖项目：西部高拱坝抗震安全前沿性基础科学研究及其工程应用

获奖等级：特等奖

获 奖 者：陈厚群

奖励年度：2010 年

发证机构：

证书号：2010-特-01-G01

国科奖社证字第 0201 号

“西部高拱坝抗震安全前沿性基础科学研究及其工程应用”项目获中国水力发电工程学会水力发电科学技术奖特等奖证书

汇集该项目主要研究成果的《高拱坝抗震安全》一书获得电力科技专著出版基金资助，作为“十二五”国家重点图书出版规划项目，由中国电力出版社出版。随后，该书又为国际知名的出版科学著作的爱思唯尔出版社选中，经国外专家评审后，译成英文，由中国电力出版社出版，在世界各地发行。

2013 年，该书入选国家新闻出版广电总局第四届“三个一百”原创图书出版工程；2015 年，该书荣获第五届中华优秀出版物奖图书提名奖。

《高拱坝抗震安全》中、英文版封面

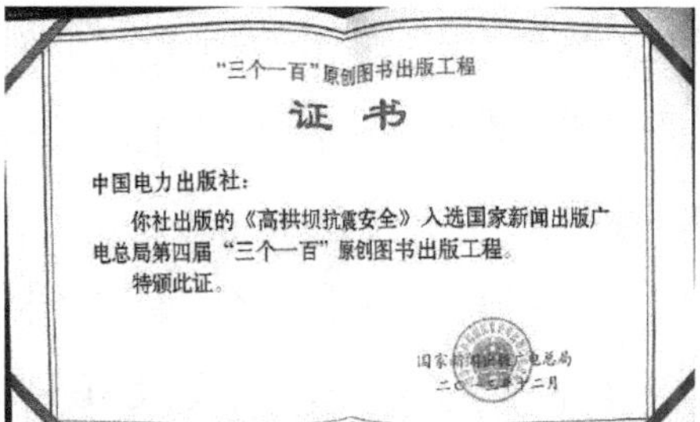

“三个一百”原创图书出版工程

证 书

中国电力出版社：

你社出版的《高拱坝抗震安全》入选国家新闻出版广电总局第四届“三个一百”原创图书出版工程。

特颁此证。

2013 年，《高拱坝抗震安全》入选国家新闻出版广电总局第四届“三个一百”原创图书出版工程

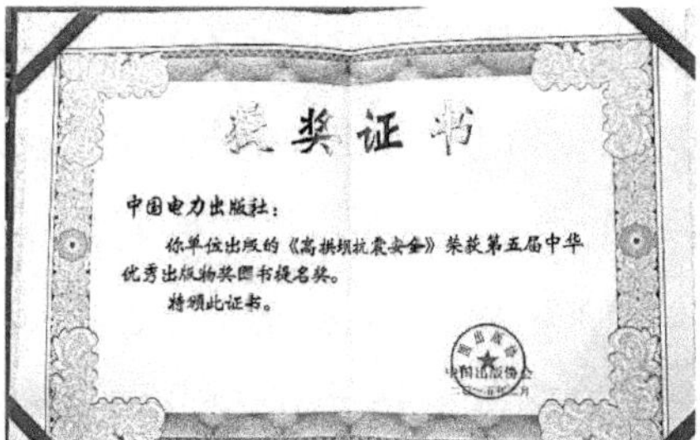

获奖证书

中国电力出版社：

你单位出版的《高拱坝抗震安全》荣获第五届中华优秀出版物奖图书提名奖。

特颁此证书。

2015 年，《高拱坝抗震安全》荣获中国出版协会第五届中华优秀出版物图书提名奖

第三节　汶川大地震中

一、积极参加抗震救灾工作

2008年5月12日在我国四川省发生的8.0级的汶川大地震，是中华人民共和国成立以来破坏性最强、波及范围最广、救灾难度最大的一次地震，造成了巨大的人员伤亡、经济损失和地质灾害，在国内外都引起了广泛关注。中央领导亲临现场指挥抗震救灾，全国各省（自治区、直辖市）都进行灾后重建的对口支援。四川省的水资源丰富，更是我国最重要的水电基地，水利水电工程的抗震安全问题更为突出。

国务院成立了汶川地震抗震救灾专家委员会，我被通知担任委员，参加了在中南海由温家宝总理主持的专家委员会会议。我积极参加抗震救灾和灾后重建的有关研讨、咨询和向媒体的通报等工作，对水利水电工程的震情进行现场调研，特别是在广泛收集有关资料的基础上，探讨了此次破坏性地震中有关大坝安全的经验教训。

2008年，我参加在保加利亚召开的国际大坝委员会第76届年会，应邀在全体大会上做了特邀报告《中国的汶川大地震及其对大坝安全的影响》，受到了参会代表们的高度关注。会后，应一些国家的专家希望到震区大坝现场考察的要求，在遭受地震的崩坍破坏的道路基本恢复通行后，经有关部门同意，由中国大坝委员会会同国际大坝委员会的地震专业委员会，联合组织了国际专家到汶川地震灾区，对紫坪铺面板堆石坝、沙牌碾压混凝土拱坝、沿岷江流域若干电站进行现场考察和交流活动，我积极参与了此项工作。

二、汶川地震与水库蓄水无关

当时，在国内外的一些包括颇有影响的美国《科学新闻》（*Science News*）等刊物上，都流传有关于“汶川大地震与紫坪铺大坝甚至三峡大坝等工程蓄水有关”的文章和报道，在社会上引起了众多议论和关注。为此，我在广泛搜集有关资料和认真思考的基础上，与有关同志一起，在《国际水能与大坝建设》（*International Water Power & Dam Construction*）上发表了《水库与地震关系》（*The relationship between large reservoirs and seismicity*）的论文，就自己从 1960 年参与新丰江水库地震和抗震加固工作、1975 年参加在加拿大举行的首次国际诱发地震大会和国际大坝委员会地震专业委员会的工作以来，我们对水库地震的学习、研究及对国内外已有水库地震实例的统计分析中，探讨了水库蓄水引发的水库地震特征、类型和条件，阐明了我们的观点。

第一，汶川地震与三峡水库蓄水无关。从区域构造条件分析，导致汶川地震的龙门山断裂带与三峡工程库区分属于青藏地震区、龙门山地震带和华南地震区、长江中游地震带，两者在区域构造上并无联系。从库区水文地质条件和水库地震成因分析，根据水文地质条件，库水向外渗透距离不会超过库区第一分水岭，一般距水库岸边 3～5km，至多不大于 10km。三峡库区有厚度大的隔水层环绕，封闭条件好，不存在水库渗漏问题。三峡大坝距离汶川地震震中约 700km，库尾距震中也在 300km 以上。

第二，汶川地震与紫坪铺水库蓄水无关。从库水深部渗透的水文地质条件看，紫坪铺水库蓄水对北川-映秀断裂带原有的水文地质条件不会产生影响。紫坪铺水库位于龙门山断裂带的北川-映秀、江油-灌县断裂带之间。在断裂带通过处的岷江天然水位为 877m，其最高洪水位为 884m，而紫坪铺水库的最高运行蓄水位仅为 875.24m。很显然，紫坪铺水库的最高蓄水位并没有超过在断裂带通过处的岷江天然水位。从蓄水前后地震活动性看，水库蓄水前后对比地震活动性几无变化，与库水位变化不存在相关性。紫坪铺水利枢纽 2005 年 10 月 1 日下闸蓄水之前，已于 2004 年 8 月 16 日建成由 7 个固定测震子台和 1 个中继站组成的紫坪铺水库地震监测台网，用于监测库区及邻近地区的地震活动情况。从蓄水前后地震监测资料的对比分析看，从 2005 年 10 月 1 日下闸蓄水到 2008 年 4 月，紫坪铺水库的库盆和邻近地区的地震活动，从发震的地域、地震的频度和强度等方面，都处在本地区多年地震活动正常的变动范围内。

论文《水库与地震关系》发表后，在国内外引起了关注，我接受了美国《科学新闻》的亚洲主编洛勃特·斯东先生的专访。我向他阐述了我们的观点，展示了所依据的观测资料，相互间进行了交流讨论。他回去后很快在该刊物上登载了这次专访的内容，报道了我们的观点和论据。水库地震在地壳几千米以下的震源，处于高压高温环境下，水体和岩体的性态及水体的渗透规律与在浅层地表环境中都迥然有别，致使水库地震的发震机制十分复杂，是国内外迄今都尚未解决的难题。因而目前对水库地震的研究，主要依托对已有水库地震案例的统计归纳和推断，而库区专门设置的观测台网资料应是更重要的客观判据。我们对于汶川地震与紫坪铺水库蓄水无关的论据，主要正是立足于对库区台网实际监测资料的分析研究，从比较蓄水前后的库区地震活动性所导出的。

接受《科学新闻》专访

SEISMOLOGY

Two Years Later, New Rumblings Over Origins of Sichuan Quake

BEIJING—When experts suggested that the disastrous 2008 Wenchuan earthquake might have been triggered by the reservoir behind the Zipingpu Dam, establishment scientists in China remained largely silent (*Science*, 16 January 2009, p. 322). Now they've weighed in, ruling out reservoir triggering. But many earth scientists don't buy their arguments.

No large quake had ruptured the Beichuan-Yingxiu fault in southwestern China's Sichuan Province in at least a millennium or two. Then engineers built Zipingpu Dam on the Min River just 500 meters from the fault and in late September 2005 began filling it with upward of 900 million tons of water. Two-and-a-half years later, the magnitude-7.9 Wenchuan earthquake got started 5 kilometers from the reservoir.

In the January issue of *International Water Power and Dam Construction*, three dam engineers at the China Institute of Water Resources and Hydropower Research here argue that the Zipingpu-Wenchuan situation was so unlike that of the four largest known reservoir-triggered earthquakes—all in the magnitude-6 range—that there could not have been a connection between reservoir and quake. The authors, led by structural engineer Chen Houqun, who has co-authored China's design code for building earthquake resistance into dams, contend that the timing was mere coincidence.

Unlike the four big triggered quakes, the authors point out, the Wenchuan quake occurred on a thrust fault: One block of crust is pushed up the inclined fault over the other block. According to the authors, the reservoir's weight lies on a "relatively stable region" of the footwall, or underlying block.

In addition, the 300-kilometer Wenchuan rupture began 18.8 kilometers beneath the surface, according to new data from a team led by geophysicist Liu Qiyuan of the China Earthquake Administration's Institute of Geology in Beijing. The reservoir's water pressure could not have driven water that far down through cracks and pores, Chen argues. Such water infiltration over months or years is thought to weaken a fault by pushing its sides apart.

Finally, Chen and his colleagues note, in the four cases, filling a dam's reservoir led to an increasing number of temblors until a large earthquake struck. But a seismic-monitoring network around Zipingpu reservoir established 13 months before impoundment began showed only "normal variation" of seismic activity between impoundment and the quake, the group writes. "All of these factors rule out triggering," says Chen.

Martin Wieland, chair of the International Commission on Large Dams' committee on seismic aspects of dam design, says the paper makes a persuasive case. And Liu adds that the Wenchuan quake's focal depth by itself discounts a link to Zipingpu. But neither categorically rejects a role for Zipingpu. There are too many uncertainties, says Wieland, an earthquake engineer at Poyry Energy in Zurich, Switzerland.

Many seismologists say the *Water Power* authors overstate their case. "I don't think [triggering] has been put to rest yet," says seismologist Arthur McGarr of the U.S. Geological Survey (USGS) in Menlo Park, California, who co-authored a review of reservoir-triggered seismicity (RTS) in 2002. The problem, many seismologists say, lies in comparing Wenchuan to the four big RTS earthquakes. "Wenchuan doesn't fit the pattern? What pattern?" asks seismologist Ross Stein of USGS Menlo Park. "The [four] examples are all over the map as to how seismicity has responded to dam impoundment. It shows just how little we know about this process." Although RTS does tend to be shallow, McGarr says, the high Aswan Dam caused a magnitude-5.3 event in 1981 at a depth of 18 kilometers, similar to Wenchuan's depth. And a magnitude-4.5 RTS quake in Tajikistan struck in a region of thrusting—as did Wenchuan.

Last October, hydrogeologist Shemin Ge of the University of Colorado, Boulder, and colleagues presented modeling evidence in *Geophysical Research Letters* that water infiltration from Zipingpu "potentially hastened the occurrence of the Wenchuan earthquake by tens to hundreds of years." Other researchers see Zipingpu's fingerprints all over the seismic data. One of the most vocal advocates for a dam-quake link, geologist Fan Xiao of the Sichuan Bureau of Geology and Mineral Resources in Chengdu (*Science*, 8 May 2009, p. 714), says swarms of small quakes struck the region near Zipingpu 3 months before the Wenchuan earthquake. "The fact is, there were obvious foreshocks," Fan says. Chen says he welcomes "scientific debate"—but he is sticking to his guns.

What researchers still want almost 2 years after the earthquake is wide dissemination of the raw data from the Zipingpu monitoring. Until such data sets become commonplace, says geophysicist Evelyn Roeloffs of USGS in Vancouver, Washington, "it's always going to be this kind of story."

—RICHARD A. KERR AND RICHARD STONE

Trickle-down theory. Did filling the Zipingpu Dam trigger the magnitude-7.9 Wenchuan earthquake? Chen Houqun (inset) says no.

1184 5 MARCH 2010 VOL 327 SCIENCE www.sciencemag.org

Published by AAAS

《科学新闻》刊登的我们对汶川地震与水库蓄水无关的观点

三、汶川地震中大坝抗震安全的经验教训

我在总结反思汶川大地震中大坝有抗震安全的经验教训后，在论文和报告中探讨了下述意见。

第一，实践是检验真理的唯一标准。首先应该紧抓经受汶川这样特大地震的高坝震例不放，认真搜集资料，深入分析总结，检验现有的传统理念方法，以便采取更有效的抗震措施，更好地满足工程需求，使我们给国际工程界和后人留下的不仅只是记载，而是能做出有所创新和突破的贡献。

第二，尽管在汶川地震中，一些高坝如沙牌、紫坪铺经受了远超过设计抗震水准的强震作用，坝体仍基本完好或虽有损害但仍保持结构整体稳定，这说明只要按照规范要求认真设计、精心施工和管理到位，高坝工程是具有较好的抗震性能的。但这些百米级大坝工程震例，与我国在西部建设的300m级高坝相比，其抗震性状可能有较本质的差异。因此，对300m级高坝的抗震安全仍不能掉以轻心。

第三，龙门山断裂带在青藏高原中长期来变形率最低，历史地震活动相对较弱，其最大震级为 6.5 级，因而导致对该断裂虽然活动频度低但长期积累能量、具有发生超强地震危险性的特殊性认识不足。汶川地震表明，对地震评价中“构造类比、历史重复”的传统认识有一定的局限性。地震预报是尚未解决的世界性难题。地震设计水准的确定，属于对坝址可能发生地震的中长期预报，因而也存在较大不确定性。同时，各类高坝的地震响应十分复杂，对其安全性评价也尚待更深入探讨；而高坝大库一旦溃决，次生灾害完全不堪设想。因此，为了防止次生灾害的发生，对重大大坝工程，不能仅满足目前抗震设计中最大设计地震单一水准的要求，需要和地震部门协作，对场地地震地质条件下可能发生的极端地震，即所谓“最大可信地震”及其地震动参数进行专门研究。

第四，对大坝，特别是拱坝，强震时坝基的稳定是保证其抗震安全的首要关键。曾经遭受 1971 年圣费尔南多 6.6 级和 1994 年北岑 6.8 级两次强震的美国帕柯依玛（Pacoima）拱坝，其坝体震害都主要是左岸拱座坝基岩体局部失稳导致。在两次地震中，大坝库水水深均只有正常水位时的 2/3。沙牌碾压混凝土拱坝在正常水位下经受 8 级强震仍能基本完好，重要的是两岸坝肩基岩抗力体未遭破坏。这些宝贵的拱坝经受强震的震例表明，拱坝坝体结构本身有较好的抗震性能，其抗震安全的关键在于坝肩岩体的抗震稳定性。因此，研究开发能合理反映拱坝在强震作用下坝肩动态响应的新的概念和方法，是评价其抗震安全性的关键。此外，在震区众多山体坍滑的情况下，邻近震中区的沙牌和紫坪铺大坝中经锚固处理后的坝肩边坡，在强震中并未受损害，检验了这类对山体边坡的加固措施对抗震的有效性。

第五，此次地震中，及时泄放库水、降低库水位是保障工程安全、防止次生灾害的重要和有效的措施。因此，必须重视高坝工程泄水结构和闸门结构的抗震性能、其启闭装置和备用电源设备及燃料的常备不懈、防止泄水结构出水口附近山体边坡坍滑造成堵塞、应急预案的制订和管理的到位等。这对于防止土石坝工程漫顶尤为重要。

第六，据地震部门统计，自1900年以来，我国大陆地区发生的所有7.8级以上地震的为主余震型，绝大部分7级以上地震的最大余震均发生在两个月内。国内外7.5级以上强震的统计表明，多数的最大余震与主震震级差大于1级。汶川地震中，宝珠寺大坝虽离主震震中汶川较远，但随后在青川发生的6.4级迄今最大余震距坝址仅20余千米。因此，对在强震中受损的高坝，由于一般在两个月内都还来不及修复加固，同此需要评价已受损害的大坝在遭遇距离较近的最大余震作用下的抗震安全性。

四、提出对确保大坝抗震安全的建议

高坝大库抗震研究历来为社会所高度关注，汶川地震后更甚，必须予以充分重视。特别是面对少有先例、尚无震例的300m级高坝大库，其中主要是混凝土高拱坝，更要从理念到方法上有所突破，有所创新。

首先，要强调从地震动输入，大坝体系响应到材料动态抗力的大坝抗震安全综合评价体系的理念，切实改变目前对坝址地震动输入和大坝混凝土动态抗力研究薄弱的“两头小、中间大”的局面。

其次，研究的重点就是要突出对重大工程防止引发次生灾害的严重地震灾变。高坝大库一旦溃决，次生灾害将不堪设想。为了防止次生灾害的发生，对重大工程，不能仅满足目前抗震设计中最大设计地震单一水准的要求，还需要校核在场地地震地质条件下可能发生的极端地震，即所谓“最大可信地震”作用下，不发生“溃坝”的灾变后果。

关于防止严重地震灾变的首要前提是如何合理确定最大可信地震，需要对最大可信地震及其地震动参数进行专门研究。最大可信地震大多为近断裂大震，对此现有方法中一个明显不合理的问题是，把近断裂大震震源作为地表的一个点源看待，实际上应该把它作为一个有限的断层面。汶川地震的断裂面就是一个延伸300km，深达20km左右的空间三维平面，当其距离坝址仅十余千米甚至几千米时，再把它作为一个点源处理是显然不合理的。衰减关系中的震中距概念已无意义。

另一个关键问题是要给出更加可靠和有共识的所谓溃坝的定量判别标准，对不同类型的高坝，怎样给出判别不溃坝的设计物理量和相应判定准则？在这两个问题上需要突破传统理念和方法，深入开展大量的抗震科研工作。

第四节　负责中国工程院重点项目研究

一、研究的目标、重点和内容

我国在西部强震区正建设了一系列300m级的高混凝土坝，抗震安全多成为这些工程设计中的控制工况。2008年汶川大地震后，国家发展和改革委员会提出了对已建重大高坝工程在极端地震下防止地震灾变的抗震复核要求。为尽力确保正在建设中的既缺乏工程先例、更无震害实例的300m级高坝的抗震安全，以及针对当前在完成对已建工程抗震复核要求存在两个亟待解决的主要障碍，即科学合理地确定坝址可能发生的最大地震，即最大可信地震；给出设计中对各类坝型溃坝极限状态的可操作的定量准则。2012年，我负责组织了有关科研、管理、设计、高校等部门的专家共同参与，向中国工程院申请到了“西部强震区高坝大库抗震安全研究”的院重点咨询项目的立项资助。

作为项目负责人，我拟定了在突出“防御极端地震下高坝地震灾变”的重点目标、密切结合当前工程建设亟须解决的前沿关键技术问题的顶层设计下，按有机结合、统筹协调的原则，确定课题的分解，并主持或参与了各主要课题的研究工作。

项目研究内容包括：反映近场大震特点的坝址极限地震的坝址最大可信地震的地震动输入研究、对全级配大坝混凝土材料动态性能的深化研究、极限地震作用下高坝损伤破坏机理和防止灾变的安全裕度定量准则的研究、高坝大库强震灾变的预防对策研究等对高混凝土坝抗震安全全面综合评价的诸要素。基于研究成果需要在实践中特别是在经受强震的震例中接受最终的检验的理念，除对经受1967年强震的印度柯依那（Koyna）混凝土重力坝震情进行检验外，着重对在2008年汶川大地震中位于高烈度区并处于满库情况下而并无损伤的沙牌碾压混凝土拱坝的震情进行了检验。两处遭受强震的混凝土高坝的震情都得到了验证。

项目的研究成果最终落实到为国家标准《水工建筑物抗震设计标准》的编制和为保障工程抗震安全的地震应急预案的制订提供科学依据，并提出深入开展国家级前瞻性研究方向的咨询建议。

二、研究的主要特色

（一）重建汶川地震中沙牌拱坝场址地震动输入

鉴于在汶川地震中未能记录到沙牌拱坝场址的地震动输入，在中国地震局地球物理研究所和中国水利水电科学研究院工程抗震研究中心协作下，依据国内外已有的、对于汶川地震的多次破裂、延伸 320 km、历时 100 余秒的发震机制的研究成果，并根据邻近发震断层基岩强震台站记录对传播路径及场地效应参数加以验证后，研发了能反映近断裂大震的面源特征的“随机有限断层法”分析软件，成功地重建了汶川地震中沙牌拱坝场址的地震动输入加速度时程，为其存在汶川地震中的震情验证提供了前提条件。

（二）沙牌坝体钻芯取样的损伤演变试验

基于对近期我国对全级配大坝混凝土的动态性能进行的系统试验进行深入总结分析，在成都勘测设计研究院协作下，由中国水利水电科学研究院和河海大学分别对从沙牌拱坝钻取芯样的试件，进行了在动态循环轴向拉伸加载下的损伤演变应力-应变全过程试验研究，为其地震损伤破坏过程非线性动态分析的材料本构关系提供了试验依据。

（三）提出考虑残余变形影响的新方法

鉴于作为非均质准脆性材料的混凝土、岩体的微裂缝萌生和拓展的损伤机理，采用由各向同性损伤变量表征连续介质中弥散裂缝演化的损伤力学基本理论。在考虑了混凝土材料的损伤特性，诸如损伤以弹性模量和强度随损伤过程退化表征；目前仅有其单轴拉、压损伤演化的试验资料，且两者有显著差异；卸载后有残余变形；存在受拉损伤后再受压时，不影响受压性能的单边效应等，建立了研究高坝地震损伤、破坏过程力学模型。在按照基于已有试验资料的 Barcelona 的损伤面求出不同应力状态下的拉、压峰值强度后，依据试验给出的轴向拉、压往复加载下的损伤演变规律，直接确定包括卸载时残余应变影响的损伤过程中的强度和弹性模量，研发了高混凝土坝地震损伤破坏过程的非线性动态分析的新方法，避免了现有采用损伤-塑性耦合计入残余变形的方法中的诸多问题，而使概念更清晰、分析大为简化。

（四）首次考虑了地基岩体损伤的影响

在混凝土坝地震损伤破坏过程分析中，首次计入了必须考虑的地基岩体的构造和渗压的初始应力及其损伤本构关系等重要因素。多裂隙随机分布的非均匀介质的岩体损伤主要表现为受拉面应变超过极限拉伸的开裂破坏。由于无法对岩体进行力学试验，目前只能采用与同为非均质准脆性材料的混凝土损伤演化规律，仅以其按莫尔-库仑（Mohr-Coulomb）准则推求的峰值强度做相应修正。

（五）研发高坝地震损伤过程“云计算”并行分析软件

基于已有的、计入各项更贴近工程实际的因素、寓强度和稳定校核于一体的、大坝-地基-库水系统地震响应分析的精细模型和作为开放的波动问题的高坝地震损伤破坏过程非线性动态分析计算，涉及百万、千万阶方程的数十万次的求解。常规的串行分析和计算设备已难以应对。为此，自主研发了并行计算分析软件，应用了曾位列世界第一的“天河一号”（TH-1A）超级计算机的大系统运行环境，通过其高速互联网络进行软件编译与调试、环境变量配置、作业提交、文件编辑、结果查看等远程操作的“云计算”，成功完成了对高坝地震损伤破坏过程的非线性动力分析任务，取得了非常显著的成效。

（六）经受强震作用的高混凝土坝震情验证

应用上述研究成果，成功解释和验证了经受了强震作用的印度柯依那重力坝和我国沙牌拱坝的震情。

（1）1967 年 12 月 11 日印度柯依那重力坝遭受到 6.4 级地震作用，导致坝体产生许多水平裂缝，主要集中于坡面改变处。但震后坝基扬压力值在设计值内，基础廊道钻孔取芯的坝体混凝土和基岩间黏结良好，表明强震后坝体与坝基岩体的接触面未被破坏，帷幕未遭损害。应用上述地震损伤破坏过程的非线性动力分析软件计算结果表明：在地震动接近峰值时，坝体首先在下游坝坡突变的坝面沿水平向开裂至一定深度后，再从上游坝面向下游开裂，形成贯穿性裂缝。在地震发生约 2 秒后，坝踵的地表岩体首先向下开裂至约 30m 深，但建基面的坝体和岩体反防渗帷幕均未受损。结果与实际震情相符。

（2）依据重建了汶川地震中沙牌拱坝场址地震动输入加速度时程，及沙牌拱坝大坝混凝土当前的动态力学性能试验资料，应用研发的非线性动态分析方法对其地震损伤破坏进行的计算结果表明：坝体在与底部垫座交界处及垫座与坝基交界面的部位均无损伤。上部高程的局部坝基岩体损伤，从上游坝基向地基深部和下游两个方向扩展，中下部高程局部地基损伤则以向地基深度方向扩展为主。基本验证了坝体未见损伤的震情实际。

同时比较了用目前传统的各类方法对这两个坝的地震响应分析结果，结果表明，在坝基面的坝体都有水平向的开裂和损伤，与实际震情不符。

三、成果的评价和应用

对该项目的研究成果，专家组鉴定认为“总体上达到了国际领先水平”。中国工程院的学部验收结论是：“研究成果为我国高坝工程抗震安全评价与设计提供了重要科技支撑，推动了水工抗震学科的发展，具有广阔的推广应用前景。”部分主要成果已分别在世界科技出版公司（World Scientific Publishing Company）的 *International Journal of Structural Stability and Dynamics* 和施普林格的《地震工程与工程振动》（*Earthquake Engineering and Engineering Vibration*）上发表。这两个刊物都是 SCI 收录的。项目的主要研究成果也已在我国大坝抗震设计中被广泛采用，也为国家标准《水工建筑物抗震设计标准》的编制提供了依据。可以说，该项目的研究成果，使水工结构的抗震设计和研究又跃上了第四个新的台阶。

第五节 主编国家标准《水工建筑物抗震设计标准》

随着我国在西部强震区修建的一系列高坝抗震设计的需要，在已有水利和水电行业标准及科研工作的基础上，由水利部提出申请，经住房和城乡建设部批准，于2012年立项编制我国的国家标准《水工建筑物抗震设计标准》。由中国水利水电科学研究院作为主编单位，我被任命为主编，组成了以中国水利水电科学研究院为主，水利和水电两个部门的规划设计总院参加的编制组。

在修编过程中，我们总结了近期国内外特别是我国汶川大地震中水工建筑物的震情实际，以及我国大坝工程抗震设计实践的经验教训，紧密结合我国国情和水工建筑物特点，参照国内外有关规范、导则，吸取了水工抗震科研进展中已在工程中广泛应用的成果，开展了30个专题研究作为制定标准有关条文的依据。

一、编制的指标思想

为改进以往在抗震安全性评价中对地震动输入和结构抗力方面研究不足的状态，规范应重视对地震动输入、结构地震响应、结构抗力这三个不可或缺且相互配套的部分完整地给出相协调的规定，特别应突出“防止遭遇最大可能的极端地震时，发生库水失控下泄、导致严重次生灾害的溃坝灾变”的高坝抗震设计的战略重点。但迄今在防止高坝发生地震灾变方面，无论是作为近场大震的极限地震及其相应地震动参数，或各类高坝的地震损伤破坏的机理和过程及其溃决的定量判别准则等问题，都尚有待继续完善和进一步深化研究。因而，目前在规范条文中虽提出了应进行专题研究的要求，但对其研究内容只能就已有的基本共识做出原则规定。

规范不仅是要对设计做出必要的制约，也应对突破传统的求实创新起到引导和促进的作用。现有研究表明，以往经验的传统概念和方法，有些已难以反映高坝在强震中的真实性态和解释实际震情，特别是对既缺乏工程实践的先例又更少震害实例的、建于强震区的300m级的高坝大库，更应当本着与时俱进和实事求是的精神，敢于对传统有所突破，力求使我国近年来在工程实践中已经较普遍应用的、更切近实际的抗震设计和科研方面的基于新的概念、方法和技术的创新性成果，落实到在工程建设的实践中，并促进其在工程应用中不断深化和完善。

在水工建筑物的设计中，抗震计算是基于正常运行工况下的特殊工况校核，但涉及几乎所有主要的不同类型的水工建筑物。因此，在基本假定前提、参数选择、模型建立等方面，在充分体现抗震工况的特点时，也应注意和各类水工建筑物本身的设计规范基本相适应。此外，在水工抗震规范的编制中，应重视对国际水工同行和国内抗震同行的相应导则、规范和研究成果的参照和借鉴，在需要和可以相容的共性问题上宜力求相互协调一致，但也必须充分考虑我国国情、行业特性和各类水工建筑物的特点，积极慎重地反映我国的工程实践和本专业的研究成果，避免不加分析地照搬硬套。

二、对行业规范的主要修订内容

为与现行各类大坝设计规范的适用范围相应，规定对高度大于200m或有特殊问题的壅水建筑物的抗震安全性要求进行专门研究论证；规定了对重要大坝应按最大可信地震下不发生地震灾变的目标进行校核，提出论证工程抗震安全的专题报告，并对输入地震动参数的选择做出了已有共识的原则规定。

第一,"最大可信地震"的峰值加速度应根据场址地震地质条件，按确定性方法或基准期 100 年内超越概率 $P100$ 为 0.01 的概率法的结果中的大值确定。

第二，对于重大工程，应按"设定地震法"确定场地相关设计反应谱，并据以至少 3 条生成人工模拟地震动加速度时程。

第三，鉴于在遭遇最大可能的极端地震时，大坝等水工结构地震响应都涉及强非线性分析，需要考虑实际地震动加速度输入的幅值和频率非平稳性的影响。

第四，当场址距离倾角小于 70° 的发震断层小于 30km 时，应计入上盘效应的影响。

第五，当其离场址距离小于 10km、震级大于 7.0 时，应研究近场大震中发震断层作为面源破裂的过程，直接生成场址的地震动加速度时程。

根据国外对近年来众多强震加速度实测资料的最新分析研究成果，针对水工建筑物基本周期一般都小于 1 秒的情况，对一般工程地震动输入中依据的基岩标准设计反应谱进行了修改。参照《中国地震动参数区划图》(GB 18306) 中场址所在地区，给出了不同类别场地的标准设计反应谱的特征周期取值，并增加了按场地土的条件对设计峰值加速度适当调整的规定。

基于近年来我国高坝建设的迅速发展和大坝抗震科研工作的显著进展及其在工程实践中的应用，对于工程抗震设防类别为甲类混凝土重力坝和拱坝工程，当需要进行在最大可信地震作用大的抗震分析时，要求在其动力分析模型中同时综合考虑下列因素：结构 - 地基 - 库水体系的动力相互作用，近场地基的质量、岩性和各类地质构造，远域地基的辐射阻尼，沿坝基地震动输入的不均匀性影响、坝体混凝土和近域地基的岩体的材料非线性特性，拱坝横缝在地震过程中开合和滑移的影响等。鉴于我国河流多泥沙的特点，可忽略库水的可压缩性影响。

鉴于近年来土石坝的动力分析理论和计算方法发展较快，并在汶川大地震的震例分析中得到初步验证，因而要求对设计烈度Ⅶ度及以上的1级、2级土石坝，除了仍采用拟静力法进行传统的稳定计算外，应同时用有限元法对坝体和坝基进行动力分析，根据坝体坝基内的动应力分布、地震引起的孔隙水压力变化、地震引起的坝体变形、防渗体的可靠性、坝肩与地基的结合部位的应力分布和变形及开裂状况、坝体和坝基中存在可液化土的影响等，综合判断其抗震安全性，并补充了对土石坝动力分析和安全评价的要求。

根据最近国内外高坝工程大坝混凝土动、静态试验资料，把混凝土动态强度的标准值较其静态标准值的提高由30%改为20%；其动态弹性模量标准值较其静态标准值的提高由30%改为50%。

因近年来我国兴建了不少大型渡槽和升船机，高坝建设中的高边坡抗震稳定性也备受关注。为此，规范增加了渡槽、升船机和边坡的内容；给出了在水平向及竖向地震作用下，矩形和U形渡槽内动水压力的实用计算公式，提出了考虑渡槽结构与槽内水体动态相互作用的地震响应分析途径。

国家标准《水工建筑物抗震设计标准》基本反映了当前我国在水工抗震设计和科研中的进展，为解决合理确定反映近场大震的最大可信地震、高坝的地震灾变判断定量准则的难题，迈出了重要的一步，为实现“防止高坝在极端地震下发生严重灾变”的战略重点奠定了基础。

目前，《水工建筑物抗震设计标准（GB 51247-2018）》已在广泛征求和吸纳各有关方的意见后，先后通过了征求意见稿、送审稿和报批稿的审查，已于2018年正式颁行。而与其内容基本类同的能源行业标准《水电工程水工建筑物抗震设计规范》则已于2015年发布实施。

第六节 参与三峡工程和南水北调工程工作的历练

一、沉重的思想压力和难得的历练机会

在三峡工程的建设过程中，党和国家领导人及社会各界对于三峡枢纽工程的建设质量极为关注，国务院三峡工程建设委员会（以下简称三峡建委）于1999年正式发文成立了国务院三峡枢纽工程质量检查组，对工程质量进行全面检查，对工程质量问题的性质、原因和处理结果进行评议，根据工作需要进行现场检查、调研，定期向三峡建委提供质量检查报告。

2009年，我有幸参与了以钱正英和张光斗两位院士为顾问、潘家铮院士为组长的国务院三峡枢纽工程质量检查组工作，被任命为常务副组长。2012年接替潘家铮院士，被任命为组长。2003年被水利部水利水电规划设计总院聘为南水北调工程特邀专家，其后又受聘为国务院南水北调专家委员会委员。我深感事关这两个举世瞩目的伟大工程质量和安全，责任重大。自知长期在一线从事水工抗震科研工作，缺少对工程建设的全面了解和知识储备，工程实践经验差，且涉足这两个重大工程较晚，难以适应担此重任的要求。但作为党员必须听从组织安排，因此，虽总是怀着“如履薄冰、如临深渊”的忧患意识，兢兢业业、虚心向有关人员求教和努力学习、力求恪尽职守以完成任务，但仍时刻为担心尸

位素餐、贻误工作、有负信任而惶恐不安，思想压力很大。但同时，自己在边干边学中，也开阔了视野，扩大了知识面，获得了难得的历练机会，加强了对确保工程质量的意识，加深了对这两个工程的全面认识。

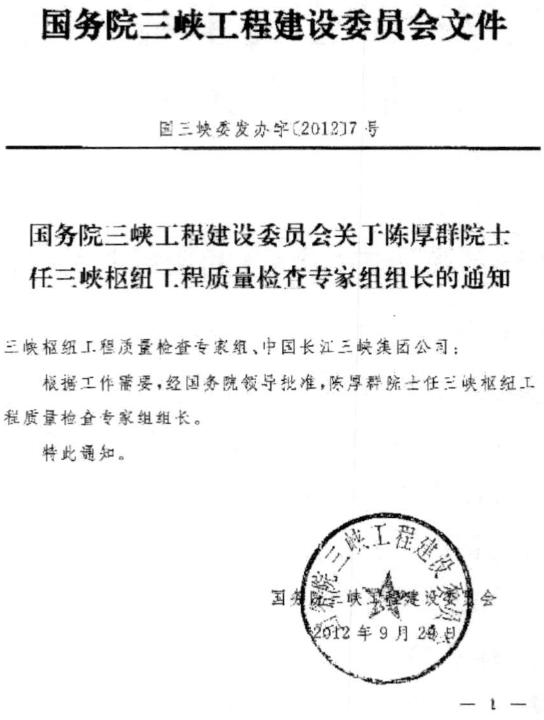

国务院三峡工程建设委员会文件

国三峡委发办字〔2012〕7号

国务院三峡工程建设委员会关于陈厚群院士任三峡枢纽工程质量检查专家组组长的通知

三峡枢纽工程质量检查专家组、中国长江三峡集团公司：

根据工作需要，经国务院领导批准，陈厚群院士任三峡枢纽工程质量检查专家组组长。

特此通知。

国务院三峡工程建设委员会
2012年9月24日

— 1 —

国务院三峡枢纽工程质量检查专家组组长任命通知

二、在国务院三峡枢纽工程质量检查组的工作

（一）加强了工程质量意识

三峡枢纽工程是我国治理长江、开发长江的关键性骨干工程，同时也是世界上规模最大、最受世人关注的特大型水利水电工程。党和国家领导人曾明确指出三峡工程是“千年大计，国运所系”“质量是三峡工程的生命”，三峡建设者“质量责任重如泰山”，要求三

峡工程要有“一流工程、一流管理、一流质量”。党和国家领导人对三峡枢纽工程建设质量的高度重视和关注，深刻地提升了我对工程建设的质量意识。

在参加三峡枢纽工程质量检查组工作过程中，我时时体验到检查组顾问钱正英院士的关注和指导；听闻张光斗院士不顾年老体衰、以九十高龄还亲临三峡工地现场，不辞辛劳地检查工程质量，提出宝贵意见和建议的事迹；知道了谭靖夷院士要求认真落实全面、全员、全过程质量管理，做到不放松任何一个细节，不留下任何隐患，要从正常中找不正常，在长板中找短板，要“吹毛求疵”、最后做到无疵可求；更听到潘家铮院士的教导“三峡是千年大计，不是上级单位来检查验收合格就行了的，而是要对历史负责，对子孙后代负责，要经受住大自然的检验。大自然是客观、公正、无情的！”“一定要把三峡工程建造成千秋万载造福人民的工程，让中央放心，让全国人民放心，让我们的子子孙孙放心。”此外，我也处处感受了组内老同志们认真负责的工作态度。正是前辈和同事们对三峡工程建设质量检查工作的一丝不苟、高度负责、身体力行的身教和言教的带头示范行动，我更加深了对参与质量检查工作的责任感和使命感。

在参加三峡枢纽工程质量检查组工作的实践中，我也亲身体验到，参建各方本着对国家、对民族、对历史高度负责的精神，一直致力于探索适合中国市场环境特点的工程质量管理长效机制，并依靠科技进步和管理创新，使三峡枢纽工程的建设质量不断提高和改进，最终达到了优良的水平。三峡工程建设团队从人人关心质量、追求一流的良好氛围和管理理念深深地感染了自己。

所有这些都极大地加强了我这个“新兵”对工程的质量意识和对三峡工程建设的优良质量的认识。

国务院三峡枢纽工程质量检查专家组在三峡工地（我位于前排左四）

和专家组副组长高安泽同志在三峡升船机现场

参加三峡工程蓄水及试通航验收专家组（我位于前排右四）

（二）对三峡枢纽工程建设中一些不同意见的了解和认识

早在20世纪末，我就参加了中国工程院由潘家铮院士领导的有关三峡工程论证的调研项目，走访了有关人员，开始对三峡工程的漫长而曲折的论证历史和民主决策过程有了一个粗浅的了解。后来，又先后参加了中国工程院重大咨询项目，包括：2008年的“三峡工程阶段性评估报告”、2012年的“三峡工程试验性蓄水阶段评估报告”和2013年的“三峡工程建设第三方独立评估报告”等。在参加三峡枢纽工程质量检查组工作后，我对三峡工程建设中一些不同意见，有了较深入的了解和认识。

第一，对不同意见基本态度的启迪。由于三峡工程是一个举世瞩目的工程，为国内外所高度关注。自我参与有关三峡工程建设调研和质量检查组工作后，自然也就更关注社会对其的各类反应，包括怀疑、质疑乃至非议。我首先认识到，大坝建设是一项涉及社会群体的工程，是所谓的“公众理解工程”。尤其是对三峡这样举世瞩目的工程，更要取得公众的理解，公众更需要有知情权和参与权，所以有不同意见是十分正常和必要的。因为这是为决策者提供智力支持，促进工程决策的合理性，起到监督和警示作用。有关三峡工程的争论和论证长达50年，是充分发扬和体现民主决策的工程。我相信有反对、质疑的意见会使工作减少盲目性、少走弯路，从而更为主动。据报道，早在1966年4月毛泽东主席在关于修建三峡的报告上做过“需要一个反面报告”的批示。我国水利水电专家两院院士潘家铮在评论“对三峡的贡献”时，曾充分肯定那些对三峡工程建设提出种种意见的人的贡献。对不同意见的基本态度是我在参与三峡工程工作中获得的又一个重要启迪。当然，也总难免会有极少数别有用心的杂音，对此，则当然应旗帜鲜明地据理予以理直气壮的回应。

第二，对社会关注问题的了解和认识。“实践是检验真理的唯一标准”，对社会公众对三峡工程担心的问题，需要本着实事求是的科学态度，依据水库2003年开始蓄水至2008年开始按175m正常蓄水位试验性蓄水至今10年以来的实践，进行分析和认识。据我在参与三峡枢纽工程质量检查组工作中获得的了解，对社会关注的有关三峡枢纽工程建设的风险问题，加强了认识。

因为有三门峡工程建设的教训，首先是对泥沙问题的担心，担心有效库容能否长期保持的问题。研究结果表明，三峡水库在运行100年达到冲淤平衡后，防洪和调节库容仍可分别保持86%和92%。实际上，近年来由于水土保持及在上游金沙江、嘉陵江等干支流上修建了一系列水库，年均来沙量远小于论证阶段的预测量，有效库容肯定能更长期确保。此外，曾有学者担心重庆港可能因推移质泥沙形成拦门沙坎，阻塞航道，提升洪水位，甚至淹没江津、合川。实际上，近年来的监测表明，逐年下降的三峡入库推移质量也远小于其预估值，重庆洪水位未受影响，主城区河段总体表现为冲刷。

三峡高坝大库蓄水后引发水库地震及严重地质灾害的风险问题，也曾是社会关注的热点。我本人是从事水工抗震研究的，而且正是从1960年发生新丰江水库地震后，才与抗震结下了不解之缘的。在三峡工程论证阶段，从工程所在地质环境分析，不排除局部地区，主要是庙河到白帝城库段，有可能引发不超过5.5级的水库地震，其在坝址的地震烈度不超过Ⅵ度。由于水库地震的机理复杂，目前其评价主要依据库区专设的监测系统。早在1959年三峡库区就设立水库地震监测台网。2001年又建成迄今世界上规模最大、手段最全、技术最先进的水库地震监测系统。多年监测结果表明，水库蓄水后，确实发生了与库水位抬高相关的水库地震，主要分布在预测的庙河到白帝城库段，其中99%以上是小于3.0级的微震和极微震，绝大部分都分布在采矿区和灰岩区。2013年发生的最大5.1级的地震，处于前期预测的范围之内。对全世界水库地震活动的共同规律分析表明，今后在三峡水库地震活动水平整体将趋于下降过程中，但还有可能在短期内出现不超过预测震级和范围的波动变化。此外，还应指出的是，早在修建三峡工程以前的1979年在秭归龙会观就发生过5.1级的天然地震。

此外，有三峡水库蓄水触发了2008年汶川地震的传闻。实际上，三峡库区与引发汶川地震的龙门山断裂之间，库尾最短距离在700km以上，且两者并无地震地质构造上和水力上的联系，因而三峡水库蓄水不可能对其有触发作用。网上还有传言三峡水库可能对距其约110km的齐岳山断裂激发强震，已有研究表明，该断裂自晚更新世以来没有明显活动，历史上没有发生过强震的记载，水库蓄水以来库区所记录到的微震，基本都不在该断裂带所涉及的区域内，因而三峡工程蓄水不可能对岳山断裂激发强震。

历史上三峡地区是我国地质灾害高发区。水库在蓄水后的库岸再造过程中，一般总会引发岸坡崩塌或滑坡。因此，国家对三峡库区地质灾害防治高度重视。经于2001年就开始的多期专项防治工程后，库后地质灾害始终处于可控范围，总体上已明显呈现下降态势，渐趋平稳。

我感到，三峡工程建成以来的运行实践，应当已可基本解除社会公众最为关心的这两大险情的疑虑。

三、三峡枢纽工程三期工程及整体竣工的验收

（一）参加枢纽工程验收工作

2003年，我参加了三峡工程蓄水和试通航验收工作。2005年在国务院长江三峡三期工程验收委员会任长江三峡三期工程枢纽工程验收组成员及其验收专家组的坝工厂房组专家。此后，先后参与了三峡三期工程枢纽工程验收组的各类验收工作，包括2006年5月的上游基坑进水前技术预验收组；任2006年9月的三期蓄水（156m水位）验收组技术预验收组任坝工厂房组专家；任2007年5月的北

线船闸一、二闸首完建单项工程验收组成员；任2007年11月的右岸电站首批机组启动验收组成员及其技术预验收组专家组专家；任2008年8月具备175m水位试验性蓄水条件检查坝工厂房组专家；任2009年8月正常蓄水（175m水位）验收组成员及其技术预验收组专家组专家；任2011年7月长江三峡水利枢纽地下电站工程及首批机组启动技术预验收组土建组专家等。

2014年6月，我由国务院长江三峡工程整体竣工验收委员会任命为枢纽工程验收组副组长。2015年3月由枢纽工程验收组任命为枢纽工程整体竣工验收组专家组组长，于2015年9月任枢纽工程整体竣工的技术预验收专家组组长，参与了枢纽工程的整体竣工验收。

2016年3月由国务院长江三峡工程整体竣工验收委员会任命为枢纽工程验收组升船机工程验收组副组长，并由枢纽工程验收组升船机工程验收组任命为枢纽工程验收组升船机工程验收专家组组长。2018年1月任升船机通航及竣工技术预验收专家组组长。

在参与这一系列的验收工作过程中，我对三峡工程有了更深入和全面的了解，更坚定了对三峡工程正确评价的认识和信念。

（二）我个人对三峡工程的认识

我认为，建设三峡工程是中华民族的百年梦想，三峡工程的规划与论证经历了漫长而曲折的历史过程。中华人民共和国成立后，三峡工程经历了详细勘查、充分论证、科学决策、深入研究、精心建设，终于建成了当今世界上规模最宏大、技术难度极高、综合效益显著的高质量的卓越水利水电工程，是中国特色社会主义的杰出代表作之一，是中华民族的骄傲。仅目前三峡工程以其在连续10年实现正常蓄水位的目标的运行实践，已经彰显了其功在当代、惠及子孙后代、举世瞩目的巨大效益，也以事实解答了对其作用和效益的诸多疑虑和质询。

第一，在2010年和2012年长江上游入库洪峰超过1998年洪水、

2016年长江中下游遭遇1998年来最大区域性洪水的关键时刻，三峡工程都通过削峰蓄洪，发挥了其首要的、为下游广大地区防洪抗灾的巨大作用；2017年“长江1号洪水”来到时，湖南湘江长沙站水位高于1998年洪水的最高水位，凶猛洪水直奔洞庭湖区，三峡水库在48小时内拦蓄洪水32亿m^3，宜昌水位下降6m，极大地助力了湖南抗洪。

第二，三峡工程淹没了航道的急流、险滩，结束了“自古川江不夜航”的历史，万吨船队直达重庆。作为世界上最大内河船闸的三峡船闸，至2017年3月的累计货运量已突破10亿吨，有力支持了长江经济带的战略实施。

第三，与此同时，三峡电站在确保防洪安全调度的前提下，至2017年3月的累计发电量也突破了万亿kwh，为我国改善电能结构和减排做出了显著贡献。

第四，增添了枯水期向下游补水的水资源调配功能，在2011年5月长江中下游部分地区遭遇大面积干旱、2014年2月长江口水源地遭遇严重咸潮入侵等关键时刻，发挥了应急抗旱和压咸的重要作用。

除上述主要功能外，三峡工程中在1993年缓建、2003年改为“齿轮齿条爬升式”后、2007年恢复施工的升船机工程，是当今世界上规模最大、技术难度最高、运行条件最复杂的齿轮齿条式升船机，建成后将大大缩短3000t以下船舶的过坝时间，目前已顺利进入了试通航运行，再次为三峡工程添加了又一个“世界之最”的瑰宝。

当然，任何工程建设都存在利弊权衡的问题。三峡工程的实践已表明是“利远大于弊”的工程。我深信，今后在三峡工程的长期运用中，在持续充分发挥其巨大综合效益的同时，也一定将继续积极实施使移民进一步安稳致富、加强上游水环境保护和地质灾害防治、把控下游河道冲淤和江湖关系演变等把可能的不利影响降至最低的措施。

2018年，习近平总书记在视察三峡枢纽工程时指出：“三峡工程是国之重器，是靠劳动者的辛勤劳动自力更生创造出来的，看了以后非常振奋。三峡工程的成功建成和运转，使多少代中国人开发和利用三峡资源的梦想变为现实，成为改革开放以来我国发展的重要标志。这是我国社会主义制度能够集中力量办大事优越性的典范，是中国人民富于智慧和创造性的典范，是中华民族日益走向繁荣强盛的典范。”总书记的讲话，给所有关心三峡工程的人以极大的鼓励和启迪。

四、在国务院南水北调工程建设委员会专家委员会中的工作

（一）在国务院南水北调工程建设委员会专家委员会工作中的历练

国务院南水北调工程建设委员会专家委员是国务院南水北调工程建设委员会为确保工程建设中重大问题的科学民主决策而建立的高级咨询组织，是其联系社会各界专家的桥梁和纽带。我在 2012 年接任南水北调工程建设委员会专家委员主任后，在参与的咨询、检查、调研等工作中，对南水北调中、东线一期工程面临的一系列关键技术挑战，有了进一步的了解。

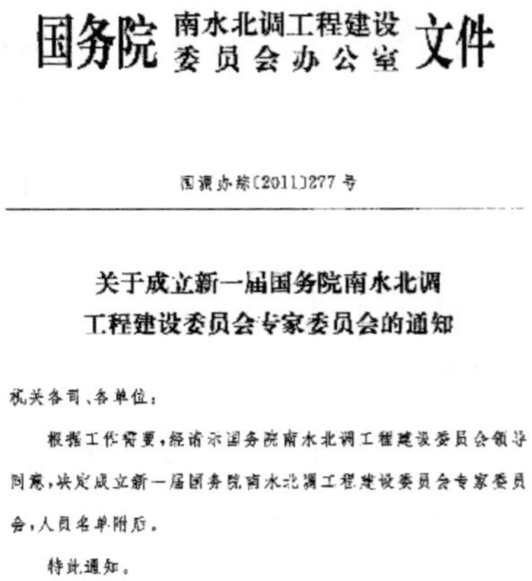

国务院 南水北调工程建设委员会办公室 文件

国调办综〔2011〕277号

关于成立新一届国务院南水北调工程建设委员会专家委员会的通知

机关各司、各单位：

根据工作需要，经请示国务院南水北调工程建设委员会领导同意，决定成立新一届国务院南水北调工程建设委员会专家委员会，人员名单附后。

特此通知。

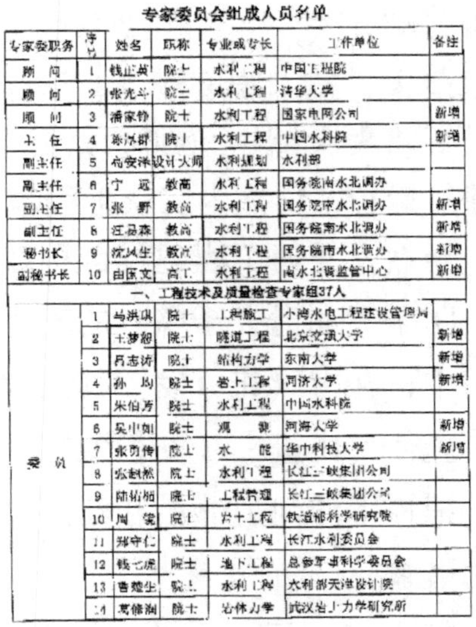

专家委员会组成人员名单

专家委职务	序号	姓名	职称	专业或专长	工作单位	备注
顾问	1	钱正英	院士	水利工程	中国工程院	
顾问	2	张光斗	院士	水利工程	清华大学	
顾问	3	潘家铮	院士	水利工程	国家电网公司	新增
主任	4	陈厚群	院士	水利工程	中国水科院	新增
副主任	5	高安泽	设计大师	水利规划	水利部	
副主任	6	宁远	教高	水利工程	国务院南水北调办	
副主任	7	张野	教高	水利工程	国务院南水北调办	新增
副主任	8	汪易森	教高	水利工程	国务院南水北调办	新增
秘书长	9	沈凤生	教高	水利工程	国务院南水北调办	新增
副秘书长	10	由国文	高工	水利工程	南水北调监管中心	新增
一、工程技术及质量检查专家组37人						
委员	1	马洪琪	院士	工程施工	小湾水电工程建设管理局	
	2	王梦恕	院士	隧道工程	北京交通大学	新增
	3	吕志涛	院士	结构力学	东南大学	新增
	4	孙钧	院士	岩土工程	同济大学	新增
	5	朱伯芳	院士	水利工程	中国水科院	
	6	吴中如	院士	观测	河海大学	新增
	7	张勇传	院士	水能	华中科技大学	新增
	8	张超然	院士	水利工程	长江三峡集团公司	
	9	陆佑楣	院士	工程管理	长江三峡集团公司	
	10	周镜	院士	岩土工程	铁道部科学研究院	
	11	郑守仁	院士	水利工程	长江水利委员会	
	12	钱七虎	院士	地下工程	总参军事科学委员会	
	13	曹楚生	院士	水利工程	水利部天津设计院	
	14	葛修润	院士	岩体力学	武汉岩土力学研究所	

国务院南水北调工程建设委员会专家委员会任命通知

中线一期工程线长（1432km）、点多（各类建筑 2385 座），跨省区、部门的交叉和配套工程众多，全程基本自流沿线又缺乏调蓄工程面临作为水源工程的丹江口混凝土重力坝河加高，穿越黄河游荡性河段的大直径有压输水隧洞，北京段大口径预应应钢筒混凝土埋管（PCCP），最高达 23m 的高填方和穿越复杂膨胀土地段的渠道，大流量、长跨度的众多渡槽等工程，以及长距离调水工程的多约束、强非线性和冰期运行的水力控制技术等一系列关键技术难题。

东线一期工程利用已有河道、湖泊的调水通道，需与灌溉、航运、泄洪、排涝、发电、渔业等多种功能协调；要不断加强对水质的保护和治污技术的深化研究与工程措施；平原水库的防渗；经 13 级泵站提升 65m 水头的世界最大阶梯泵站群的办调联动技术等。

国务院南水北调工程建设委员会专家委员会在国务院南水北调工程建设委员会的领导及其办公室的组织安排下，参与了这些重大技术问题的调研、评价、咨询等工作，以及 2013 年和 2014 年南水北调工程东线和中线一期工程先后通过的全面通水验收的工作。

参加 2013 年南水北调东线质量评价

参加 2014 年南水北调中线质量评价

由于东、中两线受现场战线都很长，专家委员会的任务繁重，而且这些关键技术的挑战，对工程安全运行的影响重大，且所涉及的专业面又很广，导致主要在一线长期从事抗震科研工作的我，常怀因力不胜任而恐有负使命的担心，因而不得不在要完成本职的科研任务的同时，对与这些挑战相关的知识进行恶补，如在三峡工程质量检查专家组工作那样，以问题为导向，分门别类，把学习心得分析归纳，编写成卡片，以作辅导，并且不断在边干边学中多方虚心求教。虽然倍感艰辛，但毕竟同时也为自己在耄耋之年又有幸能获得参与这项伟大工程并在实践中经受历练的难得机会而感到无比欣慰。

（二）我个人对南水北调工程的认识

在参与南水北调工作的过程中，虽然也常听到和看到多种议论，但在实践中，我极大地加深了对这个世界上规模最大、难度很大、具有显著社会效益、经济效益和生态效益的调水工程的认识。我个人的认识如下。

南水北调工程是缓解我国北方水资源严重短缺的重大战略性基础设施。它的东、中、西三线与长江、淮河、黄河、海河将共同构建起我国水资源“四横三纵、南北调配、东西互济”的总体格局，是一项人水和谐、造福人民、惠及子孙后代的民生工程和生态环保工程。尽管西线工程的方案尚有待进一步深化研究确定，但目前实施的东、中线一期工程全面通水以来的实践，已充分彰显了其社会效益、经济效益和生态效益。

自通水以来至2016年年底，东线有逾4000万人都喝上了Ⅲ类“南水”，中线有超5000万人喝上了Ⅱ类的清澈“南水”，其中“南水”占北京城区供水量七成以上，极大地改善了受水区的水质和供水保证率。京、津等地压减地下水开采量，地下水位开始回升，抗旱、排涝减灾得以兼顾。所有这些都有力地推动和促进了对地区的经济结构调整、产业优化升级、改革深化发展。

当然，也要看到这个世界上覆盖区域最广、调水量最大的调水工程的实施难度和特点。因此，在长期安全输水、综合效益持续发展、移民安稳致富、管理科学合理等确保工程“长治久安”的方面，仍需高度关注、全力以赴地不断研究完善，切实发挥这个举世瞩目工程的“功在当代，利在千秋”的战略作用。

第十二章

国内外的协作与交流

回顾自己长期从事科研工作的历程，我深感在当前知识更新迅速的时代，对一个科研人员特别是团队领导或学科带头人的业务成长而言，积极参与国内外的协作与交流，对开阔视野和思路、相互借鉴、取长补短是十分重要的。

第一节　与国内有关部门的协作与交流

对我所从事的水工建筑物抗震的科研工作，就学科而言，是一个涉及水利、水电、地震、地质、力学、数学、结构、材料等众多学科的较新的边缘学科；就行业而言，又与房屋、交通、冶金、石化、能源、电力等行业的工程抗震设防具有较多共性。因此，我感到，从交叉学科研究成果中得到启迪和借鉴，特别是高新技术的学习和应用，对水工抗震学科的发展有着重要的意义和作用。同时，通过学科和行业间的交流、协作，水工抗震科研的思路和成果在其他学科和行业的科研中，也可发挥一定的借鉴和协助作用。

一、与建筑抗震部门的协作

从早期的国家建设委员会到后来的住房和城乡建设部领导的工业与民用的建筑部门，在我国的工程抗震领域，一直都发挥着引领和组织作用。尤其是以前的国家建设委员会抗震办公室和后来住房和城乡建设部的标准定额司，长期主管各行业的抗震研究及抗震规范和标准的编制。因此，我们与建筑领域主管抗震的部门及其下属的建筑研究院的抗震研究所始终保持着密切联系，相互沟通和交流，在工程抗震研究中相互借鉴和支持。在抗震规范的编制中，对凡涉及各部门有共性的规定，都尽量参照建筑抗震规范。在注意水工建筑物特殊性的前提下，尽可能与之保持一致的同时，积极参与讨论和提出改进建议。我多次应邀参加建筑抗震规范修订的审查会和各类抗震学术研讨会，以及由国家建设委员会和建设部抗震办公室组织的有关活动，包括：由建设部和中国地震局组织的参加国际会议的代表团，由建设部组织的中美政府间科学与技术合作协定的中方访美代表团等。我也曾多次获得建设部的先进工作者奖励，获得过建设部抗震办公室拨给的少量抗震科研经费补助，还曾被选为中国建筑学会的工程抗震协会理事长。此外，早在1980年我就参与了由建设部门牵头组织编写的《工程抗震概论》一书，由科学出版社出版。该书是“文化大革命”后不久出版的较系统地论述工程抗震应用基础理论和诸多部门抗震研究成果的著作，在业内很受关注，于1985年经大量扩充内容后出版第二版。我还积极在建筑部门负责的《工程抗震》《工程抗震与加固改造》等刊物上发表论文，并担任《工程抗震与加固改造》等刊物的编委顾问。

二、与地震部门的协作

位于哈尔滨的中国科学院下属的工程力学研究所（起初称土木建筑研究所），是我国最早研究工程抗震和地震动输入的权威机构，其所长刘恢先先生是我国工程抗震领域公认的开拓者。“文化大革命”后该所划归中国地震局（前身为邢台地震后成立的国务院地震办公室）。为此，早在20世纪60年代初，当我在新丰江水库发生地震后开始从事抗震科研工作时，就从工程力学研究所得到启蒙和引领，认真向他们学习。那时，我国尚无专门的地震部门，国家建设委员会委托该所编制我国最早的工程建筑抗震设计规范。与苏联的同类规范类似，编制中的规范是为各部门所通用的。因此，我也作为水电部的抗震科研人员参与了有关的研讨会。当时在抗震设计中采用的设计地震动加速度值较实测值折减很多。在建筑行业中，将设计地震动加速度折减至实测值的1/3，是由把钢筋混凝土构件作为弹性结构分析而忽略其延性所致。折减值是按能量原理由延性确定。由此推断，对大体积混凝土的坝体，因是脆性破坏而无延性，因而不应折减。实际上，当时在国内外的水工建筑物的抗震设计中，将设计地震动加速度折减至实测值的1/4，是由于当时尚无法进行动力分析，而只能采用拟静力法分析和与之相匹配的容许许应力的安全准则。所以，水工建筑物与钢筋混凝土构件的抗震设计中所采用的折减系数，两者是基于完全不相同的概念。如采纳不折减的设计地震动加速度，水工建筑物是无法按现行方式进行抗震设计的。当时曾各执己见，争论十分激烈。最终我们经请示水利电力部后，只能退出编制中的工程建筑抗震设计规范，而准备另行单独编制水工建筑物的抗震设计规范。这场学术争论曾惊动了刘恢先先生和黄文熙先生两位中国科学院的学部委员。尽管如此，因为纯粹是由于行业间的隔阂导致的学术争论，所以丝毫不影响我们和工程力学研究所同志们的交流和友谊。相反，正所谓“不打不相识”，我们和该所同志之间反而增进了了解和友谊。我十分崇敬刘恢先、胡聿贤、王光远（后来离开工程力学研究所去了哈尔滨建筑大学，他当时支持了我们的观点）等前辈，还先后与该所的王前信、谢礼立、谢君斐、彭克中、齐霄斋、廖振鹏、周锡元、徐宗和、熊建国、李小军等同志都长期保持着真挚的友情和联系，成为亲密战友。在工作中，我向工程力学研究所的良师益友学习了很多，也得到了他们很多的协作和支持，为此始终深怀感激之情。

在工作中，我逐渐深刻认识到工程场地地震动输入参数是结构响应分析的前提。作为一个结构抗震科研工作者，必须对地震动输入有较深入的认识和了解，因而就必须与地震部门保持密切的联系。我以渴求学习的心情，积极参与了地震部门负责的有关学术活动。包括：“九五”国家科技支撑计划项目中的“中国地震动参数区划图编制”、“十一五”国家科技支撑计划项目中的“强震危险区划图关键技术研究”“重大工程地震参数确定技术研究”等课题、子题的研讨、评审和验收；国家标准《工程场地地震安全性评价》《核电厂抗震设计规范》的评审和编制等；参加多届“海峡两岸地震学术研讨会”、参加1995年首次赴我国台湾考察交流的地震代表团、2006年赴美国参加“纪念旧金山大地震100周年国际学术研讨会”等。在地震部门主办的中英文版的《地震工程与工程振动》《地震学报》《震灾防御技术》等刊物上发表论文，并担任中英文版的《地震工程与工程振动》刊物的编委，该刊物的英文版为中美合办，为SCI所收录；担任《震灾防御技术》刊物的顾问。此外，我们和地震部门还相互接受博士后研究人员和参加博士研究生答辩等工作。

与此同时，在我们负责的“九五”国家重大科技攻关项目、“十三五”国家重点研发项目、行业标准《水工建筑物抗震设计规范》和国家标准《水工建筑物抗震设计标准》的评审等很多工作中，也都邀请地震部门的有关人员参加。

所有这些与地震部门的紧密联系和多方面的协作，在我们的抗震科研工作中都起到了至关重要的作用。我在向地震部门的学习中受益匪浅，极大地增加了对地震动输入的认识，为大坝抗震和《水工建筑物抗震设计规范》编制的研究深化创造了关键性条件。我们的科研成果和对地震部门工作的参与也得到地震部门的认可和重视。我先后被选为国家地震安全性评定委员会委员、常务委员，全国地震标准化技术委员会副主任等。2007年中国地震局、科学技术部、国防科学技术工业委员会、中国科学院、国家自然科学基金委员会联合授予中国水利水电科学研究院工程抗震研究中心“全国地震科技工作先进单位”称号，授予我“全国地震科技工作先进个人”称号。工程抗震研究中心也曾成为除地震部门单位外，取得能从事工程场地地震安全性评价资格认证的极少数单位之一。我个人于1995年获得中国地震局颁发的地震安全性评价工作甲级上岗证书。

三、为核电站工程抗震服务

早在 20 世纪 80 年代后期，随着我国第一座自行设计和制造的秦山核电厂建设，核电厂的抗震安全研究就被提上了日程。上海核工程研究设计院在调研中得知，我院刚完成我国首座大型三向六自由度地震模拟振动台的建置并已正式投入运行，就委托我们对秦山核电厂磁力提升驱动机构，在振动台上进行足尺的控制棒抗震试验。当时虽然我们对核电厂设备一无所知，但在了解到反应堆驱动机构控制棒是保证反应堆压力边界完整性和实现其运行中确保安全停堆的关键性设备，其抗震安全是工程设计中之急需后，在院领导的支持下，毅然接受了这个艰巨任务。此时正值我国水电建设任务较少时期，所以就全力以赴地致力于应对这项挑战了。我作为项目负责人，面对这个完全不熟悉的新领域的至关重要的任务，深感责任重大。在用心向设计人员学习有关核电设备知识的同时，广泛搜集和研究了日本、美国、法国、意大利等国家有关核电厂设备抗震试验研究的资料，撰写了报告《论核电站设备抗震鉴定试验规程》。在参观意大利贝加莫结构和模型试验研究所后，我撰写了《核电站的抗震研究》的调研报告。我们先后到上海核工程研究设计院详细了解了秦山核电厂驱动机构结构及其在压力壳中的复杂边界条件，并到制造厂考察了驱动机构的元件结构。最终根据我们试验室和振动台的条件，在已有论证的基础上，按尽量接近实际情况的要求，与设计人员紧密协作，共同克服困难，带领团队进行了一系列创新性研究，完成了对驱动机构的试验装置，包括：首先研制了具有足够刚度、能基本模拟反应堆内驱动系统的复杂边界条件的专用试验台架装置；采用了静态压力大于 $5kg/cm^2$ 常温充水的封闭模拟筒体；以相同行程的水力缓冲器替代燃料组件导向管内的缓冲段缩颈结构；以安装在起重吊车大梁顶部的限位圈模拟驱动系统顶部限位装置；等等。根据设计给定的楼层谱，分别生成了极限和运行安全地震动输入的人工波时程，研究了成功利用从驱动机构控制电源中所提供的控制棒落棒的棒位信号，测定了落棒全过程的时间历程曲线，最终成功地对秦山核电厂反应堆控制棒驱动机构在地震时的安全落棒性能进行了验证。研究结果在1990年通过了中国核工业总公司组织的、由秦山核电厂总设计师欧阳予和中国地震局地球物理研究所胡聿贤两位中国科学院学部委员主持的验收鉴定，并获得了国家核安全部门的许可。1995年该成果获得了电力工业部科技进步奖二等奖。1997年又对改进后的驱动机构进行抗震试验研究，在此基础上又对出口的PC核电站的反应堆控制棒驱动机构进行了类似的抗震试验验证。1998年又对秦山核电厂堆芯燃料组件进行了抗震试验研究。此外，还与上海核工程研究设计院协作，对引进的燃料组件力学响应计算程序FAMRCE进行了研究改进，并与试验结果比较验证。并自行研发了考虑在地震作用下，控制棒在自由落棒中与围板撞击影响的动态过程的计算程序。其后，还陆续为秦山核电厂的安全壳、核岛结构和设备进行了抗震试验研究。我们的振动台成为被国家核安全部门认可的核电站设备抗震试验装置。

在这些研究的基础上，作为主要参编人员之一，我参与了我国《核电站抗震设计规范》中“设备抗震”章节的编制，获1999年中国地震局科技进步奖一等奖。我还作为1995年国家核安全局发布的核安全法规技术文件《核设备抗震鉴定试验指南》（HAFJ 0053）的主审。应当说，在我国核电站建设初期，我们在为核电站核岛设施的抗震安全研究服务方面，曾做出了一定的贡献。

迄今，仍有包括AP1000的控制棒驱动机构在内的有关核电站的试验项目在我院的振动台上进行。在我国进行核电站建设初期，又正值我国水电建设任务较少时期，我和团队的同志们在核电站核岛设备的抗震试验研究方面为核电站工程的抗震安全做了一些力所能及的工作。只是近些年来，由于水利水电工程建设中的抗震研究任务日益繁重，自己年事已高，精力有限，对核电站抗震研究的最新进展已了解不多，因而很少参与核电建设的抗震研究工作了。因而当征求我是否能继续参与《核电站抗震设计规范》修订工作时，也只能婉谢了，只是偶尔应邀参与如中国工程院关于地下核电站研究咨询项目的研讨会等活动。

四、承担石化部门的工程抗震研究任务

20世纪末，水利水电工程建设任务较少的时期，我们和石化部门协作，还承担了石化部门的工程抗震研究任务。

首先是如前所述，在我们的大型三向六自由度地震模拟振动台上对立式浮顶储油罐的抗震试验研究。

此外，我作为项目负责人，还承担了软土地基上储油罐抗震安全性的现场地震模拟试验研究任务。这类油罐的震害主要与罐底的翘离、地基周边不均匀沉降变形有关，尤其因罐底翘离时的低频晃动易与软土地基卓越频率接近而导致动力效应的放大。当时对软土地基上储油罐的地震响应尚难以做较精确的计算分析，而在振动台上也难以对软土地基进行模拟，所以现场试验应是更符合实际条件的研究途径，但关键是要解决地震动输入的模拟问题。通过查阅大量文献，我了解到国外曾尝试用布孔爆破形成线源的装置，以模拟储油罐的地震动输入。孔内少量炸药置于外套橡胶的钢罐内，以罐顶聚酯树脂隔板破裂对出气口的控制，调整爆压产生的地震波频率，但最终该项试验并未能实现。

为此，我们和北京理工大学协作，在列阵的钻孔内，试探应用他们研发的火箭推进技术，通过管道内固体燃料的可控速燃特性，产生可控高压气体的连续脉冲，由管孔射向外层橡胶管，以引发地基的地震动。地震动的波形由管顶点火控制器，按一定的点火顺序和时间间隔控制多个点火头点燃燃气发动机，实施激震控制。这种装置更有利于有严格防火要求的石油罐区的现场激振试验。

经过多次反复试验和测试，最终在南京金陵石油化工公司的软

土油罐区，对 $1000m^3$ 储油罐的抗震安全性进行了现场地震模拟试验研究。试验中，根据现场地震小区划给定的地基特性和设计地震动幅值、频率和持续时间等资料，确定了列阵钻孔点的布设及其深度、孔内药量及其点火顺序和时间间隔等参数。试验中测定了油罐的应变、位移及罐体和邻近地基的加速度响应。试验结果论证了油罐在Ⅶ度的设计地震作用下的安全性和抗震薄弱部位。本项试验成果获得了 1997 年中国石油化工集团公司的科技进步奖二等奖。

在进行立式储油罐室内和现场试验的基础上，我参与了中国石油化工总公司《常压立式储罐抗震鉴定标准》的制定，其后又参与了《石油化工精密仪器抗震鉴定标准》的制定，是这两个标准的主要起草人员。此外，我还参与了《立式储罐抗震》（1990 年由地震出版社出版）、《构筑物抗震》（1990 年由测绘出版社出版）中“储液槽罐”部分、《石油化工设备抗震》（1995 年由地震出版社出版）中“设备抗震试验”部分的编写。

随着水利水电工程建设的迅速进展，1996 年以后，因需集中精力完成本行业日益繁重的抗震研究任务，我就无法再参与石油化工设备的抗震研究了。

五、与我国台湾地区的学术交流

在北京参加第二届海峡两岸地震学术研讨会

我国台湾地区是多地震区，因此，大陆与台湾地区较早就开展了地震领域的定期学术交流。

1995 年由我国地震部门组织了对台湾地区进行地震学术交流访问的代表团，由时任中国地震局局长方璋顺任团长，代表团由我国地震和工程抗震界的各个部门的代表组成，我也应邀并经水利水电部批准参加。代表团在台湾访问考察的整个过程中，受到了相当热情友好的接待。举办了学术交流会，我也在会上做了学术报告。我们参观了有关地震和工程抗震的部门和高校，并进行了交流座谈。

1995 年参加中国地震代表团时做报告

1995 年参加中国地震代表团时在台湾大学前合影

20 世纪初，我参加了由中国工程院应邀组织的工程抗震访台代表团，我被任命为代表团团长，代表团成员包括中国工程院土木、水利与建筑学部有关抗震方面的部分院士和学部的王振海同志、特邀抗震专家中国科学院周锡元院士等。在学术交流会上，专家们做了学术报告，我也就我国对高拱坝抗震研究的进展做了报告。记得在一次主要由台湾的院士参加的学术交流座谈会上，在愉快的交流中，洋溢着一家人的亲切和温馨的气氛，他们的院士很多是在大陆出生的。

按照访问日程和接待计划，我们专门到 1999 年集集大地震的现场进行了调研和考察。印象较深的是对位于震中区一个学校的震情考察。发震断层正好从学校的场地穿过，在断层两侧的房屋建筑基本类似，但在断层上盘一侧的房屋建筑严重破坏，而位于断层下盘的另一侧的房屋建筑损坏显然轻得多，使我加深了对发震断层上盘的影响的直观认识。我们还参观了在邻近新建的集集大地震纪念馆。

此外，我们还参观了台湾主管地震的气象部门、由参加接待的尹衍梁先生创导的房建施工中的新型工法施工现场及他的公司参建的台北市知名的 101 大厦，还参观了新竹的高新技术区和台湾大学等一些有关高校，到处都受到热情和友好的接待，感受到不可分割的文化源和同胞情。

除了与台湾地区地震领域的同行们进行学术交流外，我还多次参加了我院在北京、广州、西安等地举办的海峡两岸水利科技交流研讨会。

在所有这些交往中，除了学术上的收获外，也同样感受到同为炎黄子孙的同胞情谊。

2004 年参加第八届海峡两岸水利科技交流研讨会时合影
（我位于前排右三）

2004 年在第八届海峡两岸水利科技交流研讨会上，
我作为大会报告主持人在主持

六、与有关学术团体及高校的学术交流

我积极参与了有关学术团体及高校的学术活动。包括：中国科学技术协会的多项评选活动；参与或主持国家自然科学基金重大和重点资助项目，曾任其工程与材料科学部的杰出青年、水利学科的评选委员、组长等，曾受国家自然科学基金委员会委托，作为水利学科的各国家重点实验室评估专家组组长；曾被选为中国水利学会副理事长，中国振动工程学会、中国水电工程学会、中国大坝工程学会常务理事，中国电机工程学会工作委员会委员等；参加了上述这些学术团体的多项评选、评奖活动和学术期刊编辑等工作；还曾在不同时期分别担任过河海大学和西安理工大学的兼聘院士；在清华大学、武汉大学、同济大学、三峡大学等高校兼任并无薪酬的兼职教授、博士生导师、顾问教授等。

2003 年参加国家自然科学基金重大项目“大型复杂结构的关键科学问题及设计理论研究”验收会（我位于前排右三）

参加国家自然科学基金重点项目年度会议（我位于前排右五）

综上所述，在参加与国内有关部门协作和交流及有关学术团体及高校的学术活动中，我不仅得到了很多学习机会，我和我的团队也为有关部门在抗震安全方面提供了服务，做出了一定的贡献，从而扩大了我院在国内工程地震和抗震界的影响。

在这些协作、交流与参与中，我始终坚持的自觉约束为：第一，只参加与我从事的水工结构、工程抗震专业本行有关的学术活动；

第二，要在保证集中主要精力完成水利水电工程抗震本职岗位任务的前提下参加交流与协作等；第三，一旦承担了兼职任务后，就要认真钻研学习，为争取最优的目标而竭尽全力，对接受了邀请的兼职后，自当力所能及地多干实事，力戒虚名。

第二节　面向国际，追踪前沿的学术交流

改革开放后，科技界面向国际的学术交流多了起来，在此期间，我也有机会能更多地走出国门，积极参加国际学术交流活动。从中我深切体会到：作为学科带头人，必须要在国际学术交流中放眼世界，了解当前本领域的学科在各国的发展现状和趋势，深入认识自己的工作与国际水平相比存在的差距，不断追踪本学科的国际发展前沿。同时，也意识到负有向国际同行介绍我国科研进展和成果的责任。我深感，在自己的科研生涯中，确实在以下的这些国际交流活动中深受其益。

一、在美国的短期工作

（一）通过中国土木工程学会的英语考试

1980 年 3 月，中、美两国土木工程学会达成协议，可选派一批中国工程师到美国公司短期工作。为此，中国土木工程学会通知全国各地的有关部门选派人员参加为期两天的英语口试和笔试，我院选派了我和其他所共 5 人赴长沙参试。由于从上大学以来，我一直学的是俄语，加上“文化大革命”期间的荒疏，且距离考试时间很

近，又不能因此请假进行复习，而且也无从复习准备，只能靠中学时学的英语底子了，所以我对这次英语应试实在是心中无数，但又不甘心为此放弃这个尝试的机会，只好“临时抱佛脚”，找人借了本《新概念英语》翻看了一下。3月的长沙气温还很低，借宿的长沙铁道学院学生宿舍中也无暖气，记得我和同去应试的同事们都披着棉被背读单词。幸好笔试的中、英文翻译还不算太难。可是也许由于离开学校20多年了，已不适应考试了，我居然把答案先写在草稿纸上，待要往试卷上誊写时，监考教员已告知离收卷时间不多了，这才发现我竟然错看了手表上的时间，把它看早了一小时，因而只好急促地草草抄写了事，连后面的选择题也来不及认真推敲了，连草稿和试卷一并交上。交卷后，我为这不该有的不当处理而心情十分沮丧。第二天参加口试，还好其内容正碰上我在《新概念英语》中翻看过的，加上在要用英语回答自己的简历时，我尽力发挥了一下，心情稍有好转，但仍因前一天笔试时不该有的不当处理而郁闷，甚至因担心若是落选有失脸面而觉得还不如不参加应试为好，因而一考完立即去车站购票独自惆怅返京。

后来，在对这次应试并不存太多希望的情况下，意外获知，我和我院张文正同志（马来西亚归侨，英语极棒）考试通过被录取。后来就接到经由美国土木工程学会的联系安排后、以高坝设计知名的、位于芝加哥的哈扎工程公司的邀请信，聘任我为该公司资深工程师，并附有工资待遇、住房安排和公司及当地简况等的介绍。这样，在经水利电力部批准后，我就于当年8月初踏上了赴美短期工作的路途。

（二）在哈扎工程公司工作的收获

初次远离组织和领导，独自一人来到陌生的美国，从事为期一年的工作，我在思想上确实有“人地两生、举目无亲”似的不踏实感。此外，我深知正式受聘工作不同于学习，也担心由于对设计尤其是对西方的设计情况不熟，加上英语水平差，难以胜任所担负的工作。我因此而感受到相当大的压力，但也有因深感组织对自己的信任而激发的动力。我暗下决心，无论如何都要努力克服一切困难，严格要求自己，不能辜负组织和领导给予的信任和机会，要为祖国争气。

初到公司不久，就受到公司总工程师凡尔屈洛泊（J. Veltrop）先生的亲切接待，他是国际知名坝工专家，曾任美国大坝委员会主席，后来又当选为国际大坝委员会主席。他问我在公司工作中有什么问题、要求和困难，我说，初步了解，业务上在逐步熟悉后应该不致有太多困难，但我在留苏学习中用的是俄语，担心英语水平差而影响工作。他说，你现在不是能和我顺利交谈吗？所以不用担心。他介绍说自己来自荷兰，刚到美国时英语也不是太好，但只要能大胆交流，就会逐步熟练，要我尽可放下顾虑，大胆工作。他还不无幽默地说："如果有人嫌你的英文差，那你只要想，如果要他说中文，会远不如你现在的英语水平那样熟练。"他的幽默使谈话的气氛顿时变得更轻松起来，也更增强了我做好工作的信心。

我一直认为，作为科研人员，需要有一定的施工和设计的实践经历，才能更好地为工程建设服务。留苏回国后，在桓仁水电站锻炼期间，虽然因工伤中断而仅有半年工作时间，但毕竟多少有了一些参加一线施工的经历。如今能在以设计为主业的哈扎工程公司取得一些设计的实践经验，正好对自己缺少设计实践的短板能有所补益。所以，我还是本着边干边学、在干中学的信念，用心学习、认真思考、虚心求教，以冀能稍稍补上这一课。在公司中，我被分派在主要从事拱坝结构设计的部门工作。来美国前，美国加州大学伯克利分校研发的通用结构分析程序 SAP 刚传到中国，我参加了一机部机械工业设计总院举办的 SAP 程序培训学习，对这个程序的应用有所了解，加上以前已学习和掌握的 FORTRAN 编程语言，这些对我很快能适应公司的设计工作要求有很大帮助。我感到，公司中像我这样的中年员工，能较好掌握 FORTRAN 编程语言和 SAP 程序的人并不多，使我较快就能发挥作用。这时我更深刻地领悟到早在 20 年前黄文熙先生就要我学习掌握计算机应用和编程技术的卓识远见。

那时哈扎工程公司在拱坝设计中已经用 FORTRAN 语言开始编制拱梁分载法的计算机程序，但并未完成，其中部分还要用手算配合。因原编制该程序的一位资深工程师因病去世，这项工作就搁下了，这时就让我接手完成这项工作。此前，我虽并未用 FORTRAN 语言编制过这么大的程序，但好在我对拱坝计算的拱梁分载法原理是了解的。接此任务后，我就详细阅读了已有程序原稿和全部有关资料，几经苦思冥想，终于编制并调通了完整的拱坝设计拱梁分载法程序，并增加了可以考虑分期灌浆和蓄水等影响的内容，这在当时还是首创。在这个过程中，我不但了解了这个方法的全部细节，还学会了此前我在国内尚未见到的在终端机上编制、调试程序和提交任务、获取结果的方法。编制拱坝拱梁分载法的这段经历，为我回国后指导研究生编制出拱坝拱梁分载法的动态抗震分析程序打下了基础。由于拱梁分载法是我国现行拱坝设计规范中规定的设计方法，但其动态抗震分析是国内外都久未解决的难题。我们编制成功的拱坝拱梁分载法动态抗震分析程序，一直在我国拱坝工程抗震设计中沿用至今。

我了解到当时公司在用计算机计算坝体温度应力时，总会遇到因数据溢出而中途停机的问题，他们就用将该数据置零的方式，以解决继续运算的问题，这样实际对计算结果会有所影响。我在仔细逐条阅读原程序后，找出了因有除数为零的语句而导致溢出，经在不影响计算结果的情况下对该语句改写后，解决了这个一直困惑大家的问题。此外，我还参与了高压输电钢塔的结构设计的分析计算、为公司审核巴基斯塔培拉坝抗震设计等工作。

在我即将离开公司回国前，公司设计的福特希尔（FOOTHILL）

拱坝建成后要开始蓄水，业主要求公司提供大坝蓄水至不同水位时的坝体位移曲线，以便监控坝体蓄水过程中的安全性态，我为此计算了该坝在不同温度情况下蓄水至不同高程的径向位移曲线族数据。在我回国后被告知，该坝蓄水过程中的实测位移与我计算的结果十分接近，业主很满意。

哈扎工程公司对我的工作始终都很支持，为我安排了专用的办公室，为免使我必须到计算机室上机，专门在我办公室门外设置了终端机。当年公司发年终奖时，因我 8 月才进公司，按规定，对任职不到半年的员工是不发年终奖金的，为表示对我工作的肯定，由总工程师亲自给我发了破格的年终奖红包。在我在公司工作期间，美国土木工程师学会还派人到公司对我的工作情况做了调研，公司表示很满意。后来，公司还专门写信给我院，对我的工作进行了表扬。

公司还常让我参加美国土木工程师学会的学术餐聚会，安排我去科罗拉多州参加纪念美国垦务局混凝土实验室创立 50 周年学术报告会；到华盛顿州参观哈扎工程公司参与设计的、美国已建成的 185m 高的莫西罗克（MOSSYROCK）拱坝和正修建中的福特希尔拱坝；在公司参与建设的采用大型掘进机开挖的、直径达 10m 的芝加哥污水处理隧洞工程现场参观考察三天，并为我提供了各国岩石掘进机的有关技术资料。

此外，根据我希望更多学习工程经济概算方面的情况，公司安排我到其规划部门短期工作，参加了确定工程设计水位和装机容量的编程和分析计算工作。公司还按规定给了我 10 天的带薪假期，以便我去旧金山加州大学伯克利分校，与克拉夫教授洽商有关中美合作在响洪甸拱坝进行现场振动测试事宜。其间，克拉夫教授免费为我提供了他们编制的拱坝及地基自动划分网格的静、动态分析的原程序（ADAP）磁带，以便用其进行响洪甸拱坝动态特性分析后，可与即将进行现场振动测试的结果相互验证。我在仔细阅读原程序后发现，该程序只能对三角形河谷的拱坝进行网格自动划分，无法应用于梯形河谷的响洪甸拱坝。克拉夫教授希望我能协助修改。我就利用余下的7天假期，成功改写成适用于多种河谷的网格自动划分程序。按期返回公司后，应公司要求，对其购置的ADAP程序也做了相应改写。

除此之外，我还应出国前林秉南院长的要求，初步了解了哈扎工程公司在人事管理和考核方面的概况。在我工作中期，公司还专门在当时号称世界高楼的西尔斯大厦中，在工作时间组织有关员工，参加了我做的“中国大坝抗震设计”专题报告会。据了解，公司一般都在午餐时间安排技术问题的研讨会，不占用员工的工作时间，否则就要由会议组织方按小时支付参会的员工的工资，因为员工的工资是根据他填报的工作项目按小时向业主核算的。因此，组织这样的专题报告会，是需要由公司支付会场租用费和参会的员工的工资的。

公司的员工工资支付制度是很规范的。记得在我编制程序时，常因一时无法中断而在下班后超时工作，对此，我认为是理所当然而从不介意，因为在国内加班工作是常事。但他们知道后，告知我要把加班时间填写进核算工资的每周工作报表中。还记得那次由于赶制项目报告，公司要求我周日加班，为此，公司按小时支付了我1.5倍的工资。值得一提的是，当我离开公司回国约一年后，突然接到公司汇寄的50美元，说是税务检查发现公司少算给我50美元的工资。当时我作为资深工程师的每小时工资为15美元。公司请我收到汇款后寄回签名收据，以便他们回复税务部门。对离职已一年的外籍员工少发了3个多小时的工资，税务部门能如此详细核查和认真处理，令我颇感意外。

（三）与哈扎工程公司同事的友情

在公司工作期间，我除了得到公司领导和我所在部门的领导温格勒尔（R.P.Wengler）先生等的关注和支持外，公司中多数来自我国台湾、香港的美籍华人员工，对我这个唯一来自大陆的同事也都是相当友好的，在工作中给予我很多帮助和协作，在生活上给以关照，其中不少同事都邀请过我参加他们的周末家庭聚会，使我在异国他乡感受到真诚的友谊。

在芝加哥与哈扎工程公司总工程师凡尔屈洛泊和部门领导温格勒尔合影

参加公司同事的家庭聚会

特别值得提到的是叶昶华和黄碧辉两位先生。叶先生是克拉夫教授的博士研究生，是我所在部门的组长，是我工作中的直接领导。我在公司工作期间，他不仅在工作上给予我充分信任和方便，提供参考资料，为我具体安排各类参观、考察，甚至有的还亲自陪同。在生活上也对我多有关照，从我刚去美国时陪同采购必需的生活用品，到离开时帮我安排对公司有关人员的答谢餐会等，假日还带我参观附近景观或展览，多次邀请我去他家做客或带我参加其他同事的家庭聚会。我回国后，直到30多年后的今天，我

叶昶华先生陪同我到哈扎工程公司设计的福特希尔拱坝的施工现场考察

和叶先生仍始终保持通信联系。1993 年，当他了解到，为对在地震作用下拱坝横开合对坝体响应的影响的计算和分析成果进行验证，我正进行相关的振动台试验时，他认为这项研究很有实际意义，就向美国垦务局、加州洛杉矶公共工程局和哈扎工程公司做了介绍，从而由这三个单位共同资助我们 4 万美元，要求我们向他们提供一份英文的试验和计算报告。为此，叶先生还陪同编制考虑横缝影响的拱坝抗震分析程序（ADAP-88）的、加州大学伯克利分校的芬范斯教授到我们试验室考察交流。叶先生多次来华访问和旅游，我们每次都会在北京餐聚欢叙，他也不止一次和夫人到我家做客。

加州大学伯克利分校芬范斯教授（左一）到我们实验室参观交流

叶昶华先生在北京我家共进午餐

黄碧辉先生是水文专家，我在公司工作期间，黄碧辉先生经常约我共进午餐，还多次邀我参加在他家中的同事餐叙。他曾通过朋友帮我查找有关拱坝抗震技术方面的参考文献资料，他还在假日亲自开车带我去伊利诺伊州素负盛名的纽马克实验室。在我回国后，他曾以世行专家身份来华对我国黄河的小浪底工程进行过咨询，后来又多次同夫人来华旅游，每次他到北京时，我们都会餐聚欢叙。我还陪同他参观了国家博物馆、到厂桥荣宝斋欣赏他喜欢的名家国画和书法作品。

在芝加哥黄碧辉先生家聚餐（我位于右一）

黄碧辉先生和夫人在北京我家中共叙

黄碧辉先生陪同我访问伊利诺伊大学

我在公司工作一年期满后，公司虽然表示愿意继续延聘我，但我急于按期回国安排中、美间合作的拱坝工程现场测振试验和主持所内其他科研项目，便婉谢了。离开公司前，我邀请公司有关人员参加答谢餐会，公司中的不少华人同事也为我举行了欢送餐会。公司总裁哈扎先生（公司创始人之子）接见了我，向我赠送了公司参与福特希尔拱坝设计获奖的奖牌，这对我更有纪念意义，因为我在公司期间参与了监控该坝蓄水过程位移的计算工作。

应当说，在哈扎工程公司工作的一年中，在公司的支持和同事的协作下，我有机会对美国坝工结构设计有了多方面的了解，开了眼界，看到了差距，也增长了不少知识，完成了预期的学习任务，知道了一些美国的风情，也结交了一些好朋友，深感在思想认识和业务工作上以至英语的提高等方面都收获不菲，可谓不虚此行。就业务成长而言，我感念在哈扎工程公司工作的短暂一年，是我在 60 年工作征途中值得珍视的一段历程。1984 年当我在旧金山加州大学伯克利分校做短期访问学者期间，经水利水电部批准，我到芝加哥重访哈扎工程公司时，受到包括叶先生在内的公司有关领导热情接待，与有关人员进行了交流和餐叙，在与新参加公司的郭先生（J S Kuo）交谈中，了解了他师从克拉夫教授做有关拱坝 - 库水流固耦合分析的论文内容，并得到了他赠予的该论文。

（四）房东说“这里是你在芝加哥的家”

在美国短期工作期间，还有一个难忘的回忆，那就是我与房东的相处。为了提高英语水平，也为了近距离了解一些美国人的家庭生活，我选择了公司人事部门介绍的、租住在一位美国居民家中的方案。虽然该住地离公司较远，每日到位于市中心的公司上班要换乘一次地铁，往返需 2 小时以上路程，但这样的住宅区通常治安情况较好，比较安全。

我的房东是一对早已退休的、年已古稀的夫妇。房东希德

我与房东希德先生和海伦在房前合影

（Seeder）先生据说曾是某企业高管，在芝加哥拥有两处房产，哈扎工程公司人事部门接待我的那位先生也租住在他的另一处房屋中。他夫人海伦（Helen）原籍波兰，曾是工厂女工。他们夫妇二人待我都十分友好，对我带给他们的一幅山水风景国画和一些中国石膏京剧面具等礼品，都十分喜欢和高兴，常请我介绍他们很少了解但很感兴趣的中国的风俗人情和中国的情况。为帮助我更快速地学好英语，他们将美国作家赛珍珠（Pearl Buck）取材中国的小说《大地》借给我阅读。有时在晚上，房东太太还边听我朗读，边帮我纠正发音和音调。我告诉他们，现在中国已和当年赛珍珠了解和所描述的情况有了天壤之别的变化了。见到他们年迈体衰，我也主动抽空帮他们做些力所及的家务事，如清理花园、打扫卫生等。不时，他们会邀请我去附近中餐馆共进中餐，他们很喜欢那里的咕咾肉这道菜，每次必点。在美国理发比较贵，据说还要预约，海伦有一套理发工具，主动提出每次都由她义务给我理发。有时他们还带我一起去海伦在芝加哥的妹妹家参加家庭聚会。夏季，他们外出度假时，就把整个住宅托付给我了。有一次，趁有几天公假，他们就锁上门，带上我一起驾车去他们在威斯康星州的度假别墅小住了两天，在林中、湖边散步。在圣诞节时家中的圣诞树下，也少不了有给我的礼物。而希德先生生病住院时，我也买了鲜花去探望。我们相处融洽如同家人。

芝加哥是有名的“风城（windy city）”，冬天极冷，多月积雪盈尺。据报道，在密歇根湖中气温降至零下三十多摄氏度，比我在莫斯科经历的冬天还要冷。我从国内带去的薄呢夹大衣根本无法抵挡每天上下班两个多小时在路上的风雪严寒，房东就找了一件厚羊皮大衣要我穿上，帮我度过了芝加哥的严冬。临回国时，他们硬要把这件大衣送给我带走，直到我再三解释在北京不需要这么厚的大衣才作罢。海伦几乎每天都要烤制一个蛋糕，待他们夫妇晚上一起玩纸牌到 9 点多钟以后，就会听到她唤在房间阅读的我去和他们一起吃蛋糕的声音。我和他们彼此相处真如同家人。特别令我感动的是，通常假日里，在我外出或公司同事开车来接我去参加聚会时，我总是会告知房东夫妇的。有一次，也许他们正短暂外出，我忘了告知就随同事去了，到夜晚 11 点多钟聚会结束后被同事送回来时，只见房东夫妇两人都尚未就寝而正着急地在门口张望，他们为我焦虑了一晚上，生怕我夜晚独自误入芝加哥并不很安全的地区而出事，差点儿准备要去报警了。我从他们焦急而欣慰的嗔怪中，深深感受到如亲人般的关切，连送我回来的同事对此都十分感动。

我穿着房东借给的羊皮大衣在积雪很厚的住宅前留念

记得 1984 年，在我离开芝加哥 3 年后，在加州大学伯克利分校做短期访问学者时，经水利水电部同意重访了我曾经工作过的哈扎工程公司，当时正值深秋，在旧金山只需要穿一件外套，到达芝加哥时却已是大雪纷飞了。海伦太太请人带了衣服接我到了他们正在聚会的她妹妹家中一起就餐，那几天我都借住在我曾租住过的房间内。当我要给房东按照惯例付费时，他们婉拒之时，轻轻地说了一句："这里也是你在芝加哥的家啊！"我十分感动。我回国后，和房东一家保持了多年的通信往来，新年都互赠贺卡。后来，在获悉希德先生因病去世时，我十分难过。后来海伦太太搬到了在拉斯维加斯市的她女儿住处后，也许因年老难以动笔而中断了联系，令我十分怀念。遗憾的是，我和他们都很盼望能在北京共叙、我带他们畅游北京的愿望，终因他们年纪太大不便远行而未如愿。

无论是在苏联或是在美国，我都亲身感受到了普通人民间真诚相处的友善和真情。相信怀着对美好生活的向往，终究会朝着建立理想社会的目标而共同奋斗的。

二、中美大坝抗震长期科研协作

中、美两国建交后，签订了政府间的科学与技术合作协定，地震研究是其内容之一，据此，开展了"拱坝地震响应的相互作用"合作研究。研究内容主要通过对实际拱坝工程动态特性的现场测定，对拱坝有限元静、动力分析程序进行验证和改进，为拱坝抗震设计提供科学依据。该项研究由加州大学伯克利分校国际知名专家克拉夫教授和我国清华大学坝工权威学者张光斗教授共同领衔，由当时水利电力部的水利水电科学研究院承担。作为研究对象的5座拱坝中，有4座在中国。我是中方现场试验组织和研究资料整理分析的实际负责人，实际上还是兼职翻译。美方的研究经费由国家科学基金会（NSF）连续资助，中方的研究经费由水利电力部承担。从1980年开始酝酿，于1982年签订第一份响洪甸拱坝的合作协定，至1999年完成了在龙羊峡拱坝的最后一份合作协定，前后持续近20年，被认为是整个地震协作项目中最为成功的课题，取得了两国有关方面的持续资助。双方都认为，研究成果达到了任何单独一方都不可能取得的效果和水平，完成了为拱坝工程抗震安全设计提供科学依据的预期目标。

(一)历时 20 年的 5 次中、美拱坝现场试验

整个项目的研究可划分为两个阶段。第一阶段主要是测定拱坝坝体-地基-库水间相互作用体系的动态特性，并与其相应的有限元分析程序相互验证。在这个阶段，在现场的测振试验中，主要采用了中国水利水电科学研究院研制的四台同步偏心轮式起振机作为激振源，先后于 1982 年和 1984 年分别在中国两个高 89m 的响洪甸重力拱坝和泉水双曲拱坝，以设置在坝顶的四台同步偏心轮式起振机激振，以地震位移计测试了坝体被激发的低阶正、反对称振型，并以少量动水压力计实测了坝面动水压力。

在坝顶安装同步偏心轮式起振机激振

结果表明：①在适当选择基岩和混凝土弹性模量比后，实测的与按无质量地基模型计算的坝体的振特性能很好符合；②值得注意的是，尽管响洪甸拱坝的实测基频为 4.3Hz，与按水中音速 C_w、水深 H_0 计算的库水频率 $f_r=C_w/4H_0$ 十分接近，但实测河动水压力并未显示库水共振的现象，其值和按不可压缩库水计算的动水压力值很相近。

其后，中美“拱坝地震响应的相互作用”合作研究团队又在美国蒙蒂赛洛（Monticello）拱坝现场，用美国的单个偏心轮式起振机激振，进行了坝体自振特性测定的试验。

采用起振机激振虽能有效测定坝体自振特性，验证其计算方法和程序，但不能反映和验证在地震作用下坝体-地基-库水体系地震响应中的三者的相互作用机理，因为这需要模拟经由地基传播的地

震动的输入。目前，对于大体积混凝土坝，要在现场通过爆破完全模拟其实际地震动的输入特性尚很困难，但可由在一定距离外的爆破产生经浅层地基岩体传布的、足以激发坝体及其邻近的部分地基岩体和库水的耦合振动的振动波的激振波，以研究坝体－地基－库水间的相互作用影响，验证相应的计算方法和程序。为此，经水利水电部批准，于 1991 年和 1998 年分别在我国东江双曲拱坝和龙羊峡重力拱坝开展了第二阶段研究拱坝坝体-地基-库水体系地震响应相互作用机理的现场测振试验工作。这两次试验中，美方邀请美国陆军工程师兵团水道试验站的人员参与了。

以水体封堵的排孔毫秒延迟爆破引发地面振动

1991 年在 157m 高的东江双曲拱坝现场，经商讨决定，采用了美方建议的于下游离坝址 800m 处的基岩中钻了深达 40m 的 5 个排孔，每孔置 120kg 炸药。为使钻孔可被重复使用，仅借水体进行封堵，以毫秒延迟爆破方式起爆以引发地面振动。

这次试验中采用的爆破激振方式证明：①尽管所采用的爆破激振方式不能完全模拟真实的振动，但可以产生由浅层地基岩体中传布的、含有足够的低频分量的、足以激发坝体及其邻近的部分地基岩体和库水的耦合振动，以研究坝体、地基和库水的相互作用机理，验证相应的计算方法和程序；②在东江拱坝下游排孔中，以相同药量进行两次爆破时，在坝体相同部位实测的坝顶拱冠的加速度记录和坝面拱冠部位水下 50m 处实测的动水压力记录都基本相同，首次验证了用水体封堵的深孔可以多次利用并重复获得相同激振的效果。

在本次试验中，除了测定坝体和地基岩体的不同部位的位移和加速度响应外，还以水声仪量测了坝前区库底实际地形，并通过在坝前水库内在水下引爆雷管，以一连串动水压力计量测库底的不同时刻到达的反射和入射的压力波，以其幅值比表征库底反射系数 α 的数值。

结果表明：①坝基不同部位的地震动不均匀输入及坝体滑雪式溢洪道等细部结构对坝体的响应有显著影响，不应忽略；②库底实际地形较复杂，淤积库底和库岸岩坡的反射系数 α 值有显著差异，不应取为定值。

针对东江拱坝坝体库水地基动力相互作用的现场试验研究，我以第一获奖者获得了 1997 年国家科学技术委员会授予的科学技术进步奖二等奖。

以库内水下浅层岩体表面的毫秒延迟爆破方式激发地面振动

1998 年，在 178m 高的龙羊峡拱坝现场再次进行了爆破激振。由于该坝下游地形陡峻且岸坡岩体稳定性较差，很难布设爆破阵列，经过商讨，采用美方建议的、改为在离坝址上游1200m处的水库中，于水下浅层岩体表面放置300kg炸药的毫秒延迟爆破方式激发地面振动。

结果表明：①采用水下岩面爆破，同样能成功产生经由坝基基岩传播的、含有足够的低频分量河、使之能同时激发坝体、近坝地基和坝前库水的耦合振动。所激发的地震波的地震动主要持续时间大于2s，主频小于10Hz，说明远距离大药量的爆破可激发更接近实际地震波的地震动特性。②本次试验中，为进一步研究库水可压缩性的影响，更详尽地以水声仪量测了坝前区库底实际地形，及以水下引爆雷管量测了库底不同部位的反射系数 α 的数值。试验的一个重要成果是，在考虑库水可压缩性时，所采用的库底反射系数 α 的取值对坝体地震响应有显著影响，但反射系数 α 的取值十分复杂、具有很大不确定性，不仅因库底地形起伏不平、存在淤砂和围堰拆除的残积物等因素，导致其值在库底和库岸的不同部差异很大，而且其值与频率相关。因此，目前在考虑库水可压缩性时普遍采用的规则库底地形和均匀反射系数的假定，并不能符合实际。迄今，在现场测试结果或遭受过地震作用的坝体震例中，都尚缺乏不能忽略库水可压缩性影响的有力佐证。特别是对我国的多泥沙河流，其吸能效应当更能削弱压缩库水的共振现象。因此，从工程角度看，似暂可忽略库水的可压缩性，从而在坝体响应分析中，坝面的动水压力就可作为附加质量考虑，使坝体地震响应分析大为简化。

在第二阶段的两次试验中，都还通过地脉动、小火箭、小药量水中爆破等方法，测定了坝体的自振特性。经过对材料弹性模量的调整后，计算和实测的坝体结构的动态特性参数都相当吻合。

（二）拱坝有限元静、动力分析程序的引进和启迪

20世纪80年代初，我国在四川雅砻江上建设了当时国内最高

的 240m 的二滩双曲拱坝。按规范要求，设计中需采用拱梁分载法分析。如此重要的高坝抗震设计，显然已难采用过于简略的、传统的拟静力法设计。但当时国内外都尚无拱梁分载法的动力分析方法。无奈之下，在和负责设计该工程的成都勘测设计院的高安泽副院长商量后，只好利用当时已有的美国结构分析程序（SAP），计算出拱坝的几个主要低阶振型后，再按其反应谱和振型参与系数值求解相应于各振型的地震加速度后，将与之相应的坝体惯性力作为外载，采用拱梁分载法先求出坝体各低阶振型的位移和应力的地震响应后，再迭加成总的地震响应，最后与静载作用结果叠加，以评价坝体的抗震安全性。这实在是不得已的“笨”办法。其中，求解振型时地基的模拟也较粗略。但总算为设计探索了一条基于拱梁分载法求拱坝地震动态响应的途径。

在中美“拱坝地震响应的相互作用”合作研究中，首次引进了克拉夫教授和他的学生编制的拱坝分析程序（ADAP）。我们对该程序进行了改进，使之能适应于在各种形状河谷中的网格自动剖分，并对其个别有误处做了校正，由此开始在我国拱坝抗震设计中采用有限元法进行动力分析。该程序除了在响洪甸拱坝等中美合作项目的工程中应用外，也推广应用于二滩等拱坝工程的抗震设计中。

其后，我们了解到美国加州大学伯克利分校的芬范斯教授在原 ADAP 程序中，增加了考虑地震时拱坝横缝开合的接触（或称边界）非线性效应，编制了 ADAP-88 程序。通过第二阶段的中美合作研究，我们引进了该程序，并通过振动台模型试验对程序的计算结果进行了验证。但在将其应用于实际工程中后，发现其基于动态子结构方法对拱坝坝体横缝开合的处理较繁复，且不能考虑实际存在的缝间切向滑移。

此外，ADAP 和 ADAP-88 都是基于无质量地基的假定，都还属于封闭式的振动体系，并不能作为开放系统的波动问题，反映坝体和地基岩体间实际的动态相互作用效应。为此，在1996年开始的、由我负责的“九五”国家重点科技攻关项目“300m级高拱坝抗震技术研究”中，我们自主研发了更切合实际的混凝土坝地震响应动态分析程序，并不断完善改进后，在我国高坝抗震设计中广泛推广应用。应当说，这一切都和在中美合作研究中得到的帮助和启迪是分不开的。

（三）对克拉夫教授的崇敬和怀念

中美建交后不久，由国际著名权威豪斯纳教授率领的美国地震工程代表团到中国首次来访，在哈尔滨由工程力学研究所接待。我在参加为他们举行的座谈会上，首次见到了克拉夫教授。1980年年初又在清华大学听了他的结构动力学讲座。但真正和他直接接触是在他来我院与院领导商讨中美合作研究和参观我院研制的四台同步偏心轮式起振机时。从那时起，我就和克拉夫教授一直保持着联系。记得1981年我在美国工作期间，借休假期到加州大学伯克利分校去与他共商拟在我国响洪甸拱坝现场合作进行试验研究事宜。他亲自开车到机场接我，并带我到该校古老的校内宾馆住下。第二天在商谈后，他就把他们编制的拱坝分析程序的原代码的磁带赠给了我。他平易近人的务实态度，使我感受到长者的亲切，从而放松了和这位我心目中高大的国际权威讨论时的紧张心情。1982年，在克拉夫教授安排下，我到美国加州大学伯克利分校做短期访问学者期间，又和他一起商讨了继续在其他工程进行合作研究的项目。他向我赠送了他亲笔签名的他和朋津（J. Penzien）教授合著的《结构动力学》。每当我阅读这本内容深入浅出、阐述清晰明确、文字简洁流畅的经典名著时，都是一种莫大的享受。在历时20年的5次中、美拱坝现场试验过程中，克拉夫教授不仅对研究内容不断深化和统筹谋划，还每次在现场都和大家一起爬坡下坑地布设仪器，甚至亲自趴在地上调试测振仪。他广博的学识、严谨认真的治学精神和深入实际的踏实作风，都给我以极为深刻的印象和教益。1986年，在中美合作研究的基础上，在克拉夫教授创导下，由中美双方共同在北京组织了拱坝抗震安全学术研讨会，有50位来自各国的专家参与。此外，1982年和1983年克拉夫教授还亲临当时我国正兴建的240m高的二滩拱坝进行咨询。鉴于他对我国高坝工程建设做出的突出贡献和在国际工程界的崇高威望与权威，1996年，张光斗先生和我共同推荐他为中国工程院外籍院士，我受学部委托在大会上做了介绍，经投票后他顺利当选。记得2000年在加州大学伯克利分校专门为表彰克拉夫和朋津两位教授的学术成就举行的专题讨论会上，我应邀代表张光斗先生，以我们两人的名义，向大会介绍了克拉夫教授在中美合作中做出的重要贡献。

我在中国工程院举行的克拉夫外籍院士证书颁授仪式暨讲座上发言

在漫长的合作过程中，我有幸和心中十分尊敬的克拉夫教授有了亲密接触和友情。我曾随张光斗先生一起拜访过他在旧金山的家，也在北京邀请他到访过我的家。他有清晨跑步的习惯，记得在响洪甸拱坝现场试验期间，我还陪他一起在合肥街上跑步晨练过，最后比他年轻得多的我却跑不过年逾花甲的他。在长达近20年的中美合作项目结束后，克拉夫教授也退休了，移居华盛顿州的申立弗儿（Sunrive），但我们仍多年保持着联系。2000 年新年前夕，我收到了克拉夫教授和他夫人发来的新年贺卡及他亲自写的饱含深情的短信。信中写道：“亲爱的厚群，收到了你的贺卡，我们很欣慰，蕴含了我们间至今已延续了近 30 年的友谊，对我这是十分值得珍视的交往……确实，我和中国的联系是我工程生涯中的一个主要部分，而你曾是其中自始至终的重要参与者，致以新年最好的祝愿！克拉夫。”这简朴的肺腑之言，令我无比感动，其中洋溢的不仅是一位长者对我的关爱，更充满了这位国际土木工程界的泰斗对中国的深情厚谊。近年来，我常多方设法了解他的近况。偶尔闻知，已届期颐之年的他，身体衰弱，健康情况不是很好，已深居简出，很少与外界联系了，我默默地为他祝福。但 2016 年却从来访的乔泼拉（Anil K. Chopra）教授（曾师从克拉夫教授的加州大学伯克利分校退休教授）处惊悉，一代宗师克拉夫教授已于两个月前永远离去。满怀十分悲痛的心情，我久久凝视着与他讨论合作研究成果和在龙羊峡工地最后一次合作试验时的合影，深深怀念着这位我心中至深崇敬的长者和良师。

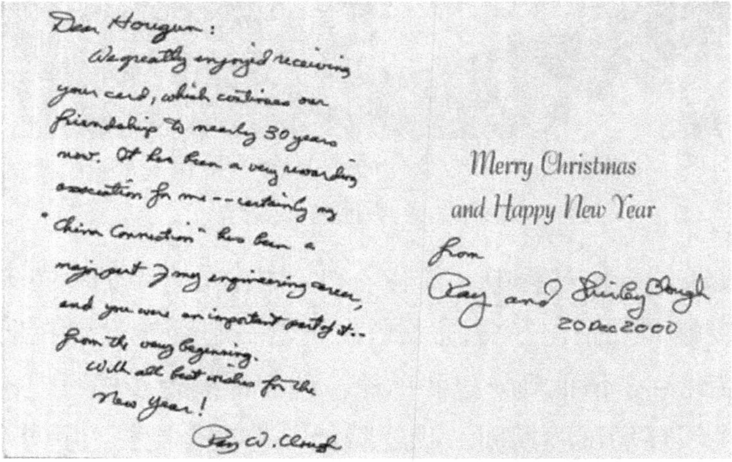
Dear Hougun:
We greatly enjoyed receiving your card, which continues our friendship to nearly 30 years now. It has been a very rewarding association for me -- certainly my "China Connection" has been a major part of my engineering career, and you were an important part of it -- from the very beginning.
With all best wishes for the New Year!
Ray W. Clough

Merry Christmas
and Happy New Year
from
Ray and Shirley Clough
20 Dec 2000

克拉夫教授寄给我的新年贺卡

与克拉夫教授讨论合作研究成果

与克拉夫教授在龙羊峡拱坝工地合影

（四）张光斗先生的教益

我于1950年进入清华大学土木系后，虽早就耳闻和仰慕系里张光斗等名师，但由于1952年年初就被选派留苏，无缘直接蒙受先生等名师的教导，仅在1957年在圣彼得堡城（原名列宁格勒）全苏水工研究院实习时才首次见到正在访问的张光斗先生。直至“文化大革命”后被解散的水利水电科学研究院重建后，张先生曾有约一年时间兼任水利水电科学研究院院长，我才重新见到他。但由于他来院时间不长，时任抗震防护研究所副所长的我，与他见面机会也很少。我和张先生主要是在长达20年的中美拱坝抗震科研合作项目工作中才有了较多接触和了解。我从与张先生的接触中受到多方启发和教导。

与张光斗先生在中美合作项目响洪甸拱坝现场合影

教益之一是张先生忧国忧民，满怀对祖国、对党的无限忠诚与热爱。我了解到，在抗日战争全面爆发时，正是他在美国哈佛大学取得硕士学位后攻读博士学位之际，为投身抗日救国事业，毅然弃学回国。几经周折，在后方四川负责修建了我国第一批自建水电工程，以服务于抗日战争。中华人民共和国成立后，张先生更是以对国家、党和人民无限热爱的热情投入我国水利水电建设的伟大事业中去，且从来都十分关注国事，经常向中央和国务院领导提出很多重要建议。早在 1989 年，他与陈志恺院士向中央写了《我国水资源问题及其解决途径》一文，得到了当时的中央领导同志的批示并被采纳，被《光明日报》列为当年最有价值的科学技术建议。在他九十高龄时，我还从《科学时报》上读到了他关于“切实贯彻科教兴国战略”的呼吁，他大声疾呼，全国上下要认识到目前国际经济竞争的激烈性，以及发展我国创新技术和生产力的紧迫性，必须加强我国的技术和生产力发展，加大投入，以迎接世界经济竞争的挑战。张先生是上书中央倡议建立中国工程院的六位中国科学院学部委员之一。他积极致力于开展国际学术交流与合作，关注国外科技前沿发展，但又始终念念不忘要发扬自力更生、自主创新、立足国情、迎头赶超的精神。

教益之二是张先生的执着追求、无私奉献的敬业精神。半个多世纪以来，先生的足迹踏遍了祖国的江河，他不顾年老体衰，不辞辛劳地深入许多工程现场，了解情况，帮助解决了很多工程实际问题。先生以九十高龄还亲临三峡工地，检查工程质量，提出宝贵意见和建议。当我们把修编的《水工建筑物抗震设计规范》稿送请他审阅时，他不顾视力衰退和握笔书写时的手腕颤抖，逐条认真推敲，寄回了厚厚一叠稿纸，上面密密麻麻地写满了许多意见和建议，纠正了我们不少疏漏之处，当我阅读这些时，眼前浮现出先生埋头书桌，左手拿着放大镜，用微微颤抖的右手字斟句酌地认真且吃力书写的情景，内心充满了感动和敬佩之情。在先生期颐之年，每次我到先生那里，都见到他在办公室里埋首在一大堆文献资料中孜孜不倦地忘我工作。联想到当前学术界的浮躁之风，对比像先生这样的前辈科学家认真踏实、无私奉献的精神和楷模，我在思想上得到了升华。

教益之三是张先生对后辈的关怀和培养。他对年轻人在学术上一丝不苟、严格要求，但又平易近人、循循善诱、耐心教导、诲人不倦。他十分关心我国的科技教育事业，关注年轻人才队伍的成长。九十高龄时还就科学教育问题给中国工程院领导写信，强调科学教育必须与经济建设和社会发展密切结合。他一再谆谆教导我们，作为一位工程科技人员，一定要密切结合工程实际，重视工程实践中的经验教训，要求我们既要刻苦钻研理论、跟踪前沿，更要加强工程概念，注意通过试验和在工程实践中检验与改进理论，以求能指导实践。他自己就是这样身体力行的榜样。

这些教益，使我和先生的许多学生一样，在自己的工作中终身受益。

三、在国际大坝委员会中的活动

（一）走进国际大坝委员会

早在 1973 年我负责组织撰写我国首次送交国际大坝委员会的论文时，就开始了解这个创建于 1928 年、在国际坝工技术方面公认的最具权威性的、非政府间国际学术组织。国际大坝委员会是要以各国的国家大坝委员会作为成员参加的，在其 1974 年的大会上，在遵从“一个中国”的原则下，接受了中国大坝委员会作为其成员。我有幸参加了这次大会。当时，中国大坝委员会是一个只有领导成员的对外交流的非实体组织，国内并无会员。

国际大坝委员会每年召开年会和由各会员国代表组成的执行委员会会议，每三年同时召开一次由 1500～2000 人参加的学术交流大会，集中围绕每次选出的4个议题进行大会报告，并出版论文集。每年的会议由争取成为承办国的各会员国代表提出申请，并介绍建议的会址和会后工程考察工程情况，由执行委员会投票选定。由执行委员会根据需要确定下设若干专业性的分委员会，由各成员国选派人员组成，分委员会当选的正、副主席和成员由执行委员会确认。在国际大坝委员会每年的年会中，各专业的分委员会都分别进行活动，是各国专业同行间进行相互学术交流的主要场所，并不定期出版专业的技术性公报。

每隔4年，执行委员会就已有分委员会是否延续和是否需要建立新的分委员会进行审议。大坝抗震专业分委员会很早就建立了，并一直延续至今。记得从1978年起我就被选派作为中国参加大坝抗震专业分委员会的成员。但实际上，直至2001年的20多年间，由于改革开放前受对出国人员和经费的规定所限，我从未能出国参加过大坝抗震专业分委员会的活动。

我被推举为国际大坝委员会第55届执行委员会
“地震与大坝”研讨会主席

1987 年中国大坝委员会争取到在北京召开国际大坝委员会第 55 届执行委员会，并首次在年会期间举行了为期一天的专题学术研讨会。这次研讨会的议题为“地震与大坝”，我被推举为此次研讨会的副主席，提交了两篇学术论文，并在大会上做了报告。在此期间，我才第一次参加了在中国举行的大坝抗震专业委员会的活动。

1996 年，国际大坝委员会在西班牙就对各类拱坝结构分析方法的检验举行了一次称作 Benchmark 的研讨会，我参加了此次会议，并就考虑拱坝横缝开裂影响的拱坝动、静态分析和模型试验结果的相互验证做了报告，指出：通过用各类分析方法对同一工程结构计算结果进行比较的途径，未必真能对分析方法做出正确评价，应当以试验结果与分析计算结果相互验证。

这段时间，我虽然只是参加了国际大坝委员会少量的学术活动，但我毕竟已逐渐走进了这个坝工技术方面权威性的国际学术组织。

（二）在走出国门的国际交流中受益匪浅

我真正和国际大坝委员会有较紧密的接触是始于改革开放后的 2001 年，当年我参加了在德国德斯登举行的第 69 届年会，也是首次参加在国外的大坝抗震专业分委员会的活动。当时要求在国际大坝委员会及其专业委员会任职的人员要尽可能参加年会，经费从各自的课题费中支出。由此我得以多次走出国门，名副其实地履行大坝抗震专业委员会委员的职责。2001～2013 年，我曾先后 11 次在德国、巴西、加拿大、韩国、西班牙、俄罗斯、保加利亚、巴西、越南、瑞士、美国等国家参加国际大坝委员会的年会，也曾作为中国大坝委员会代表参加过国际大坝委员会的行政会议。我深感这既是

参加国际大坝委员会执行委员会的行政会议

难得的向国际同行学习的机会，也是向各国同行展示我国大坝抗震设计和研究成果的窗口，因此我要求自己每次都不空手赴会。每次赴会前，我都就我国在大坝抗震的一个方面的研究进展精心准备，制作PPT，携带可公开的学术报告或资料，在专业委员会上做报告，并积极参加讨论。有时其他专业委员会的成员也来参加，国际同行了解到我国在强震区建设高坝工程的实践中取得的在大坝抗震方面的创新性科研成果。从走出国门的国际交流中，我因而能和各国同行广泛地交流学术观点，了解其研究进展情况，亲历一些世界知名工程现场，详细询问其抗震设防的要求，收集有关技术资料等，开阔了眼界，增长了见识，深感受益匪浅。在参加这些学术交流中，与不少国家的同行专家保持业务联系，成为好友，也有不少值得回忆的片断。

（三）开始较系统地参与国际大坝委员会的学术交流活动

2001 年，我们在德国东部的德累斯登市参加国际大坝委员会第 69 届年会，我开始较系统地参与国际大坝委员会的学术交流活动，并正式履行大坝抗震专业分委员会成员的职责。9 月 11 日当会议正进行时，突然被高音喇叭打断，扩音器中传出了美国发生大楼被飞机撞击起火焚毁的恐怖袭击事件，引起了轰动，大家议论纷纷，会议中断了好一会儿。会后途经柏林时，看到了已被拆除的“柏林墙”残迹及国会大厦等。当时在柏林市一些路边广场，已陆续有人摆放鲜花，以悼念美国遭“911”恐怖袭击的牺牲者，柏林市内的政府建筑上都降半旗志哀。

2002 年在巴西参加国际大坝委员会第 70 届年会时，参观了著名的伊泰普水电站，其上游库区丰沛的巨大瀑布水深给我们留下了深刻印象。我们在参观该电站时，讲解员在颇为自傲地介绍这个规模巨大的水电站时，抬头见到我们这些中国观众，当即补充说，很快中国将建成世界上装机规模最大的三峡水电站。伊泰普水电站水库来水丰沛，其年发电量雄居世界榜首。而三峡工程以防洪为首要

柏林市内被拆除的“柏林墙”残迹

柏林市内的政府部门建筑为美国遭“911”恐怖袭击降半旗志哀

目标，汛期水位受限，且其水库为季调节水库，影响其年发电量。但在长江支流金沙江下游的向家坝和溪洛渡两座水电站建成后，于2014年在开展三峡、葛洲坝、向家坝、溪洛渡四库联调，积极挖掘发电潜力后，三峡水电站全年发电量曾超越了伊泰普水电站，创造了单座水电站年发电量的世界最高纪录。

2002年在巴西参加国际大坝委员会第70届年会时在伊泰普水电站上游瀑布区留影

2002年在巴西参加国际大坝委员会第70届年会时在伊泰普水电站合影（我位于后排右三）

2003年在加拿大蒙特利尔举行的国际大坝委员会第72届年会期间，发表了当时我国在建的世界最高的292m的小湾拱坝的非线性有限元地震响应分析研究成果，以及参与发表了在我院三向六自由度大型地震模拟振动台进行的高拱坝动力模型试验研究成果。会议期间，应蒙特利尔大学皮尔·莱格（Pierre Legel）教授之邀，参观了他的重力坝动力模型试验，这也是我事隔 27 年后再次来到加拿大。

（四）被推选为大坝抗震专业委员会副主席

2004 年参加了在韩国汉城（现改名为首尔）举行的国际大坝委员会第 72 届年会，我被推选为大坝抗震专业委员会副主席，另一位副主席是日本大坝委员会主席松本德久（Norihisa Matsumoto）先生。我当时对朝鲜文很感兴趣，学习了字母后，能拼写自己的姓名和试着识别一些招牌，当然，这只是为了好玩而已。记得在会议期间，我除了参加大会外，还参加了我院和韩方有关单位双边协作的一个会议。

2006 年我参加了在西班牙巴塞罗那举行的国际大坝委员会第 74 届年会和第 22 届大会，我在会上做了《高坝设计地震动输入》的报告，对正在修编中的国际大坝委员会第 72 号公报《大坝地震参数选择》的某些内容提出了意见，并详细介绍了我国《水工建筑物抗震设计规范》中的有关内容。

（五）第三次重访俄罗斯

2007 年我参加了在俄罗斯召开的国际大坝委员会第 73 届年会，并在会议期间做了学术报告。这是我第三次来到俄罗斯（曾在莫斯科动力学院获副博士学位的老伴于岩完全自费同行）。会议在我曾多次到过的圣彼得堡市（原列宁格勒市）召开。会后我们对沿伏尔加河几个大水电工程大坝进行了考察，并由莫斯科市搭机回国。这次与我在 1992 年苏联解体不久访问时相比，让人感觉到的社会上那种郁闷、彷徨和失落的气氛已有了明显的改变，物资供应也已不那么紧张了。在莫斯科市，红场上著名的大百货公司中的商品已经比较齐全，但有些高档商品是以美元标价的。我第一次购票参观了已作为旅游点的红场边上的大教堂。在圣彼得堡市，市容与以前相比没有太大变化，与莫斯科不同，并未明显多见新盖的高楼大厦，庄严秀丽的古都风貌保持得很好。会议安排了参观位于涅瓦河畔的冬宫博物馆，它仍然那么金碧辉煌，收藏了那么多的珍贵文物。当我站在半个多世纪中曾数次重游的涅瓦大街上，眺望这个饱经从彼得大帝到“十月革命”风云的不同风格的建筑和雕像群时，十分感慨。

2007 年在俄罗斯参加国际大坝委员会期间做报告

2007 年在国际大坝委员会第 75 届年会期间与国际大坝委员会时任主席贝尔格先生合影

会议期间，在我们代表团和俄方协商与安排下，要我带领部分代表团成员访问在苏联时期十分知名的全苏水工研究院，我留苏时曾经在这里完成了毕业前的实习。与 1992 年访问时相比，这个研究院现在也不再是那么萧条冷落了。访问中，我们和接待的俄罗斯专家们进行了座谈，他们分别介绍了萨扬-舒申斯克水电站坝体的开裂、处理和监测情况，在高寒地区修建拱坝应注意的问题，及 2003 年遭遇地震后的大坝监测资料。双方展开了热烈的讨论，我也兼负了翻译的任务。

我们住宿的旅馆位于涅瓦河畔，风景秀丽，窗外可以望见不远处涅瓦河上的那座大桥，当大的舰船经过时桥身可以向两岸拉开。临出国前，我们楼下一位也曾留苏的同志托我们给她在圣彼得堡居住的俄罗斯女同学带去一些小礼品，经过电话联系，这位俄罗斯老人到我们居住的旅馆来取走了礼品。我和老伴送她到公交车站。这位估计大致与我们同龄的已退休老人，看起来已相当苍老，谈到了她目前的生活状况，这位 20 世纪 50 年代毕业的技术人员，在苏联解体后的处境似乎并不很顺心。

会后在对沿伏尔加河几个大水电工程大坝的考察中，我们乘坐了会议包下的一艘不大的游船，航行的路线和我留苏时 1955 年暑期苏联共青团组织部分留学生乘坐的更大的果戈理号游船、沿伏尔加河旅游的路线相近，只是此次的路线较短，只到伏尔加格勒市（以前称斯大林格勒）就返回了。在船头远望辽阔的河面，岸边树丛中的东正教堂的金色尖顶隐约可见，伏尔加河还是那么宁静，耳边似轻轻响起熟悉的《伏尔加河船夫曲》那缓慢深沉的旋律，仿佛又回到了 51 年前在果戈理号游船上时的青葱岁月。

2007 年在俄罗斯参加国际大坝委员会会议后重访列宁故居

途中，我们来到了列宁的故乡乌里扬诺夫斯克市，上岸后，看到路边的列宁雕像还在，只是周边环境较零乱。我们来到了列宁的故居，这是我第三次到这里参观，这个在一小片园地中的楼房及其起居室和餐厅与以前都没有多大变化，只是现在是作为旅游点需要购票进入了。

这次考察最终到达伏尔加格勒水电站。1956 年我曾在这个正在建设中的电站实习过，这次又来到这个早已建成的电站。接待我们的工程师毕业于其他城市的动力学院，在得知我 40 多年前毕业于莫斯科动力学院后，他紧握着我的手，格外亲切热情。在参观过程中，在场的当地记者们发现我能讲俄语后，就多次对我进行了采访。我告诉他们，50年前我曾在当时还在建设中的这个水电站实习过，再次到来，感到更加亲切，难忘在苏联学习期间感受到的真挚友情。

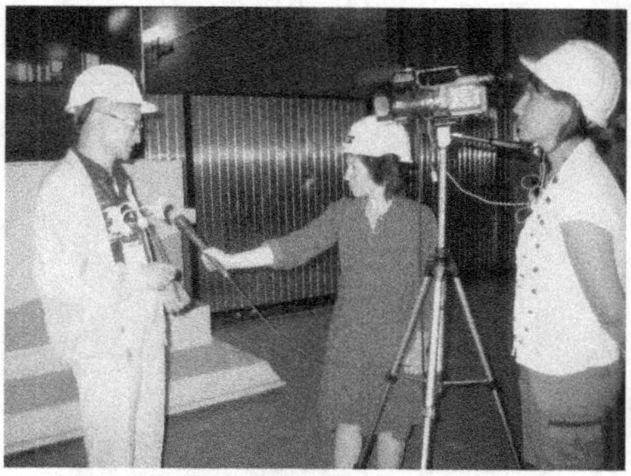

2007年在俄罗斯伏尔加格勒水电站接受当地记者即兴采访

2007年在俄罗斯伏尔加格勒水电站与负责的工程师合影

（六）关于汶川大地震的报告引起广泛关注

2008年5月12日，我国水力资源集中的四川省发生了8.0级的汶川大地震，其地震烈度之强、波及范围之广、持续时间之长都是前所少见的。对经受了远超设计标准强度后众多大坝的安全，在国内外都引起了广泛关注。因而在当年于保加利亚召开的国际大坝委员会第76届年会上，在原规定的大会日程外，专门安排了我向全体大会做了《中国的汶川大地震及其对大坝安全的影响》的报告。赴会前我做了充分准备，在报告中详细介绍了从各有关部门了解到及从网上搜集到的情况，包括：这次地震的诸多特点和有关参数、包括最大的唐家山在内及其他已发现的35个地震堰塞湖的状况，震区众多中小型水坝都无溃决、4个百米以上高坝工程的震情及局部受损情况、三峡大坝工程及都江堰工程都安全无恙，及我国政府大力组织军民奋力救灾的概况等。尽管这个报告是在临近午餐时间额外

2008年在国际大坝委员会第76届年会上做报告

安排的活动，但整个会场都拥满了人，报告受到了参会代表们的高度关注。此后，我积极参与了由中国大坝委员会会同国际大坝委员会地震专业委员会联合组织国际专家在汶川地震的灾区现场的考察和交流活动。

我与国际大坝委员会地震专业委员会主席维伦先生在考察汶川地震途中的山体崩落巨石前合影

我与国际大坝委员会专家一起在汶川地震后的沙牌拱坝现场考察

（七）第77届年会前后在4个国际学术活动中做报告

2009年我先应邀在土耳其全国大坝会议做特邀报告后直接转道去巴西首都巴西利亚，在那里又先应邀在巴西大学和巴西电力部门联合召开的学术会议上做了特邀报告。在巴西我又参加了国际大坝委员会第77届年会，除了在地震专业分会场做报告外，又为由挪威政府无偿资助100万美元、由我国商务部与联合国开发计划署共同设立的“支持汶川地震灾区重建与早期恢复援助方案”下的子项目

“加强水电安全项目”的专题研讨会上做了《中国大坝和水工结构抗震研究进展》的学术报告。这样，我此次出国就连续在4个不同的国际学术活动中做了4个围绕大坝抗震而内容各不相同的学术报告，可谓不虚此行了。

在巴西利亚，我国水利部的代表团组织了对巴西大学的孔子学院的参观，为在远离祖国的南美洲见到中华文明的宣传而深感兴奋。此外，我们代表团租用的接送代表的汽车司机，主动邀请我们访问了他在巴西利亚城区边缘的贫民区的家。目睹贫民区内的街道和生活条件，颇有感触。我们顺便又参观了贫民区内的一座残疾儿童学校，受到了校内师生的热烈欢迎。也许是这些儿童很少见到我们这些远来的稀客，显得格外热情。在贫民区内仍然不忘对残疾儿童的关怀的举动，使我深受感动。遗憾的是，因为是临时顺道参观，我们没能准备什么礼物相赠。

（八）第78届年全体大会的特邀报告

2010年在越南举行的国际大坝委员会第78届年会上，我在全体大会上做特邀报告。我按规定的大会报告时间准备了PPT，由于会议主持人未能掌控好时间，到我发言时，贸然宣布把每个大会报告的时间较原规定的时间缩减1/3以上，我原先准备的发言已来不及仔细修改，以致最后因超时中断了发言。尽管报告未能完全讲完，但会后仍然有代表向我表示，我的报告内容很翔实，他很感兴趣。好在我在抗震专业分委员会上更详细地介绍了报告的全部内容。

2010年在国际大坝委员会第78届年会上做特邀报告

会议在河内的国际会议中心举行。据说这是为在越南召开APEC会议由我国参加建造的。初次来到越南，有两点给我留下了较深印象：一个是过马路不易。从我们住宿的旅馆外出，马路上挤满了摩托车，几乎很少见到有红绿灯控制，这令我们这些初来乍到的外来人很难跨越马路，需要跟随当地人勇敢地从川流不息的摩托车流中穿插过去。另一个是大会组织参观的越南抗美战争时保留下的地下坑道，面对这些隐蔽在密林中的坑道，令人不禁想象到过去在狂轰滥炸和炮火连天下坑道中人们生活的艰辛与战斗的惨烈，也不免引发对当今世间风云多变幻的感叹。

2010 年在越南参加国际大坝委员会第 78 届年会时
参观抗美战争时的坑道

（九）获得国际大坝委员会终身成就奖

我在获国际大坝委员会终身
成就奖时致答谢辞

2011 年在瑞士卢塞恩举行的国际大坝委员会第 79 届年会上，我被授予国际大坝委员会终身成就奖。据时任国际大坝委员会主席的贾金生同志告知，在执行委员会全体委员国代表们的审核讨论中，我是被提名的诸获奖候选人选中唯一被通过的获奖者。那天在有 70 多个国家900多位代表出席的全体大会中，我被邀请到主席台上。会场主席台上的大屏幕播放了我在大坝抗震研究方面取得的主要成果。我清醒地认识到这不只是对我个人的奖励，主要的还是对我国在大坝建设，特别是大坝抗震设计研究进展的国际认可，荣誉属于我的祖国和我们整个团队。

（十）淡出国际大坝委员会

从1973年我受命负责组织撰写我国首次送交国际大坝委员会的论文开始至2013年的40年间，特别是改革开放以来，我有幸从参加坝工技术方面国际公认的最具权威性的国际学术组织的活动中，增长了知识，开阔了眼界，得到了与国际同行交往的历练，也结识了一些国际同行好友，受益匪浅。深感这样的机遇对一个科研人员，特别是作为学科带头人的成长是十分必要和难得的。但自己毕竟已届耄耋之年，应当考虑及时为年轻同志铺路搭桥、创造条件。同时，每次出国，尽管我自己对长途旅行和参加活动并不感到困难，但领导都十分关怀，常安排代表团中的年轻同志对我这个老人刻意照顾，也使我深感不安，觉得不能再给领导添麻烦了。因此，在征得领导同意后，在2013年国际大坝委员会第81届年会期间，我在地震专业分委员会上，就高混凝土坝地震损伤破坏过程的非线性分析方法和汶川地震中沙牌拱坝的震情验证做了一个报告后，提出因耄耋之年出行不便而请辞地震专业分委员会副主席职务的申请，并对多年来同行们的支持深表感谢。同时，推荐我院工程抗震研究中心的王海波总工程师作为参加地震专业分委员会的中国代表。

四、在世界地震工程学会（WCEE）的活动

世界地震工程学会是国际地震工程学界最权威的学术组织，每4年召开一次大会，一般都是有百余个国家的几千名代表参加的学术盛会，规模和影响都很大。参会者需先提交论文，审核通过后，

通常只有部分论文在大会宣讲。后来仅特邀报告在大会宣讲，部分报告在各个专题的分会场上宣读，其余很多论文采用制成展板在会场展出的方式。从我知道这个与我从事的科研专业直接相关的国际学术组织后，我一直都是十分关注和重视的。

（一）没能去成的第 5 届大会

我国在 1965 年邢台地震后成立了地震部门，记得当时主要研究工作由中国科学院地球物理研究所和哈尔滨工程力学研究所参与。1972 年，有关方面决定首次参加在意大利召开的第 5 届世界地震工程学会的国际学术交流活动，由当时的地震部门革命委员会组团并由其领导带队，哈尔滨工程力学研究所的刘恢先和章在墉两位同志参加了。那时，水利水电科学研究院已被解散，水利电力部把尚未遣散的人员组成了水利调度室，于骁中和我被批准参加该代表团。代表团人员去中国科学院的一个仓库内挑选了与自己身材大致相近的临时借用的出国期间穿的西服，还给每人发了 100 元津贴以购买日常生活用品，我们都去出国人员服务部选购了鞋袜等物。但就在已经订好机票准备出发的前两天，因突然接到我国驻意大利大使馆的通知，世界地震工程学会并未执行不让台湾地区以“中华民国”代表团的名义参会的承诺，因而决定我国不派代表团参会了，这次出国之行也就告吹了。按当时规定，要么退回已发的 100 元津贴，或者把已购的物品全都上交。我选择了后者，因为 100 元是我当时一个月的工资啊。

（二）首次参加的第 7 届大会

1980 年，在土耳其伊斯坦布尔召开第 7 届世界地震工程学会大会时，我国地震和建设部门联合组成了以刘恢先先生和叶跃先同志为正、副团长的代表团参会。当时，水利水电科学研究院才恢复重建不久，我被任命为抗震防护研究所副所长。我向大会提交的学术论文被接受，经水利电力部批准，我有幸参加了这个代表团。参会的还有同济大学的朱伯龙教授、哈尔滨工程力学研究所的周锡元同志（后当选为中国科学院院士）等。正是在这次大会上，我第一次在国际学术大会上用英语宣读了论文。因为缺乏在这么大的场面做报告的经验，加上自知英语水平不高，心情颇为紧张，特别担心的是听不清报告后的提问。可还是遇上一位印度学者提问，他的英语发音口音很重，语速又很快，因而还真令我着实紧张了一番，但毕竟有了这第一次的闯关经历了。

1980 年参加在土耳其召开的第 7 届世界
地震工程大会（我位于左一）

记得那次出国期间，正巧我和周锡元同志同住一室，老周同志虽然仅有大专学历，但勤奋好学，业绩斐然，为人又十分踏实谦和，令我很钦佩。这次难得有叙谈的机会，我就向他请教自学的经验。他告诉我，当他每遇到一个难题时，就广泛搜集各类与之有关的资料，反复进行分析比较，借以拓展思路，从不同的角度思考探究，就比较容易理解问题的实质及探求其解决的途径了。我深受启迪，并试着在自学中加以应用，确实收到了实效。

那次会议期间，限于经费规定，我们住在了比较便宜的汽车旅馆中，该旅馆临海，环境还相当不错。其间，同济大学的朱伯龙教授打听到了伊斯坦布尔市少有的一家中餐馆，我们曾专门找到那里去吃中餐。在那里，还正好遇上也来参加这次会议的日本著名的抗震专家冈本舜三先生独自在那里用餐。我早就研读过冈本舜三先生的著作，早在“文化大革命”前，他来我院访问时，曾参观过我正在进行的刘家峡重力坝工程的考虑库水的整体动力模型试验，并赠给了我他刚出版的英文专著。所以在会议期间，我曾多次和他交谈。由于我不能讲日语，他又不能讲中文，所以我们只能用英语交谈，他觉得很不方便，就建议我们用中文笔谈，我发现他能较流畅地使用中文繁体字。他还送了我一本他写的有关地下结构抗震的新书，我按我理解的规定，把它上缴给了团长刘恢先先生。

在这次会议的第二天，土耳其突然发生了军事政变。我们住的旅馆门口还停有坦克，会议被迫中断，我们不能外出，只能在旅馆中等待消息。好在很快局势就基本稳定了，国际会议的活动也就继续进行了。记得会议结束后，大会还组织了在欧亚大陆间的博斯普鲁斯海峡中的一艘邮轮上举行了例行的盛大告别宴会，还真别有一番风情。

按我们此次出国的计划，代表团在参加大会后将顺道到南斯拉夫一个由联合国资助的国际地震研究中心进行交流和参观振动台装置。但因政变后，伊斯坦布尔机场尚未恢复正常，我们又无法在此久等，所以代表团领导决定改乘火车去南斯拉夫。我们搭乘的是由伊斯坦布尔发车的“东方快车”。我记得以前在小说中看到的著名的“东方快车”是当时很豪华的国际长途客车，可现在的“东方快车”只是每两排座位一个小间的很普通的列车。更没有想到的是，车上既无餐厅，也不售卖食品，我们一早赶赴车站，在途中要经历很长时间，原想能在国际长途列车上就餐，所以也未事先购买任何食品。结果在车行四五个小时后就已感到饥肠辘辘了，好容易到了保加利亚境内，停车时间稍长，由于保加利亚文和俄文相近，所以团内要我这个能说俄语的去车站购买食品充饥。我兴致勃勃地到车站小卖部购买食品，售货员却说只能用当地的货币购买，而我身上却只有美元，车站上又无外币兑换处，虽经几多解说仍难通融，无奈只好空手而返。当时有一位苏联女性和她的丈夫与我们坐在同一个小间内，我们之间可以用俄语交谈，她看到我们买不到食品，就热情地请我们每人吃了一颗他们随身带的巧克力糖果。

还有一个有趣的小插曲，当列车从土耳其进入保加利亚时，保加利亚的边防军人上车，对我们中国人要详细询问和检查证件，但对那位苏联女性却完全免检。但当列车从保加利亚进入南斯拉夫境内时，南斯拉夫的边防军人上车后，详细询问和检查了那位苏联女性的证件，但对我们中国人却完全免检。列车上的这个鲜明对比，成为我们大家的笑谈，这似乎也多少反映了当时的国际政治气息。

好不容易在傍晚到达南斯拉夫，饿了一天的我们一行才在餐厅饱餐了一顿。在南斯拉夫，参观和考察了由联合国资助的国际地震研究中心的振动台，对我后来负责我院大型三向六自由度的筹建提供了有益的参考。

（三）在日本的第9届大会上

1988年还是由我国地震和建设部门联合组成了以刘恢先先生和陈寿梁同志为正、副团长的代表团参会，水电部门批准我和河海大学的徐芝英教授参会。

1988年在日本召开的第9届世界地震工程大会上做学术报告

大会分两个阶段分别在东京和京都召开。我们在东京的住处离会场较近，房间小到仅有一张床的长度，宽度仅容得下床旁的一扇门，一台小电视机是装在床尾墙上的支架上的。但室内虽小，却十分整洁，并不太令人感到过于局促。在东京时，东京大学校长特别设宴招待了中国代表团，我们原以为一定会很丰盛，谁知刚上几道较简单的食盘后就结束了，后来才知道日本的宴会都很精简。

在这次会上，我国地震局和建设部门经研究，决定要力争1992年的下届大会在北京举行的主办权，可惜最终申请未获通过，而由美国旧金山夺得主办权。在1992年的第10届大会上，克拉夫教授就中美合作项目中的响洪甸拱坝现场测振试验提交了论文。那时正在美国加州大学伯克利分校参加中美合作项目工作的我的研究生祁建华同志参加了这次大会活动。

（四）在新西兰的第12届大会上

1996年在墨西哥举行的第11届大会，我和我国其他一些同志提交的论文被接收后，却不知因何故均无法取得墨西哥的签证而未能成行。直到2000年冬，我参加了在新西兰的第12届大会。在那次大会上，我做了《中国地震与大坝》的学术报告。

2000年在新西兰参加第12届世界地震工程大会时合影（我位于左三）

那次我们住在离会场不远的一所大学的宿舍里，食宿都很方便。可能因正值当地暑假期间，学生似都已离校回家，宿舍临时对外开放。会中遇到了由日本派往参会的王均、王海波和曹增延三位我们所派至日本学习、进修和工作的同志。这次会议结束当天，正逢我国农历除夕之夜，由也参加这次会议的、已在美国工作的、我在国内抗震工程界的老友董伟民同志做东，请我和王均、王海波和曹增延等一起在奥克兰的一家中餐馆吃了一顿中式的年夜饭。第二天我们飞抵中国香港，于次日搭乘中国民航班机回国。到香港那天正好是大年初一晚上，包括餐馆在内的店铺多关门歇业，我们为解决就餐问题还真费了一番周折。那次我们第一次看到了举行香港回归祖国盛典的会展中心的雄伟建筑。

2000 年在新西兰第 12 届世界地震工程大会上做报告

（五）见证我国成功申办第 14 届大会

2004 年，我在加拿大温哥华举行的第 13 届大会上做了《小湾高拱坝地震动输入的选择》的报告。在这次大会期间，中国地震局提出了举办第 14 届大会的申请，我见证了我国顺利通过申请时的热烈场景，我们都为终于实现了我国地震工程界的夙愿而很欣慰，它充分显示了我国的地震工程学科的进展在国际同行中的影响。

（六）参加主办第 14 届大会的大坝抗震专题分会

2008 年首次在北京举行了第 14 届大会，参加这次大会的代表约达 5000 人。时任国际大坝委员会地震专业分委员会主席维伦（M. Wieland）先生和作为副主席的我，共同向第 14 届世界地震工程大会提出在大会中设立大坝地震专业的分会场的申请，得到了批准。维伦先生和我共同接受了递交大会的所有有关大坝地震专业的论文审核工作，并主持这个分会场。

2008 年在北京举行的第 14 届世界地震工程大会上与美国恰普拉（A.K.Chopra）教授共同担任大坝地震专业分会场主席

2008 年在北京举行的第 14 届世界地震工程大会上做报告

我除了在这次会上做了《中国高拱坝抗震研究的进展》的学术报告外，还应邀在大会专门举办的“中国日”活动中，做了《汶川地震后中国高坝抗震研究》的学术报告。这次大会中，我获得了世界地震工程大会主席授予的荣誉奖牌。

这次大会后，我因已届耄耋之龄，决定以后不再申请出国去参加世界地震工程大会了。

五、出国参加其他国际学术活动

除了尽可能参加国际大坝会议和世界地震工程大会这两个与自己工作关系最为紧密的国际学术交流活动外，早在 1975 年我就作为我国地震部门组织的代表团成员，参加了在加拿大举办的国际诱发地震会议。“文化大革命”后，还陆续参加了一些有关的国际学术交流活动。

（一）考察意大利贝加莫实验室

1985年作为我院代表团成员，参加了对意大利贝加莫实验室的考察。这个实验室是以进行大坝静、动力模型试验而在国际上久负盛名的。为此，我还专门到王府工艺美术商店选购了一个马可波罗的石膏像，作为个人出国礼品。在考察访问期间，参观了他们的振动台和离心机试验室，这对我正负责建置我院的大型三向六自由度地震模拟振动台十分有帮助。当时了解到他们还采用振动台多点激振等方式进行核电站设施的动力模型试验，这为后来我们在振动台建成后承接的我国首座自行设计和建造的秦山核电站的抗震试验提供了参考。在考察贝加莫实验室后，我们还去参观了一座拱坝和一个抽水蓄能电站，在拱坝观场看到的拱坝坝肩边坡的预应力锚索的加固，给我留下了较深刻印象。

在去意大利的飞机上，坐在我邻座的是一位我国体育代表队的翻译，我在旅途中向他学习了一些意大利语的生活用语，未曾想到在随后的访问中竟派上了用场，更激起了我学习和了解意大利语的兴趣。我购买了一本意-英字典，突击学习了一些意大利语。当时，意大利接待方为我们找的旅馆的房间内有厨具设备，我们要自己解决吃饭问题，我在超市选购食品时，由于售货员不懂英语，我就用上了突击学到的一些意大利语了，用不着靠手势比画指点了。此外，考察期间，在阅读有关材料或外出问路等场合，我突击学习到的一些意大利语也帮了不少忙。可惜的是，回国后由于很少用，学到的一些意大利语很快就忘光了，只记住了在飞机上学的几句日常用语。

（二）带队赴俄罗斯考察访问

1992年，我受命组织和带队赴俄罗斯访问和考察莫斯科的水工设计研究院，是对该院一年前访问和考察我院的回访。我们这次考察访问的重点是结合我国当时正在建设中的小湾拱坝工程，主要为多了解一些苏联在格鲁吉亚建造的、当时世界上最高的272m的英古里拱坝的经验，特别是该坝也位于地震区，抗震安全问题突出。在莫斯科访问水工设计研究院后，还参观了莫斯科建筑工程学院的水力学试验室、圣彼得堡的全苏水工科学研究院、伏尔加格勒的伏尔加格勒水电站。

对于我，这是35年前留苏回国后第一次重访俄罗斯，心情更为激动。没想到的是，到机场接我的竟是我留苏时莫斯科动力学院的同班同学希尔盖·夏尔公诺夫先生，他此时是莫斯科水工设计研究院下属材料研究所的所长。阔别30余年的老同学重逢，感觉格外亲切。

在莫斯科期间，我们进行了多方面的业务考察。我们在莫斯科水工设计研究院主要要了解的是英古里拱坝工程，因当时该坝已归属格鲁吉亚，无法去现场考察，但它的设计和研究当时是由莫斯科水工设计研究院和列宁格勒（现已改名为圣彼得堡）的全苏水工科学研究院完成的。莫斯科水工设计研究院的同行们十分热情地接待了我们，就该坝的设计情况向我们做了详细介绍，并提供了不少有关抗震设计的技术资料，特别是有关地震工况下拱坝坝体横缝的计算和缝间钢筋的配置、坝底设置周边垫座等的详细资料，可惜无法了解到一些在格鲁吉亚进行的动力模型试验的情况。我们还参观了设置在该院的、20世纪80年代初由英国引进的6m见方的大型振动台，该台虽号称是三向六自由度的，但由于对地震波的模拟是对各单向分别进行的，因而对各向间的耦合影响难以考虑。该台建成后已归属核动力设计院，只进行了规模不大的核动力装备的试验验证，并未做过水工建筑物的试验。对该振动台从性能、设备到基础地基的了解，有利于和我院修建的大型三向六自由度地震模拟振动台进行比较。我们代表团中虽有我院国际合作处的俄语翻译同行，但她不懂专业，因而在分组讨论时，我和代表团中也曾留苏的杨佳梅同志就分别充当兼职的技术翻译了。

我们还参观了莫斯科建筑工程学院的水力学试验室，代表团中两位水力学所的同志很关注他们进行的输水通道中的垂直消能试验情况。

尽管当时供应极为紧张，但我那位老同学希尔盖经设计院领导同意，还是热情地把周末邀请我们去他的郊区别墅作客安排进了访问日程中。在苏联时代，像他这样技术职位的人员，大概除了在市内分有住房外，一般都还在郊区分有一幢别墅。所谓别墅其实只是几间简单木房，有一片不大的园地，主要是作为短期休假时临时居住的。这在当时那个供应十分困难的时期，他们在这片小小的园地内种植的蔬果，却解决了大问题。希尔盖就用这自己种植的蔬果招待我们，这让我们很过意不去，但盛情难却。好在我在出发前已经大致听说了俄罗斯供应困难的情况，所以带了不少真空包装的食品和自炒的花生等，正好都用上了。除此之外，我还带了中国的衬衫等礼品相赠。希尔盖和他儿子亲自开车接我们到他的别墅欢度了一个十分愉快的周末。分别30余年，在那样困难的情况下的真情接待，令我无比感动，难以忘怀。

一年前，莫斯科水工设计研究院的院长带队访问我院时，他临回国前，院里派我陪他去购买一些纪念品。他选购了一个保温水杯，还看上了一双想买给他孙子的皮鞋，但他要的尺码却正缺货。第二年，当得知院里要我带队去回访时，我想起了此事，好在还记得他要的尺码，我就购买了作为我个人送他的礼品。他回赠了我一盒莫斯科的巧克力糖，这在当时也是很稀缺的东西了，我分给了团内的同志共同品尝。

1992年访问莫斯科水工设计研究院时向院长赠礼

1992年访问俄罗斯时在母校莫斯科动力学院校门前留念

莫斯科水工设计研究院的院长是我曾就读的莫斯科动力学院的兼职教授，当年苏联高校中就有不少来自生产部门和设计、科研单位的兼职教授。当他知道我毕业于莫斯科动力学院后，就亲自陪同我们到该学院参观。久别后能重返母校，这对我自然是求之不得的。到了莫斯科动力学院，我感到学院门前的莱复尔托夫斯基大街30多年来似乎没什么变化，但感觉曾经很熟悉的学校大门似乎没有昔日那么辉煌了，我请人在校门前拍了一张照片留念。当时正值假期，学校内比较冷清。我原来就读的水电系现在已改为新能源系了，原水电系中的水机部分已合并到本校的电力系了，而水工部分则已合并到莫斯科建筑工程学院了。因为陪同去的院长已先和学校打了招呼，所以留下的原来水电系的一些教师热情地接待了我们，其中已经退休的、我就读时的水电系的系主任也赶来了，他们带领我们参观了现在的新能源系。因为仍是在当年水电系的位置，教室也仍基本保持原貌。接待的老师还热情给我们看当年中国留学生的毕业照片，还特别指出李鹏总理的照片，我也找到了自己和班上同学在一起的照片。虽然时过境迁，但重回旧地，见到昔日师长，在充满了友情的叙谈中，回忆起当年在这里度过的峥嵘岁月，感到无比亲切，无限感慨。其间，我还去拜访了仍在原址的莫斯科动力学院的外国留学生处，这是当年在校时潘天达同学和我分别担任校内我国学生党、团总支学习委员时常来的地方，现在墙上还挂着中国学生赠送的礼品。

前两年，我们还收到过莫斯科动力学院邀请校友返校的信，并说明由校方提供食宿和返程车费。我记得，我们几个在水电部工作的同学和我在一机部工作的老伴，都已经所在部的外事司批准前往，办妥了包括护照签证在内的一应出国手续，并已定购了车票，但出发前两天突然接到校方暂缓举办的通知，只好退票了事。这次见到校方留学生处的负责人，他对那次突然暂停邀请返校的事表示歉意，并说邀请仍然有效，但问题是他们报请上级批准的经费预算，还没等批下来，就因物价飞涨而只能报废。我们也很能理解在那种情况下校方的难处。直至现在，虽已离校近50多年，但我和老伴每年都能收到莫斯科动力学院校长寄来的新年贺卡以及随时都欢迎我们返校的邀请函。

在此次访问的日程中，还安排了对莫斯科大学的参观。走到大礼堂前时，故地重游，我立即忆起在这里我曾倾听毛主席关于“希望寄托在你们身上”的讲话时的情景，心情激动，渴望能再次重温一下那个激动人心的时刻。但莫斯科大学的大礼堂的门平时都锁着的，我找到了管理礼堂的人对她说，35年前在莫斯科学习时，在这个礼堂听过我们毛主席的讲话，我想再进去看看，她很高兴地为我们打开了大门。我走到还依稀记得的当年听毛主席讲话时的座位，年过花甲的我，顿时有一种我们也曾年轻过的感觉。我请人拍了一张照片留念。此时此刻，我想到了：正是那一天，本应是我入党后的预备期满转成正式党员的日子，我有幸在这里倾听了党和国家的领袖对我们这一代青年的殷切嘱咐，难忘终生。后来每次看到这张我独自坐在空荡荡的礼堂中的照片，

1992年率团访俄时坐在当年毛主席在莫斯科大学讲话时的会堂内重温旧情

脑海中总浮现出当时这里的热烈而令人激动的场景。韶光易逝，青春不驻，当年曾被称作早晨八九点钟的太阳的我，如今已是夕阳晚照的白发苍苍的老人了。回首以往风云变幻的岁月历程，感慨万千。虽然总怀有对被“文化大革命”耽误的青春年华的遗憾，为未能以更多贡献回报党和人民的期望而内疚，但耄耋之年尚在本职岗位上尽力而为，至少也因实现了当年毛主席提出的“为党奋斗 50 年”“为祖国工作 50 年”的要求而稍有慰藉，更感受到希望寄托在年轻人身上的嘱托的深思远虑，鞭策自己要为今天的八九点钟的太阳们铺路搭桥尽绵薄之力。

按照访问日程安排，我们又乘车到了圣彼得堡，访问了全苏水工科学研究院。这里曾是当年苏联极负盛名的研究机构，很多高水平的科研成果和设计标准规范都出自该院。我曾在此完成了毕业实习。没想到目前大门上的玻璃已钉上了破旧木板，楼内阴暗冷清，人影稀少，一片消沉景象。接待我们的是该院负责动力研究的俄罗斯知名的歇宁教授，他十分热情和详尽地向我们介绍了他们的研究成果，包括高混凝土坝抗震分析和试验研究的情况、正在伊凡城新建的载重达 200t 的大型三向谐波振动台、通过测定结构脉冲响应后积分求解地震响应的方法及为此研制的推力达 100t 的高频脉冲激振装置；已成功应用于工程的在坝面设置空气帷幕以减少动水压力的技术；等等。他们取得的这些科研成果及在如此困难环境和条件下坚持研究的精神，都给我们留下了深刻印象。在交流中我和歇宁教授结下了真挚的友情，其后曾多次通信联系和互致新年贺卡。

在圣彼得堡我们参观了一个反映第二次世界大战时列宁格勒被长期围困情况的博物馆。这是我以前未见过的，它是在我 1958 年回国后才建的。馆内展示了在那么困难的情况下，苏联人民英勇抗战、坚持抗击德国法西斯、最终取得胜利的可歌可泣、感人至深的事迹，令我无限崇敬和激动。特别是对在炮火连天、生死攸关时刻，大街上播出了肖斯塔科维奇的第七交响乐，表达了不屈的人民对夺取最后胜利的坚定信心的介绍，令我不禁热泪盈眶。回国后，几经寻访，我终于找到了这张珍爱的肖斯塔科维奇的第七交响乐的CD片。

按接待计划，我们还来到了伏尔加格勒市，参观了我曾在此实习过的伏尔加格勒水电站。顺便也参观了斯大林格勒战役纪念馆，这也是我以前未见过的，这里展示了声光俱全的、当时战场实景的巨大立体模型。讲解员充满感情、绘声绘色地描述了这个扭转第二次世界大战局势的伟大战役的过程。加上现代的声光效果，真似身临其境。但我们团随行的翻译同志，由于主要只对日常生活用语较熟悉，只是简单地翻译了几句，大家感到很不满足，我只好自告奋勇地充当了讲解员精彩描述的翻译。我满怀着对抗击法西斯战士的崇高敬意，深感苏联卫国战争之胜利的来之不易。我们还参观了那座高高耸立的、手举刺破长空利剑的英勇妇女的巨大雕像。陪同我们参观的人员，正是参与这座知名建筑的设计人员，他带我们进入雕像内部，攀附着狭窄的转梯，到达顶部，看到了那柄长剑内部由预应力钢索曳引的复杂结构。

这次访俄，我在技术上是很有收获的。回国后，我执笔撰写了《俄罗斯水工抗震近况简介》，作为我们研究所派出的我、侯顺载、杨佳梅三人赴俄罗斯技术考察的报告。

（三）参加国际结构安全和可靠度大会

1993年在奥地利参加结构安全和可靠度大会

20世纪末，可靠度设计在国内正风行一时，为了进一步了解国际动态，1993年我向将在奥地利因斯布鲁克举行的第六届国际结构安全和可靠度大会投送了我撰写的论文《混凝土重力坝抗震可靠度分析》，被大会录取后，我去参加会议的申请被部里批准。我在会上宣讲了论文。这是我首次参加这类国际会议，我感到结构可靠度设计的研究在国际上已备受关注，成立了专门的学术机构，定期召开国际会议，它反映了结构设计理论的一个发展趋势。但从会上宣讲的论文看，目前尚少有在土建工程设计中被实际应用的例子。我们的论文也只是就地震作用和大坝混凝土材料的随机性探讨了重力坝的可靠度分析的方法。会议的主题虽把结构安全和可靠度连在一起，但我感到，目前似还并不现实，至少对众多土建结构的安全而言，结构的安全系数暂时似尚难被可靠度设计中统一的目标可靠指标所替代。因为实际上，结构的安全系数所考虑的并不仅是对作用和抗力的随机性不确定性，很大程度上还考虑了基于工程经验的非随机性不确定性。从此次会议交流的中得到的另一个收获是，我学习到了求解地震动过程中随时间变化的渐进功率谱的方法，这对我后来在结构非线性地震响应分析中考虑地震动的频率非平稳性的研究很有裨益。

在这次会上，我又遇到了我在莫斯科动力学院的老师勃洛欣教授。当年这位我印象中意气风发、精神抖擞的最年轻教授，阔别30余年后，竟显得苍老了许多。他是随机理论研究领域的国际知名学者，是为接受大会授予他的荣誉奖而被特邀参会的。当我向他问候时，难得他还记得这个当年他为我们在课外开设的弹性力学小组的中国学生，交流中仍感受到他的亲切关怀。

（四）在土耳其第二届全国大坝安全学术大会上做特邀报告

土耳其是多地震国家，他们建造了一系列200m以上的高混凝土坝，因而很关注高坝抗震安全。2009年，我收到土耳其大坝安全协会主席哈逊（Hasan Tosun）教授的邀请信，邀请我到土耳其参加每两年举行一次的、有诸多国际专家参加的第二届全国大坝安全学术大会，并做特邀报告。经报部批准后我应邀赴会。大会的开幕式相当隆重，土耳其政府部门及当地有关领导等都出席讲话，强调了对大坝安全的高度重视和对这次高水平学术大会的期盼。紧接着就由我用英语做了特邀报告。在报告中，我较详细地介绍了我国在高混凝土坝抗震安全领域，从坝址地震动输入、大坝混凝土材料的动态特性、坝体 - 地基 - 库水体系地震响应分析方法的研究成果和高坝在汶川大地震检验中的经验和教训。会下包括土耳其知名的科尼亚奥斯曼加齐大学的一些学者都与我交流和询问有关问题，表示对报告内容很感兴趣。在会议刊印行的包括德国、奥地利、瑞士、英国、西班牙和土耳其等国家 80 余篇论文的论文集中，我报告的论文排在首位。大会还向我颁发了在土耳其全国大坝安全大会上做特邀报告的证书。

2009 年在土耳其全国大坝安全学术大会上做特邀报告

（五）在巴西做特邀报告

结束了在土耳其的报告活动后，我在中国大坝委员会的协助安排下，从土耳其直接飞到巴西的首都巴西利亚，在那里应邀在巴西大学和巴西电力部门联合召开的学术会议上做了特邀报告，引起了热烈反响。那天，我做完报告与他们共进午餐后就离开了。会后，巴西电力公司专门发了一封长信给我表示感谢。他们在该信函中表示，对我的报告十分感兴趣，提供的众多信息对他们的研究有重要价值，使他们对正在开始的研究有更多了解，很受教益。希望能继续保持联系和交流，加强友谊和协作，并望能尽可能获得更多的大坝抗震研究的有关论文等技术资料。

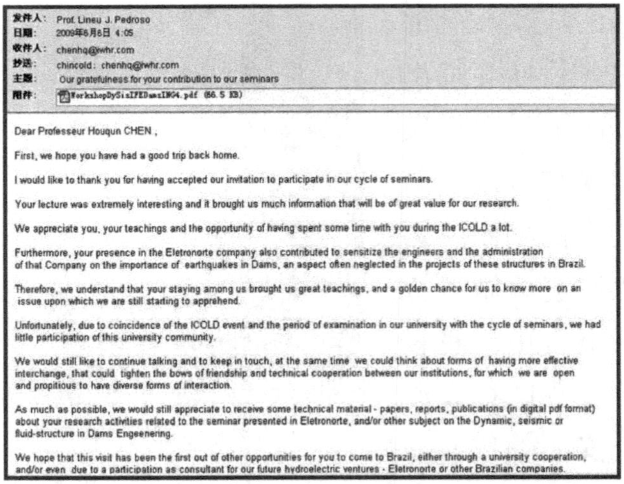

发件人：Prof. Lineu J. Pedroso
日期：2009年6月8日 4:05
收件人：chenhq@iwhr.com
抄送：chincold；chenhq@iwhr.com
主题：Our gratefulness for your contribution to our seminars
附件：WorkshopDySisIFEDamsIMG4.pdf (86.5 KB)

Dear Professeur Houqun CHEN ,

First, we hope you have had a good trip back home.

I would like to thank you for having accepted our invitation to participate in our cycle of seminars.

Your lecture was extremely interesting and it brought us much information that will be of great value for our research.

We appreciate you, your teachings and the opportunity of having spent some time with you during the ICOLD a lot.

Furthermore, your presence in the Eletronorte company also contributed to sensitize the engineers and the administration of that Company on the importance of earthquakes in Dams, an aspect often neglected in the projects of these structures in Brazil.

Therefore, we understand that your staying among us brought us great teachings, and a golden chance for us to know more on an issue upon which we are still starting to apprehend.

Unfortunately, due to coincidence of the ICOLD event and the period of examination in our university with the cycle of seminars, we had little participation of this university community.

We would still like to continue talking and to keep in touch, at the same time we could think about forms of having more effective interchange, that could tighten the bows of friendship and technical cooperation between our institutions, for which we are open and propitious to have diverse forms of interaction.

As much as possible, we would still appreciate to receive some technical material - papers, reports, publications (in digital pdf format) about your research activities related to the seminar presented in Eletronorte, and/or other subject on the Dynamic, seismic or fluid-structure in Dams Engeenering.

We hope that this visit has been the first out of other opportunities for you to come to Brazil, either through a university cooperation, and/or even due to a participation as consultant for our future hydroelectric ventures - Eletronorte or other Brazilian companies.

2009 年应巴西大学和巴西电力公司邀请做学术报告后收到的感谢信

（六）参加国际水电协会（IHA）大会

早在 20 世纪 90 年代，我应邀在中国召开的国际水电协会大会上做了特邀报告。2009 年，又应邀参加在冰岛首都雷克雅未克举行的大会，并在会上做了报告。冰岛多火山和地震，有大量的地热资源和急流河川形成的水电资源，所以对我就大坝抗震的报告较感兴趣，会下一些代表纷纷来和我交流。

我原以为靠近北冰洋的冰岛，必然是常年天寒地冻、冰天雪地，但实际上，雷克雅未克所在的南部并非如此。按会议安排，我们参

2009 年在冰岛参加国际水电协会大会

2009 年在冰岛参加国际水电协会大会上做报告并与专家交流

观了每隔一定时间喷发的间歇泉、地热电站和保留的原住民早先的住屋。

2015 年，我又应邀参加由中国主办的国际水电协会大会，大会确定几个主题，由应邀的主题发言人在大会上做报告后，都在主席台上就座，回答与会代表提出的有关问题，进行交流讨论。我受中国大坝学会委托，作为中国发言人在大会上做了有关我国水电工程高坝抗震安全研究最新进展的主题发言，并和与会代表互动，回答了有关提问。

2015 年在北京召开的国际水电协会大会上做报告

2015 年在北京召开的国际水电协会大会期间和与会代表互动

第三节　交流和协作中的点滴体会

除了以上所述的出国参加的国际学术交流会外，我还参加了很多在国内举办的有诸多国外专家参加的国际学术交流会，在会上用英语做了学术报告，如在同济大学每两年定期举办的光华国际学术交流会、由中国工程院主办的高层论坛等。我十分感谢领导给予我如此众多的参加国际学术交流的机会，这不仅使我大大开阔了视野，了解了学科发展动态，追踪前沿，增长知识；也令我深感通过这些交流，肩负着在吸收、消化基础上，独立思考、自主再创新，向国际同行介绍我国高坝抗震的实践经验，扩大影响，争取参与有关规则制定的重要责任。此外，还有几点值得一提的体会。

一、在学习和交流中要独立思考

在向国内外同行的学习和交流中，在虚心学习、取长补短、为我所用的同时，也需要清醒地结合我国国情和本专业的特点独立思考，尤其是跟国际接轨绝非盲目追随跟风。对此，曾有两件事给我留下较深刻的印象。

一件事是 20 世纪 90 年代，主要在美国提出了所谓“抗震性能设计”（Performance-based Seismic Design）的概念。一段时期，在国内多有被称作“研究前沿”“发展方向”的“新概念”而成为工程抗震中的“热点”问题，引出了各式所谓抗震性能设计的“特点”及“定义”。主要的似为“要根据业主要求和投资-效益准则，自行采取不同方法，确定个性化的性能水平”，甚或认为现行的抗震规范都要按此方向进行“改进”。对此我难以苟同，因为我认为：第一，任何设计本来就都是要在满足规范规定的性能要求前提下，根据国情，体现安全性和经济性间的相对平衡，不存在没有相应性能要求的设计。涉及社会公共安全的工程的抗震设计，不能仅根据业主从商业角度，以投资-效益准则确定其性能目标的要求。何况对如大坝这类工程，对防止其包括可能导致的严重次生灾害在内的地震灾变的效益，目前似尚难以做出合理的定量评估。因此在我国，抗震设计规范首先应是为了防灾减灾确保工程的抗震安全。其规定的各级设防标准及与之相应的性能目标，是必须满足的强制性下限。第二，用不同方法确定的性能当然有差异，所以规范所要求的评价工程抗震的性能目标的准则，是必须和设防标准框架、结构响应分析方法及其抗力取值相匹配的。不能不加分析地随意拼选套用。当然与规定相应的方法和性能目标评价的精度，都应随着对规范的及时修订而不断深化、改进和提升。

当时正是在规范修订之时，我们根据国情和行业特点，对风行的“抗震性能设计”只限于了解和分析，而并不曾参与和跟随。实际上，就我了解，这个被称作“研究前沿”“发展方向”的“新概念”，也并未对我国各行业的抗震设计规范有多大影响。

另一件事就是“可靠度设计”这股风。如前所述，当时国家计划委员会颁布了《建筑结构设计统一标准》(GBJ 68-84)，要求设计都采用以概率理论为基础的结构极限状态设计原则，即可靠度设计，并且要求其他工程结构标准、规范也应尽量符合该标准的有关原则。一时间，可靠度设计被作为设计工作中一项重大的变革，风靡全国各工程建设行业。但实际上，由于各行业的土木工程结构设计的安全系数，目前都仍在相当程度上包含有工程经验在内的非随机的不确定性，这对水工建筑物尤为突出。实践表明，急于对工程结构要求都按可靠度设计是并不现实的。从而不得不把按“可靠度设计的统一标准”，改为“可靠性设计的统一标准”了。

以上两例说明，在国内外的学术交流和协作中，盲目“跟风”都是不可取的。

二、交流、引进的关键是自主再创新

在国内外交流中的学习和借鉴，是一个吸收、消化、再创造的过程。更为重要的是，要通过本国和本行业的工程实践加以检验、敢于突破传统、勇于自主创新。目前，水工抗震在基础理论方面和国外仍存在一定差距，规范中的设计概念、方法和评价准则，也基本仍沿用国外的规定，有限元动力分析的程序、包括考虑拱坝横缝和辐射阻尼影响的程序最初都是从国外引进的。我们确实从引进和交流中学习了很多，得到了不少启迪和教益。此外，在国内，我们也从向地震、建筑、计算、力学等有关交叉学科的单位和人员的交流与学习中，得到了不少启迪和教益。但深感，关键还在于一定要结合国情和行业特点，消化和思考，自主再创新。例如，作为科研单位，我们一直要求防止对商用程序的“依赖”，在创新驱动下自主研发所有程序，把商业程序仅限于作为参考和校验之用。这是因为：进入商用程序的理论和方法，一般往往已是多年前的成果，且因其不提供源程序，只是一个“黑盒子”，而使所谓的“二次开发”可能有“牵一发而动全身”的困难，所以是很难根据追踪前沿的科研需要和发展而对其做本质性的改动的。

三、肩负在国际上推广我国成果和扩大影响的重任

我国当前已是世界高坝建设的大国。近年来，在水利资源集中的西部强地震区，修建了一系列有里程碑意义的超大型高坝。在工程实践驱动下，在高坝抗震安全的设计和研究方面取得了具有我国特色的显著进展，需要通过国际学术交流探讨不断改进和深化，也应当在国际同行中介绍推广和扩大影响。应当把国际学术交流也作为显示我国成就和进展的窗口，及力争成为参与国际标准和规则制定的平台。因此，每当参加国际学术交流活动，从报告、论文、发言到 PPT，我都意识到肩负的责任，认真精心准备。无论是参加国内还是国外召开的学术交流会议，我都力求不空手听会，在认真学习的同时，也抓住机会向国内外同行介绍我们的研究进展和成果。感到遗憾的是，总感到由于自己的英语水平不高，影响了在国际学术交流中的效果。

第十三章

永志不忘的鼓励和鞭策

在科研战线近60年的奋战征途中，我深感自己对组织和人民培育的回报实在太少，而在这个过程中，却屡被委以重任，并时时受到组织的关怀以及国家给予的诸多鼓励和奖赏，因而常使自己时刻深怀感恩之情和愧疚之心，追忆在成长过程中所受到的党和人民给予的永志不忘的鼓励与鞭策。

第一节　从中华人民共和国成立到“文化大革命”

一、初期的激励

回想中华人民共和国成立之初，作为一个在高中就读的17岁少年，我满怀对新社会的热切向往憧憬和对党的无比信任崇敬，真诚渴求进步。在1950年9月初次远离家人考入清华大学后，在团组织的关心和指导下，于1950年1月8日在当年入学的学生中首批被批准入团。经过轰轰烈烈的抗美援朝教育后，1951年年底我被校团委推荐到北京市节约检查委员会参加“三反”“五反”运动。1952年3月我被通知立即返校参加留苏预备考试，4月初被通知到留苏预备部学习俄文，其间在党支部的关怀和教育下，被作为党的培养发展对象。但10月下旬即被批准首批出发到苏联，分配在莫斯科动力学院水电系学习，我一直担任莫斯科动力学院共青团组织的干部。在中央决定可以在苏联从留学生中发展党员后，1956年11月24日，我被首批发展入党，翌年按期转正。

1958年2月留苏归国，我被分配在当年电力工业部的水电科学研究院，经我希望能先去水电工地的申请被批准后，被派去辽宁刚开工的桓仁水电站工地参加劳动锻炼一年。但半年后不幸遭受严重工伤，在工地医院做初步处理时，土石工区党总支书记李彦同志始终陪伴在场，并在把新到的大轿车改装后，连夜把我急送沈阳陆军总医院救治，在陪同医院领导到病房看望后，决定第二天就安排手术。在我右脚受开放性粉碎性骨折、静脉已被切断、在工地现场环境下已有感染的严重情况下，医院及时全力救治，终于不仅保住了我这条可能要被截肢的右腿，而且还基本能恢复并长期保持正常功能至今。同时，我不断收到来自工地工人、干部和领导及正在实习的长春水电学校师生们的慰问信件，先后带来了题为“土石工区一面红旗”的关于我的报道和我被工区以“有强烈的党性和高度的责任心”评为当年“先进工作者”的奖状。此外，还收到远在莫斯科动力学院同学们共同签名的慰问信。

所有这一切莫大的鼓励，让我这个刚参加工作的新党员，在深深感受到终生难忘的组织和同志的关怀与温暖下，顾不了伤腿的病痛和对今后可能落下残疾的担心，只想能尽早回到工作岗位，努力工作以不辜负组织和同志们的深情厚谊及殷切期望。

在半年治疗过程中，我与病友们和医务人员在朝夕相处、相互照顾中，结下了深厚友情，也受到了教育。党支部根据我的表现，经上报批准授予我“五好休养员”的光荣称号。

1959 年 3 月，我回到当时已合并为水电部的水利水电科学研究院的结构材料研究所开始科研工作后，被破格提升为 9 级工程师，先后被授予水电部“青年积极分子”和院“先进工作者”等称号。此外，我还一直担任结构材料研究所的团支部书记，负责墙报和黑板报等宣传工作。我们所的共青团支部被我院团委评选为“先进团支部”，我被选为参加中央和国家机关团代会的代表。1961 年受命组织抗震组，担任组长。1962 年经院、部批准，我成为黄文熙副院长（中国科学院学部委员）的重点培养对象。

应当说，从入大学到开始工作的这段时期，我一直沐浴在党和人民的关怀与信任之中，我也时刻不忘以优秀共产党员的标准严格要求自己。

二、极左思潮的影响

1963年后，我开始隐约感觉到社会上掀起的随着要求念念不忘“阶级斗争”的号召而来的强调“家庭出身”之风的影响，在这期间，我的心情犹如一个孩子被自己无比热爱的母亲另眼相看的那样。在彷徨中，我读到陈毅同志在对高校毕业同学的讲话中特别说到，出身不同的学生们都是党和人民培育的儿女，感动地热泪盈眶。那时我虽对极左思潮还缺乏认识，但我相信，尽管自己出身于商人家庭，但父亲还是爱国抗日的。特别是我自己是真诚热爱祖国和党的，我相信迟早总是会被一视同仁的。因而，我的心情逐渐平静下来，想到这也是一种考验和历练，决心要以认真改造、努力工作的实际行动来为自己作证。在其后更努力投入科研工作的同时，我到云南参加9个月的“四清”工作，我以我院带队的老革命田孝忠同志为榜样，在工作、生活和劳动中都严格要求自己，在“四清”结束时，得到了包括水电总局、昆明铁道兵、水利水电科学研究院等组成的“四清”工作总队的大会表扬。

没想到的是，在接踵而来的“文化大革命”中，极左思潮愈益汹涌而来，虽然经历过前一段的思考，对此已多少有了一些思想准备，但总感到很难理解，存在诸多疑虑和困惑。好在自问，我确实是真诚爱国、对党忠诚、努力工作、问心无愧的。

第二节 “文化大革命”以后

直到“文化大革命”结束，我感到又回到了“母亲”的怀抱中，又重新沐浴在了党和人民的关爱与信任之中。从那时起，从我步入中年到耄耋之年的30多年中，就一直在工作中得到党和国家各级领导的高度信任，并被委以重任，连续获得党和人民给予的各项奖励。这一切的鼓励和鞭策，不仅使我完全卸下了“出身”的思想包袱，轻装上阵，更让我从感念党和人民对一个普通知识分子的关爱中深受激励，更坚定自己不忘初心、奋力工作、以不负党和人民悉心培养的决心。这段时间也成为我取得科研成果和思想升华的高峰期。

一、在工作上的培育和信任

1976年，我被从干校临时调回参加毛主席纪念堂的抗震工作，并被评为先进工作者。1977年从干校返回后，参加了恢复水利科学研究院后筹建抗震防护所的工作，被任命为副所长。1978年以被评为水工抗震先进集体的代表参加了全国科学大会。1980年，我被批准参加中、美两国土木工程学会商定的在全国选派赴美国短期工作人员的英文考试，最后，我和我院张文正同志被录取。我被美国芝加哥以大坝设计闻名的哈扎工程公司聘任为高级工程师，在美国工作一年，按期回国后主动上交了万余美元。从1980年起，我被批准参加根据中、美两国政府间科技合作协议进行的、由美国的国际著名专家克拉夫教授和我国张光斗教授领导的、先后长达近20年的拱坝抗震现场测试研究项目，我是中方具体技术负责人。1990年，我被任命为中国科学院工程振动开放实验室主任，这是中国科学院开放实验室系统中唯一的院外开放实验室。1991年，潘家铮先生推荐我参加中国科学院学部委员选举，未当选。1995年5月，我被水利水电科学研究院学术委员会、中国水利学会推荐参加中国工程院首次向全国公开的院士选举并当选，先后任土木、水利与建筑工程学部常委、主任及1997～2008年11年间的中国工程院主席团成员。1997年，在我退

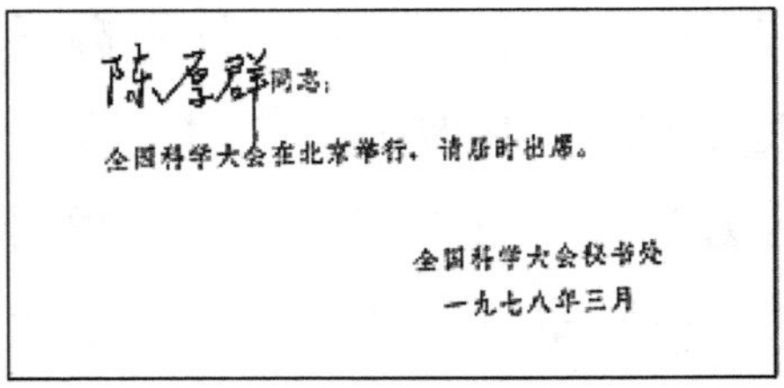
陈厚群同志：
全国科学大会在北京举行，请届时出席。
全国科学大会秘书处
一九七八年三月

1978年参加全国科学大会代表证

离研究所领导岗位多年后，又重新被要求组建院工程抗震研究中心，并担任主任。2012 年，经国务院领导批准，担任国务院三峡工程建设委员会的三峡枢纽工程质量检查专家组组长。2012 年，经国务院领导批准，担任国务院南水北调工程建设委员会专家委员会主任。

二、业务上的鼓励和奖赏

1984 年我被人事部授予“有突出贡献的中青年专家”称号，并获得提升了二级工资的奖励。1984 年 12 月被水利电力部授予“全国水利电力系统特等劳动模范”称号。1986 年 5 月被全国总工会授予“全国优秀科技工作者”称号和全国“五一劳动奖章”。

1989 年获“全国先进工作者”称号

1989 年被水利部授予“全国水利系统特等劳动模范”称号。1989 年 10 月被国务院授予“全国先进工作者”称号。1991 年享受国务院政府特殊津贴。1992 年 1 月被建设部授予“全国抗震防灾先进工作者”称号。2001 年 10 月获 2001 年度何梁何利基金科学与技术进步奖。

获 2001 年度的何梁何利基金科学与技术进步奖时合影

（我位于第四排右七）

2007年获“全国地震科技工作先进个人”称号荣誉证书

2007年8月，我被中国地震局、科学技术部、国防科学技术工业委员会、中国科学院、国家自然科学基金委员会联合授予“全国地震科技工作先进个人”称号。2009年被中国工程院授予光华工程科技奖。2011年被国际大坝委员会授予终身成就奖。

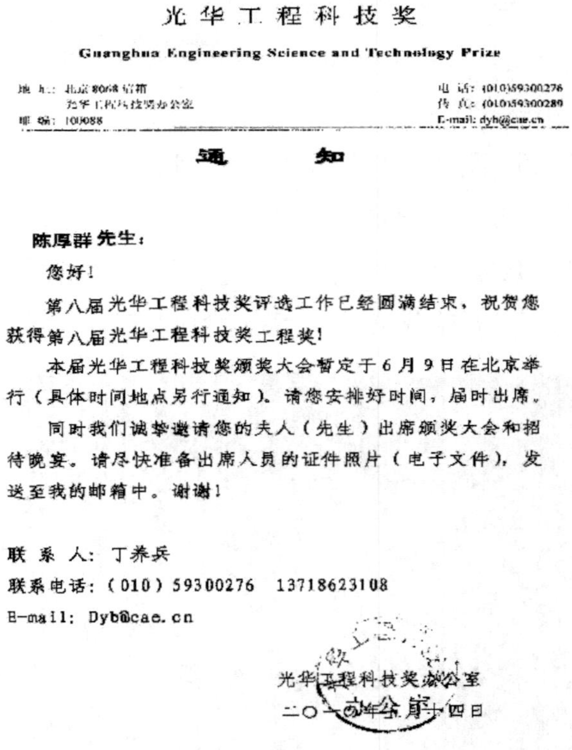

光华工程科技奖

Guanghua Engineering Science and Technology Prize

地 址：北京8068信箱 光华工程科技奖办公室
邮 编：100088
电 话：(010)59300276
传 真：(010)59300289
E-mail: dyh@cae.cn

通 知

陈厚群先生：

您好！

第八届光华工程科技奖评选工作已经圆满结束，祝贺您获得第八届光华工程科技奖工程奖！

本届光华工程科技奖颁奖大会暂定于6月9日在北京举行（具体时间地点另行通知）。请您安排好时间，届时出席。

同时我们诚挚邀请您的夫人（先生）出席颁奖大会和招待晚宴。请尽快准备出席人员的证件照片（电子文件），发送至我的邮箱中。谢谢！

联 系 人：丁养兵
联系电话：（010）59300276 13718623108
E-mail: Dyb@cae.cn

光华工程科技奖办公室
二〇一[illegible]年[illegible]月十四日

2009年获光华工程科技奖

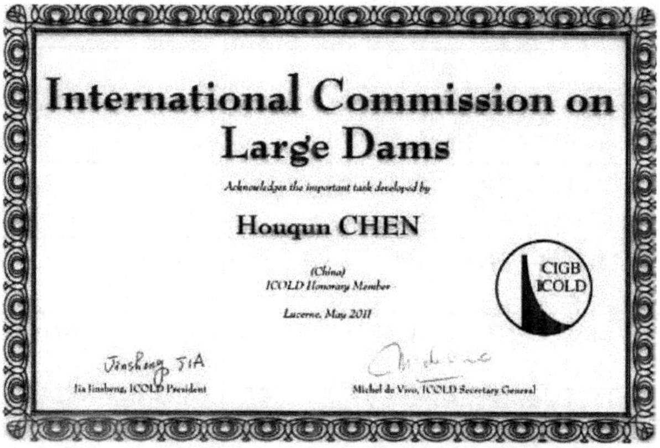

获国际大坝委员会2011年度唯一的终身成就奖

1986～2010年的24年，我先后获国家级、省部级科技进步奖共30项，其中18项为第一获奖者。

获国家级、省部级科技进步奖一览表

编号	获奖时间	项目名称	授奖部门	等级
1	1986年12月	拱坝静动力分析程序ADAP-CH84和二滩抛物线拱坝抗震分析研究	水利电力部 8625002-G1	二等奖
2	1986年12月	湖南镇大坝横河向抗震及观测分析	水利电力部 8642167-G1	四等奖
3	1988年12月	拱坝抗震设计关键技术问题研究	水利电力部 S8822042-G1	二等奖
4	1989年3月	用瞬态激振进行水工结构的模态识别	水利部 S893066-G3	三等奖
5	1991年7月	高拱坝体型优化及结构设计的研究	能源部 9111002-G5	一等奖
6	1991年7月	高坝的抗震设计	能源部 9121011-G1	二等奖
7	1991年10月	钢制立式圆柱形储油罐抗震研究	中国石油化工总公司 91-2-25	二等奖
8	1993年12月	机械结构动力分析技术研究与DASAP90微机结构动、静力分析程序的研制与工程应用	机械工业部 9307018-9	一等奖
9	1993年12月	秦山核电厂反应堆控制棒驱动机构抗震试验研究	电力工业部 9321042-G1	二等奖
10	1994年8月	小浪底工程进水塔群结构安全分析和孔板塔抗震模型试验研究	水利部 S941043G01	一等奖
11	1995年8月	清江隔河岩工程第二级垂直开船机塔柱结构抗震试验研究	水利部 S953035-G01	三等奖

续表

编号	获奖时间	项目名称	授奖部门	等级
12	1995 年 12 月	小浪底工程进水塔群结构安全分析和孔板塔抗震模型试验研究	国家科学技术委员会 08-3-004-01	国家级科学技术进步奖三等奖
13	1995 年 1 月	东江拱坝坝体库水地基动力相互作用现场试验研究	电力工业部 9511002-G1	一等奖
14	1997 年 7 月	拱坝的动力非线性分析与动力可靠度研究	电力工业部 9721016-G1	二等奖
15	1997 年 12 月	东江拱坝坝体库水地基动力相互作用现场试验研究	国家科学技术委员会 08-2-004-01	国家级科学技术进步奖二等奖
16	1998 年 7 月	拱坝系统三维动力分析及抗震措施研究	电力工业部 981241-G1	一等奖
17	1998 年 12 月	软土地基上储油罐抗震性能研究	江苏省 2-36-03	二等奖
18	1998 年 12 月	软土地基上储油罐抗震性能研究	中国石油化工集团公司 98-2-028	二等奖
19	1999 年 10 月	核电厂抗震设计规范的研究和编制	中国地震局 991302-7	一等奖
20	1999 年 12 月	拱坝动力非线性分析和试验研究及其工程应用	国家科学技术委员会 08-2-002-01	国家级科学技术进步奖二等奖
21	1999 年 12 月	水工建筑物抗震设计规范	国家电力公司	二等奖
22	1999 年 12 月	水工结构荷载设计规范	国家电力公司	三等奖
23	2000 年 12 月	用时域法进行人造地震动力谱拟合	国家电力公司 20003212-G2	三等奖
24	2002 年 10 月	300m 级高拱坝抗震研究	国家电力公司 20022303-G1	二等奖
25	2003 年	龙羊峡拱坝抗震安全运行评价	中国电力科技进步奖 2003-2-10-G01	二等奖
26	2003 年	高拱坝地震应力控制标准和抗震结构工程措施	云南省科技进步奖 2002KC243-1-R04	一等奖
27	2006 年	小湾拱坝超设计概率水平地震作用及极限抗震性能的试验和分析研究	中国电力科学技术奖 2006-2-24-G01	二等奖
28	2007 年	全级配大坝混凝土动态性能研究	大禹科技进步奖 DYJ20070315-001	二等奖
29	2010 年	西部高拱坝抗震安全前沿性基础科学研究及其工程应用	中国水力发电科学技术奖 2001- 特 -01-001	特等奖
30	2013 年	混凝土坝抗震安全评价体系研究	中国水力发电科学技术奖 2013-1-05-G05	一等奖

此外，我还多次获得破格提升和其他诸多殊荣，诸如：1990 年国庆节我作为全国劳动模范受到中共中央领导接见，同年被邀请到

中南海做客。1996年参加了国家有突出贡献专家休假团，并在考察期间做报告。1999年，受朱镕基总理邀请参加了中华人民共和国成立50周年国宴。同年又参加了水利部组织的老专家休假团。

在国家有突出贡献专家考察团会议中发言

在国家有突出贡献专家休假团联欢会上合唱俄文歌曲

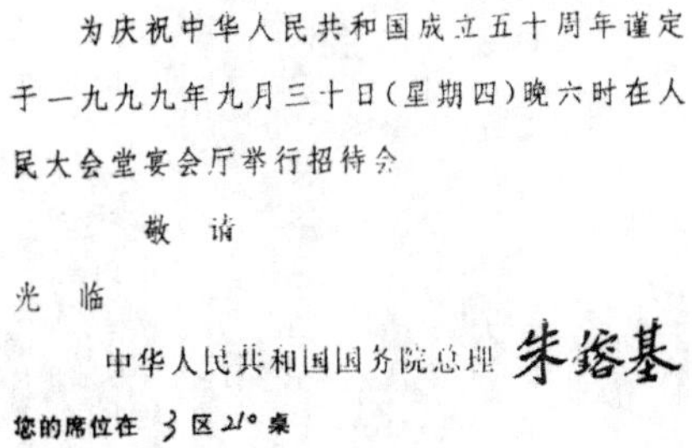

为庆祝中华人民共和国成立五十周年谨定于一九九九年九月三十日(星期四)晚六时在人民大会堂宴会厅举行招待会

敬 请

光 临

中华人民共和国国务院总理 朱镕基

您的席位在 3 区 210 桌

参加中华人民共和国成立50周年国宴

1999年参加水利部老专家休假团（我位于第二排右二）

2000年，受北京市委和市政府邀请在天安门城楼中秋赏月。多次参加了在人民大会堂举行的春节团拜会，以及中华人民共和国成立35周年、40周年、50周年在天安门的观礼。

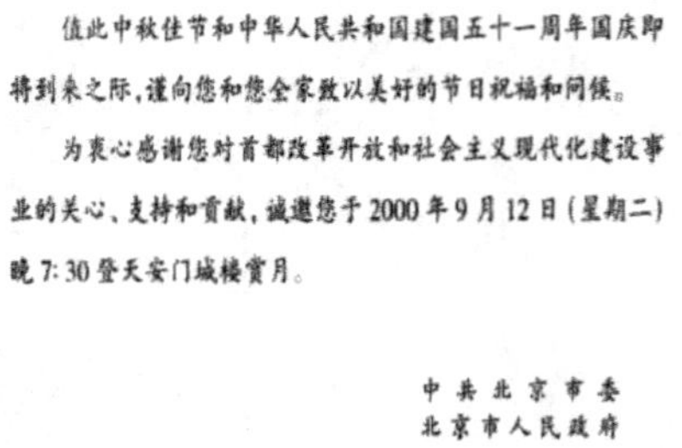

值此中秋佳节和中华人民共和国建国五十一周年国庆即将到来之际，谨向您和您全家致以美好的节日祝福和问候。

为衷心感谢您对首都改革开放和社会主义现代化建设事业的关心、支持和贡献，诚邀您于2000年9月12日（星期二）晚7:30登天安门城楼赏月。

中共北京市委
北京市人民政府

2000年应北京市委和市政府邀请在天安门城楼中秋赏月

中华人民共和国成立40周年晚上在天安门观看烟花表演（我位于右三）

2003年在人民大会堂参加春节团拜会

令我十分感动的是，2012年当我80岁生日时，院里为我举办了学术报告暨座谈会。国务院南水北调工程建设委员会办公室鄂竟平主任、水利部胡四一副部长、中国长江三峡集团公司陈飞总经理出席会议并发表讲话，中国工程院周济院长委派专人出席会议并宣读贺信。会议由匡尚富院长主持，水利部、国务院南水北调工程建设委员会办公室、国务院三峡工程建设委员会办公室、中国工程院、国家发展和改革委员会能源局、中国长江三峡集团公司、水利部水利水电规划设计总院、长江勘测设计研究院、华东勘测设计研究院、成都勘测设计研究院、南京水利科学研究院、清华大学、河海大学、天津大学、西安理工大学等单位领导和专家等共计100余人出席了座谈会。我除做了题为“混凝土高坝抗震的科研进展”的学术报告外，还谈了自己从事水利水电工程抗震工作的历程与体会，表达了在50余年来成长过程中在思想上的感悟，以及对党、人民和团队培育的感恩之情。领导和组织的关怀，既令我受之有愧，也给了我竭尽余力、发挥余热的新的激励。

2012年我80岁生日时院里为我举办的学术报告暨座谈会

三、思想上的关怀和鞭策

“文化大革命”以后，除了在工作上的培育和信任及在业务上的鼓励和奖赏外，我在思想上也得到了组织的关怀和鞭策。1984年、1986年、1987年、1990年、1991年、1992年、1994年、2011年，我都获得部直属机关党委授予的“优秀共产党员”称号。其中，1986年和1992年还获得中共中央国家机关委员会授予的“优秀共产党员”的称号。1986年被推选为中央国家机关纪念“七一”优秀共产党员先进事迹报告团成员。1988年参加中共中央国家机关优秀党支部和优秀党员代表大会。

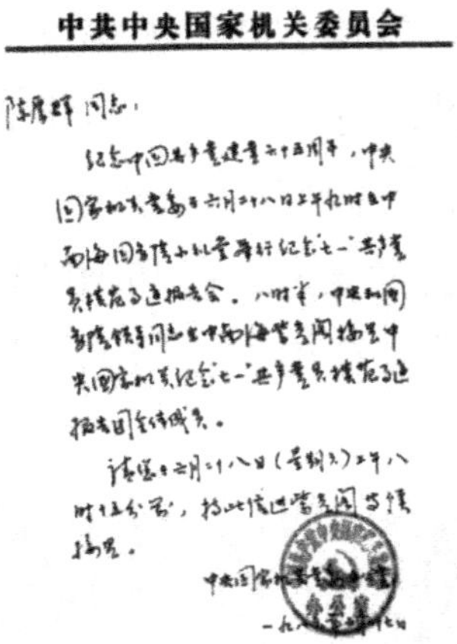

中共中央国家机关委员会

陈厚群同志：

纪念中国共产党建党六十五周年，中央国家机关党委于六月二十八日上午九时在中南海国务院小礼堂举行纪念"七一"共产党员模范事迹报告会。八时半，中央和国家机关领导同志在中南海紫光阁接见中央国家机关纪念"七一"共产党员模范事迹报告团全体成员。

请您于六月二十八日（星期六）上午八时十五分前，持此信进紫光阁参加接见。

中央国家机关党委宣传部

1986年被推选为中共中央国家机关纪念“七一”优秀共产党员先进事迹报告团成员

1986年中共中央国家机关纪念“七一”优秀共产党员先进事迹报告团成员合影（我位于后排右四）

1991年，水利水电科学研究院党委决定，在深入开展“学雷锋、学焦裕禄、学亚运精神”中，在全院开展“学习田孝忠、陈厚群同志先进事迹”的活动。

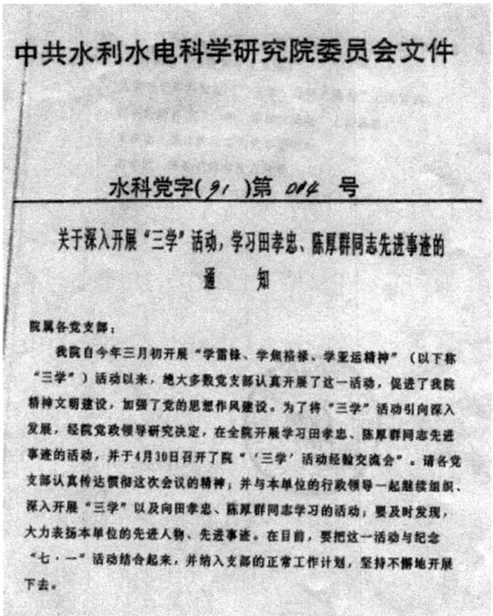

中共水利水电科学研究院委员会文件

水科党字(91)第014号

关于深入开展“三学”活动，学习田孝忠、陈厚群同志先进事迹的

通　知

院属各党支部：

我院自今年三月初开展“学雷锋、学焦裕禄、学亚运精神”（以下称“三学”）活动以来，绝大多数党支部认真开展了这一活动，促进了我院精神文明建设，加强了党的思想作风建设。为了将“三学”活动引向深入发展，经院党政领导研究决定，在全院开展学习田孝忠、陈厚群同志先进事迹的活动，并于4月30日召开了院“‘三学’活动经验交流会”。请各党支部认真传达贯彻这次会议的精神，并与本单位的行政领导一起继续组织、深入开展“三学”以及向田孝忠、陈厚群同志学习的活动，要及时发现，大力表扬本单位的先进人物、先进事迹。在目前，要把这一活动与纪念“七·一”活动结合起来，并纳入支部的正常工作计划，坚持不懈地开展下去。

水利水电科学研究院关于深入开展“三学活动，学习田孝忠、陈厚群同志先进事迹”的通知此外，1987～1997 年我连续被选为北京市海淀区第九至第十一届人民代表大会代表。

1987 年当选为北京市海淀区第九届人民代表大会代表

（我位于后排右五）

1990 年当选为北京市海淀区

第十届人民代表大会代表

（我位于后排左五）

1993 年当选为北京市海淀区

第十一届人民代表大会代表

（我位于第二排右五）

1998 年，我当选为中国人民政治协商会议第九届代表，并成为其人口资源环境委员会成员。

1998年当选为中国人民政治协商会议第九届代表

参加第九届全国政协人口资源环境委员会淡水资源与可持续发展专题座谈会（我位于第二排右二）

参加中共中央国家机关代表大会的证件

1992年，在全院各支部选举党的十三次代表大会代表的候选人中，我被推举为我院唯一的候选人，经部党委批准，成为水利电力部推出的与其他五位各级领导同为参加首次差额选举的党的十三次代表大会代表的候选人，出席了中央国家机关党代表大会。同志们对我这个普通党员的莫大信任，使我深受感动。

更难忘的是，2015年7月的一天，我意外收到田孝忠同志（退休前为我院副院长，曾任我以前所在的结构材料研究所领导）这位我心目中一直奉为楷模的老共产党员寄给我的一封信。信中是一首七言诗：“老陈院士名厚群，水利抗震创建人，虽已八十单三岁，老马奋蹄向前奔”。看到这位百岁老人亲笔书写的简朴真挚的鼓励，我顿时感到一股热流涌上心间。这些信任，成为我常怀难以承受众望之心的巨大鞭策。

回顾以往岁月中，特别是在“文化大革命”以后，受到党和人民如此众多的奖励、关怀和信任，除了深受鼓舞、激励和感恩之外，也为自己何德何能受此殊荣而常怀愧疚之心。更自觉地认识到，组织的每一个奖励和每一份信任、同行的每一点认可，都是对自己的更高要求和鞭策，应时时反省存在“其实难符”的差距，始终保持清醒，警惕止步不前。

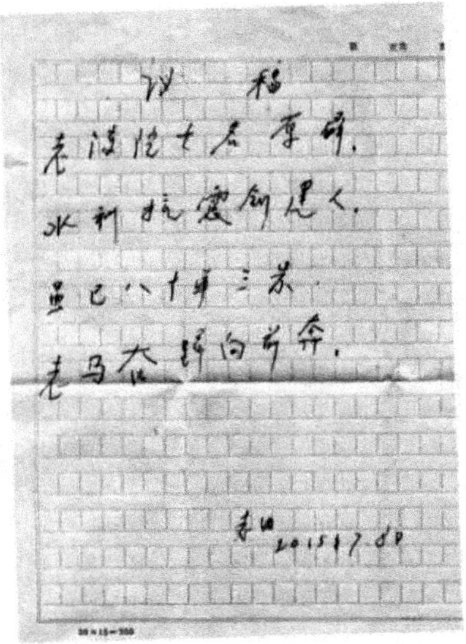

田孝忠同志亲笔写给我的诗

第十四章

回首科研征途六十年

自从1958年留苏归国到着手撰写自传的2017年，不觉已是整整一个甲子了。幸运的是在已年近半百之际，终于赶上了改革开放的大潮，迎来了科学的春天。其后多年的工作历程，对一个已错过创造高峰期的我来说，虽然来迟，却是我科研生涯中最弥足珍贵的时期。而现在到了耄耋之年，也该是对在科研征途上探索和奔波六十年的回顾、反思和总结的时候了。

第一节　历程和阶段

回首自己六十年的科研征途历程，大致可以划分为3个阶段，每个阶段正好各占20年左右。显然，个人发展的阶段都是与当时的国家形势和社会背景分不开的。

一、边干边学，摸索探路的启蒙阶段

这段时间从1958年留苏归国参加工作到1977年“文化大革命”刚结束。其间，我被分配到水利水电科学研究院结构材料研究所工作。不久就参加了新丰江大坝抗震加固的科研工作，受命组建了所内的抗震研究组（当时所内不设室，只设组），后来又被水利电力部批准为我院副院长黄文熙先生的重点培养对象。由于水工抗震是一门边缘学科，我自己对此了解极少，是处在边干边学摸索探路的启蒙阶段。虽然困难不少，但满怀用所学知识报效祖国的热情，仍充满了信心。每每都如饥似渴地学习到深夜，每天清晨6点收听广播中关于线性代数的系统讲座。利用“重点培养对象”的优势，到华北电力设计院学习在最早的103计算机上用原码编制程序，在北京大学旁听数学物理方程的数值解法课程，渴望在业务上尽快有所进展，向往着能尽早入门、再迎头跟上。在用电磁激振器激励坝体的主要低阶振型特性后用振型分解反应谱法求得其地震响应，研发了坝体-库水相互作用试验中的水弹性加重橡胶材料、建置引进模拟地震的电磁振动台，编写提交国际大坝委员会的《新丰江水库地震及其对大坝的影响》的论文，编制我国首部《水工建筑物抗震设计规范》等方面进行了探索。但因当时的社会环境，难有潜心研究的氛围和环境。因而在这20年中，除了因刚参加工作处于边干边学摸索探路的启蒙阶段外，客观上，真正能安下心来搞科研的时间实际是很有限的，影响到这个人生最宝贵的创新高峰期的发挥。如今回想起来，仍不能不感到惋惜和遗憾。

二、乘改革开放东风的"跟跑"阶段

这段时间是从1978年到1997年。"文化大革命"中被解散的水利水电科学研究院在1978年又恢复重建，新成立了抗震防护研究所，我被任命为负责结构抗震的副所长，肩负了一个学科的带头人、带领一个专业队伍的领导人的职责，自觉担子很重。这个时期的社会环境因"文化大革命"结束后的拨乱反正已大为改变，沐浴在改革开放东风中的科研氛围已生机盎然，我们的科研条件也已陆续改善。正是在这样的背景和环境所创造的条件下，1978～1987年10年间，在于忠院长、华凤仙书记等历届领导的支持下，在所组建的团队群体的共同努力下，我们紧密结合实际工程抗震设计的需求，逐步开展了水工混凝土结构全方位的抗震科研活动。包括：应用基础理论的提高，结构地震响应分析方法和计算程序的掌握，结构动态模型试验和现场测振的开展，坝体强震测、水库地震等研究工作；开始筹建了以大型三向六自由度地震模拟振动台为核心的结构抗震试验基地；进行了和国内外同行的学术交流和协作，从而完成了创建水工结构抗震研究的基本队伍和基地的任务。我本人从中得到了难得的历练机会。特别是赴美短期工作一年和中美科研合作项目第一阶段工作的顺利完成，是我业务成长中很重要的一环。

1987 年领导为使我能摆脱行政事务集中搞科研，让我退离了行政领导岗位。其后的近 10 年中，作为学科带头人，在前阶段工作的基础上，我主要集中精力于以下方面：继续负责完成振动台的筹建和中美科研合作项目第二阶段的工作；基于对 ADAP-88 程序的引入和改进，开创了在实际拱坝工程的抗震设计中计入横缝接触非线性影响的先例；负责建立列入中国科学院系列的结构振动开放实验室、研究水工建筑物抗震可靠度设计、修订《水工建筑物抗震设计规范》、核电部门的核岛设备和石化部门大型储油罐的抗震试验研究等工作。

在这个阶段，通过多个跨越，使高坝抗震研究踏上了两个新的台阶，可以说总体上已经从入门启蒙的阶段逐步进入了初步与国际接轨的“跟跑”阶段。

在这个 20 年中，我终于走出了极左思潮和“文化大革命”的阴影，沐浴在科学的春天的阳光和改革开放的东风中，可以放下思想包袱轻装前进，以实现以所学报效祖国的夙愿了，因而竭尽全力投入工作，梦想追补失去了的宝贵时日。为此，我先后获得了领导和组织给予的众多奖励、信任和关怀，特别是 1995 年当选为中国工程院院士，更使我受到极大鼓舞。但我清醒地认识到，一切成绩应当归功于改革开放的时代、领导和组织的指引和支持、团队群体的共同协力，对自己则只应是继续努力的激励和鞭策。

三、追赶前沿的“并跑”和冲刺阶段

这个阶段是从 1997 年以后至今的又一个 20 年的历程。早在 1992 年我就已是 60 岁的退休年龄了，由于工作需要被批准暂予推迟退休。65 岁高龄时，又受命负责组建工程抗震研究中心。5 年后，虽然最终交付了团队行政领导的接力棒，但仍始终战斗在第一线。

最近的这 20 年间，随着国家社会经济的发展，我国在水能资源集中的西部高速兴建了一系列300m级超大型高坝。2008年，四川省发生了远超预计的汶川大地震，从而国家和社会高度关注的、“防止在极端地震下高坝地震灾变导致的严重次生灾害”就成为我们研究的突出重点。在此期间，我负责了从国家科技攻关项目、国家自然科学基金和中国工程院的重点项目到国家标准的编制、涉足举世瞩目的三峡和南水北调等工程的工作。随着改革开放的不断深入，我持续参加了国际大坝委员会、世界地震工程学会等的国际交流活动，从而开阔了视野，跟踪着前沿。

正是在以上种种的历史机遇和创新驱动号召的推动下，使我国混凝土高坝的抗震设计和研究又经多个跨越踏上了两个新的台阶，开始进入了能跻身于国内外同行中的“并跑”阶段，甚至向往着局部能攀上“领跑”的阶梯，同时也促成了我个人在工程实践中得到了整个科研历程中最为关键的成长。我未曾想到，在我从古稀到耄耋之年的时期，竟然还能步入追赶前沿的冲刺阶段。怎能不为受此幸运眷顾而满怀感恩之心啊！

第二节　理念和思路

一、基本理念的厘清

60年来，特别是在第二、第三阶段的40年中，作为水工结构抗震学科中的带头人，理应根据我国国情和学科进展，厘清本专业发展的基本理念和发展规划的职责。经过在工作中的不断探索和总结，我把自己在从事结构抗震科研工作中始终服膺的基本理念概括为以下几点。

（一）突出工程观点

首先，把为工程服务作为研究工作的出发点和落脚点，这是自己作为科研队伍中一名工程师的天职。此外，高坝工程的抗震安全评价，一般都较静态作用下要复杂得多，问题涉及水工结构、岩土工程、水力学、材料学、力学、地震学、地质学等多学科的交叉，需要围绕中心目标，跟踪有关学科发展前沿，注意对其吸收、消化并集成应用于大坝抗震研究的再创新。但大坝抗震在工程设计中属特殊工况，又必须与其基本工况的设计方法、参数、标准和精度要求相协调并受其制约。因此，要求研究的内容和目标，既要在概念上力求严格明确、有科学依据、尽可能切近实际，又必须强调工程观点，考虑到地震作用本身的不确定性和工程实际的复杂性，抓住本质性关键因素，尽量简化次要因素，在计算精度上和基本工况适配，便于在设计中推广应用。

（二）强调全面综合评价

作为一名水工结构专业工程师，我曾专注于工程结构的地震响应分析。但在实践中才逐渐认识到，任何工程结构的地震安全性评价都应包括地震动输入、结构地震响应、结构抗力这三个要素，它们是不可或缺且相互配套的组成部分，对于高坝等这类重大工程尤为重要。长期以来，混凝土大坝抗震研究的现状是对结构地震响应的研究日益精细、而对地震动输入和结构抗力研究相对粗放的“两头大、中间小”的局面。实际上，地震动输入和大坝混凝土动态抗力对工程抗震安全性评价是有重要影响的。目前往往是由“两头”控制了工程抗震安全性评价的精度和水平，这“两头”都涉及更多的自己不熟悉的交叉学科，研究难度大。因此，需要在加强学习的同时，虚心向有关单位的同志们请教，在边干边学中结合水工抗震特点，加强这两方面的研究，力求对工程抗震安全做出更全面合理的综合评价。

（三）重视实践检验

尽管目前的计算工具和方法有很大进展，但在高坝抗震的动力分析中，无论是新概念的提出还是更复杂和合理的数学模型的建立及其参数的确定，仍不得不引入一定的有待检验的假定和简化。因此，为确保工程抗震安全，始终坚持在可能条件下，都力求通过室内外的试验和现场实测进行验证，并接受震害实例和强震观测记录的检验，要始终坚持"实践是检验真理的唯一标准"的原则，高坝抗震安全的设计和科研中的任何创新与突破，都需要在实践中，特别是在经受强震中接受最终的检验。

（四）提高自主创新能力

大坝建设作为古老的土木工程学科，目前在相当程度上仍基于以往经验的传统概念和方法。大坝抗震更是涉及多种学科交叉的应用性边际学科，其分析所依据的理论和求解方法，试验采用的仪器设备和测试方法，大多需要借鉴、吸收和消化相关领域的科研成果，进行集成和再创新。迄今，国外在强震区修建高坝的工程实践经验不多，世界上遭受过强震作用的高坝很少，震害实例更少。特别是近十余年来，我国的高坝建设发展迅速，在强震区修建的很多300m级高坝，既少先例，更无震害实例，其抗震安全评价面临严重挑战，而以往经验的传统概念和方法，常已难被全盘沿用。因此，必须以创新精神，在关注本学科发展前沿和借鉴吸收交叉学科及高新技术成果的基础上，敢于有所突破，提出新的概念，采用新的材料、计算方法和解决问题的开拓性思路，不断提升自主创新能力，以引领研究成果取得突破性进展，这是面临中国迅速发展的高坝建设提出的严重挑战的必然应答。

二、发展的规划和技术思路

60年中，我先后在水利水电科学研究院担任抗震防护研究所和工程抗震研究中心的领导，我时时告诫自己，作为学科带头人和单位领导，既要有坚定的团队意识，清醒地认识到任何应用基础型科研成果都离不开团队群体的协作和共同努力，个人的作用是有限的，更要警惕凭借职务权势，通过包装，把成果都归于自己个人的不正之风。但也认识到，作为学科带头人，对本学科的发展和团队的兴衰，负有不可推卸的责任，应当具有明确的前沿思维和责任感，要在基本理念的引导下，紧密结合实际工程的需要，追踪学科发展前沿，基于客观可能条件，借鉴交叉学科的相关成果，制定和不断完善本专业的发展规划和技术思路，做好战略布局的工作。

回顾自己在科研征战中，根据工程实践的需要和各个阶段的客观条件，沿着所遵循的理念，提出了综合地震动输入、结构响应和材料抗力，包括分析和试验的全方位发展思路，在团队群体的齐心协力下逐步实现，共同努力把混凝土坝的抗震科研不断推上了新台阶。以下简要概括了发展规划目标和技术思路逐步实现的进展轨迹。

（一）坝体地震响应的求解

从基于结构力学的拟静力学法到采用有限元法的振型分解反应谱法的动力法；从只计地基弹性的频域内的封闭式振动问题到考虑地基的质量和能量向远域逸散的时域内的开放式波动问题；从坝体整体结构的线弹性问题到计入其纵、横缝影响的接触非线性问题，再到还同时考虑坝体和地基岩体的损伤本构关系的材料非线性问题；从只校核设计工况下的抗震安全性到给出防止极端地震下严重次生灾变的安全裕度；从分别校核坝体强度和工程抗滑稳定到同时对强度和稳定综合分析、给出工程抗震安全的定量判别准别；从沿用基于自置计算机进行的串行分析到基于云计算技术和自主研发的整套软件，对海量自由度的精细工程数模进行高效并行分析。

（二）坝址的地震动输入的确定

从封闭式振动输入的单一的设计地震动加速度到对其在开放式波动输入中的性质、方向、数值和机制的理解；从统计平均的标准设计反应谱到基于设定地震的场地相关反应谱，再进到计入频率非平稳性的渐进功率谱；从设计地震动的点源发震机制到反映极端的最大可信地震的近场大震特征的面源发震机制。

（三）材料的动态抗力的试验

从基于混凝土湿筛试件的试验到对大坝混凝土全级配试件进行的抗压强度试验，及其在往复变幅加载下的弯拉强度试验，再进到混凝土拉、压损伤本构关系的测定；从单独进行静、动加载确定混凝土的应变率效应到研究预加不同静载对其应变率效应的影响，再进到通过混凝土试件的细观力学分析探讨其机理。

（四）室内外的试验和监测验证

从以激振器测定模态特性到建置电磁振动台以分别测定结构水平向和竖向的地震响应，再进到建置三向六自由度大型地震模拟振动台以进行坝体－地基－库水体系的模型试验；从应用石膏模型材料到明确特定的相似准则、研制满足相应水弹性要求的加重橡胶和基本满足混凝土材料拉压特性的脆性模型材料，再进到研发体现坝体横缝和地基的滑块、渗压和辐射阻尼等效应的试验技术；从利用脉动、爆破等手段的现场原型测振到应用我院研制的四台同步起振机，再进到中美科研协作中共同开创的可重复使用的下游多孔水封爆破和上游水下浅层岩表爆破的激振技术。

三、挑战与应对

在 60 年的漫长征途中，我们这个团队沿着规划的目标和技术途径，一步一个脚印地跨越了这些台阶，虽然已初步可为我国西部强震区的众多高坝工程抗震设计提供必要的技术支撑体系，但自我反省，我们的抗震科研仍不能与我国作为高坝建设大国所建设的众多一流超大型高坝的需求完全相适应。确保高坝大库在遭遇极端地震时绝不发生严重灾变始终是我们绝不能掉以轻心的重大社会责任。通过突破陈规的创新驱动，合理确定极端地震及其地震动输入参数及坝体地震损伤破坏过程中导致灾变的定量判别准则等世界性难题的解决，仍然是我们必须应对的严重挑战。

四、对高坝抗震安全的社会责任的理解

（一）高坝建设无可替代的重大作用

水和能源是人类社会发展的重要物质基础，直接关系到社会和国民经济的可持续发展、人民物质和精神生活的提高与改善，同时也是影响中国经济社会发展的重要制约因素。

我国人均水资源极为短缺，仅为世界人均占有量的 1/4，而且受季风气候条件影响，且时空分布极不均匀，洪旱灾害频发，严重制约社会经济发展，影响生态环境。我国经济规模总量大，而能源资源相对贫乏，人均拥有量只相当于世界平均水平的一半；特别是以煤电占近 76% 的二次能源结构，已日益受到环境和水资源容量的制约而难以持续，降低其占有比例已刻不容缓。

匮乏且时空分布不均的水资源的调蓄利用、以煤为主的能源结构的亟须改善、居世界首位的水能资源的充分开发等我国国情的迫切需求，赋予了我国高坝大库建设在防洪、发电、供水、粮食和生态安全等方面无可替代的重要作用。

据 2013 年全国调研统计，在我国 200m 以上的高坝中，混凝土坝占 62%，其中 88% 为拱坝；在坝高 250m 以上的高坝中，混凝土坝占 80%，全部都为拱坝。这些工程主要属于要求有较好调节性能

的高坝大库的水电工程。

（二）应对难以避让的抗震安全严峻挑战

我国大陆位于世界上两个最活跃的环太平洋地震带和欧亚地震带交汇部位，是全球蒙受地震灾害最为严重的多地震国家，震情严峻、震害严重。近代我国大陆 82% 的强震都发生在西部，而我国主要大江大河的源头方也都位于西部山区，集中了约占全国 80% 的水能资源。因此，我国高坝建设特别是水电工程的高坝大库建设，必须面对难以避让的抗震安全的严峻挑战。

（三）防止地震灾变导致次生灾害的严重后果

高坝大库，特别是流域梯级开发中作为龙头水库的高坝，万一溃坝失事将关系到人民群众的生命财产安全、经济发展、社会稳定和国际影响的大局，可能导致不堪设想的严重后果。随着近年来我国超大型高坝建设的迅速发展，安全风险随坝高和库容的增加而加大，加上在及早抢占市场、追逐利润的驱使下，一些工程的前期工作不足，更增加了安全风险。而我国西部强震区的众多 300m 级的超大型高坝大库，既少有国内外先例的工程经验可资借鉴，更缺乏经受过强震的震例检验，因此，对高坝大库的抗震安全必须给予高度重视，保障其抗震安全的任务十分紧迫。为此，汶川大地震后，国家发展和改革委员会针对高坝抗震安全问题，要求对诸多重要高坝工程，需按“防止在极端地震时，发生库水失控下泄、导致严重次生灾害的溃坝灾变”的目标进行复核。

五、对混凝土高坝常规设计现状的质疑

（一）常规设计理念和方法已难切合实际

高坝的抗震安全必须要在与静载作用效应综合分析后进行评价，

其设计理念和方法不能不受现行常规设计理念和方法的制约，但在科研实践中，我逐渐感到这些理念和方法已难以切合高混凝土坝的实际，因而对高坝常规设计的现状存在质疑。

第一，我国在世界高坝建设中大而尚不能称强，200m 以上高坝无设计规范。当前我国已建、在建和拟建的高坝数量、坝高纪录已全面处于世界前列。根据中国大坝协会资料，截至 2010 年，我国已建、在建的 30m 以上大坝有 5564 座，占同期国际 13 629 座大坝中的 40%。坝高是代表坝工建设发展水平的重要标志。我国 200m 以上高坝数量已位居世界第一，且包括诸多类型的世界最高大坝工程，如锦屏一级的混凝土拱坝（305m）、糯札渡的心墙堆石坝（261.5m）、水布垭的面板堆石坝（223m）、龙滩的碾压混凝土重力坝（216.5m）等都属于有里程碑意义的世界一流工程。中国应当称得上是世界高坝建设大国了，但能否称得上是世界高坝建设强国，似仍存可待商榷之处。“大而尚不能算强”的主要原因是，当前我国的高坝工程的设计，其理念和方法似仍基于 20 世纪 30～50 年代欧美在大坝建设中创建的框架，制约创新驱动的思想观念依然存在；既无法适应当前高坝建设的需要，也难以经受对观测资料和少量震情作合理解释的实践检验；导致至今仍缺乏 200m 级高坝的设计规范；在我国中标承建的诸多国外高坝工程中，不得不接受要按欧美规范检验的要求。墨守仅基于已有中小工程的实践经验的陈规，未必真能使尚无先例的、建于强震区的 300m 级高坝工程更为安全。

第二，用传统设计理念和方法无法解释实测结果。在当前混凝土坝设计规范中，对设计理念和方法采用的基本假定为：①坝体结构分析基于平截面假定的结构力学方法；②坝体混凝土材料在线弹性范畴内；③坝体作为整体结构，忽略纵、横缝及孔口等影响；④近似地以 Vogt 系数计入地基岩体均匀的弹性变形而不计其强度；⑤重力坝采用坝踵无拉应力准则，对拱坝坝体限定与混凝土等级无关的 1.2MPa 和 1.5MPa 的静、动态允许抗拉强度；⑥基于刚体极限平衡法将坝基（肩）中由不连续面构成的潜在滑动岩块假定为刚体的稳定与坝体强度和分开校核，对拱坝，移走坝体而代之以传至岩块的推力系，但却不计受压接触面的阻滑力，并假定潜在滑动岩块沿拱端上游切向的面为拉裂面。

显然，以上这些受制于当时技术和工程实践而不得不采用的传统基本假定并不切合实际，对迅速发展的高坝，问题更为突出。国内外已有的不少观测资料表明，一些实测值与按常规设计计算值的量值和规律，都存在着按现行设计理念和方法难以解释的明显差异。

第三，现行假定下的有限元法导致的坝踵应力集中问题是一个伪命题。目前，在混凝土坝的设计中，都遵循坝踵无拉应力准则的传统概念。但苏联萨扬－舒申斯克重力拱坝、美国方坦那重力坝及我国一些高混凝土坝的观测资料都表明，在坝踵部位都呈现出较大的压应力。有些重力坝的实测结果显示，坝踵的压应力甚至超过坝趾。这是基于线弹性结构力学平截面假定的传统设计难以解释的。

即使是有限元方法分析成果，因其线弹性假定导致的坝踵角缘效应，必然产生随网格尺寸变化的拉应力集中现象，使之始终无法作为主要设计依据，其结果仅能作为辅性的参考。因此，为确定坝体地震灾变的定量判别准则，势必突破传统的线弹性分析，进行坝体和邻近岩体损伤破坏过程的非线性分析。

近年来，虽然基于弹性理论的、能更合理反映结构应力分布的有限元方法已日益普及，因分析模型中计入了邻近坝体一定范围内的地基岩体，可以反映其不同部位岩性和构造的不均匀变形模量的影响，但由于仍限于坝体混凝土作为线弹性材料和不计地基岩体强度的假定，无法避开坝踵部位因角缘效应而产生的应力集中，以致难以确定坝体强度安全准则。实际上，作为按有限元分析评价坝体强度安全主要障碍的坝踵应力集中现象，本身就是一个伪命题。因为如果分析中考虑了多裂隙岩体的强度影响，则当坝踵部位受拉后，由于裂隙岩体抗拉强度远低于坝体混凝土及保证施工质量的坝基接触面的抗拉强度，将首先导致向岩体深部的开裂，从而坝踵部位的应力被释放，不可能出现应力集中的假象。

为解决应力集中问题，规范要求按有限元计算的坝底应力求出内力后，又按平截面假定求得坝踵的所谓等效应力，以此评价坝体强度安全，似仍属权宜之举。实际上，被奉为经典的平截面假定缘于材料力学中梁的理论，它仅适用于垂直于中和轴的截面。坝体梁向断面的中和轴是倾斜的，其水平截面并不垂直于中和轴，因而将其作为平截面的假定，并不符合梁的基本理论。此外，由于角缘效应而产生的坝踵应力集中随距离衰减很快，因而在规范中规定，可不计坝踵的拉应力集中数值，而仅要求其拉应力延伸范围要小于7%的坝底宽度，使防渗帷不致被拉开。实际上，仍囿于并不存在的应力集中的制约。

第四，当前的地质力学模型试验难以反映拱坝真实的整体安全性。拱坝的整体安全性主要取决于坝肩拱座岩体的稳定，这已成为业内共识。目前，规范规定，对高坝或地质条件复杂的拱坝，应采用数值计算或地质力学模型试验，以提高水压力容重的超载倍数，综合评价拱坝整体安全性。这类试验把坝体强度和拱座稳定融为一体，以校核拱坝的整体安全性，体现了两者不应分隔校核的合理方向。试验中，坝体及地基岩体的抗拉强度的相似模拟，是影响坝体体系的起裂超载及其后变形的关键因素。但由于混凝土尤其是裂隙岩体的抗拉强度远低于其抗压强度，且其损伤本构关系十分复杂，目前尚难有满足混凝土和岩体的抗拉强度及损伤本构关系相似要求的模型材料。而这些却正是坝体体系在超载后逐渐开裂直至失去承载能力的关键因素。关键因素难以满足相似要求，使由此求得的超载安全系数难以反映拱坝真实的整体安全度。更何况，规范也未能对试验结果的超载值给出能作为设计依据的定量控制准则。

（二）抗震设计理念和方法的突破尤为迫切

高坝的抗震安全性评价，首先要突破两个常规设计理念。第一是必须基于坝址地震动输入、坝体 - 地基 - 库水体系的地震响应及坝体和地震岩体动态特性这三个相互配套、不可或缺环节的综合分析；第二是必须基于考虑坝体和拱座岩体的稳动态变形耦合，将坝体和岩体强度融为一体，综合评定高坝体系的整体抗震安全性。由于对高坝抗震安全的评价需要在叠加基本设计工况的静载作用效应后才能做出，其抗震设计受基本设计规范的制约，因此，上述基本工况静载作用下的高坝坝体强度和稳定分析中难经实践检验的、不切合实际的理念和方法，在高坝抗震设计中面临更为突出的需要突破常规的挑战。主要体现在以下几个方面。

首先，传统的封闭系统振动方式的地震动输入机制不符合实际的开放系统的波动方式。地震动输入机制与高坝地震响应分析方法紧密相关，并对其具有不可忽略的显著影响。在目前的传统高坝设计中，无论是基于结构力学方法中采用的 Vogt 地基还是有限元法中的无质量地基的分析模型，由于都只能考虑地基的弹性变形，因而其地震响应只能是作为封闭系统的振动问题，从坝基均匀输入设计地震动加速度求解。实际上，高坝体系（包括高土石坝在内）的地震响应必须考虑实际存在的地基质量的惯性作用、地震波能量向远域地基的逸散的辐射阻尼、沿坝基地震动输入的幅值和相位都不均匀分布等因素的影响，从而应作为开放系统的波动问题求解。

其次，忽略纵、横缝影响的高坝整体结构假定不能反映其实际地震应力状态。在目前的传统设计中，将坝体作为忽略坝内纵、横缝的整体结构，导致强震区高拱坝的拱向地震动拉应力值会很高，根本无法满足规范规定的在地震工况下不超过 1.5MPa 的要求。实际上，计算给出的高拱向拉应力是并不存在的虚假值，因为坝体各坝段间存在横缝，这些横缝经灌浆后可以传递压力，但很难抗拉，在拉、压往复作用的地震过程中，必然会因其反复开合而释放坝体的拱向拉应力。由于不同坝段的横缝及横缝的上、下游面都不一定同时张开，作为高次超静定的拱坝结构，其局部横缝的张开，只是导致拱、梁应力间的重新调整，而坝体仍能维持其将库水压力传向两岸的整体功能。

对于按传统设计的设有纵缝的重力坝，也无法反映纵缝导致的坝踵的高压应力值。

纵、横缝对强震区高坝的地震应力状态有着不可忽略的显著影响。采用基于平截面假定的线弹性结构力学方法，很难求解考虑计入纵、横缝影响的接触非线性问题。为此，必须用有限元法作为非线性接触问题求解坝体的地震应力，这就导致目前面临规范规定的基于结构力学分析的坝体静载应力无法与基于有限元法求解的地震应力综合，而难以对高混凝土坝抗震安全性做出评价的难题。

最后，刚体极限平衡法完全不适用于往复地震作用下的高坝整体稳定性。传统的不计坝体坝肩岩体动态变形耦合和坝基岩体的地震动态效应的刚体极限平衡法，对往复地震作用的设计工况，更是完全不能反映高坝的实际稳定性态。因为：①在往复的地震作用下，瞬间达到极限平衡状态，并不一定导致高坝体系最终失稳。而即使潜在滑动岩块的整体并未达到极限平衡状态，而仅有其滑动面的局部开裂或滑移，但由于坝体和坝基岩体的动态变形耦合，也可能导致坝体严重受损；②在地震往复作用过程中，拱坝坝体对拱座潜在滑动岩块间接触力的大小和方向，以及岩块各滑动面的应力和接触状态都在动态变化之中；③拱座潜在滑动岩块本身并非刚体，其动态变动中的地震惯性力的大小和方向，并不一定与坝体传递的接触力同时达到最大值或处于最不利方向。

综上所述，传统的高坝设计理念和方法已难切合实际状况，不能经受监测资料的检验，在其抗震设计中尤为突出，已成为编制200m 级高混凝土坝设计规范的障碍，制约了我国高坝建设的发展和在世界高坝建设中由大到强的转变。突破传统的创新驱动是当前高坝抗震设计乃至整个高坝建设面临的严重挑战。

六、突破陈规应对挑战的实践

我国 200m 以上高坝以混凝土坝为多。位于基本烈度达Ⅷ强震区的高坝大多为拱坝，因而首先要面对高混凝土坝尤其是拱坝抗震中的诸多世界性技术难题和尚无先例的技术挑战。近年来，为适应我国诸多建于强震区的高坝抗震设计要求，在高坝建设的参建各方及高校、科研单位的共同努力下，基于对强震区高坝工程实践的依托、本学科发展前沿的追踪、相关交叉学科成果的借鉴及高新技术的应用，我国已在坝址地震动输入、坝体－地基－库水体系的地震响应分析，及坝体的材料动态抗力试验等相互配套、不可或缺的三个方面，都取得了长足的进步。我有幸始终参与这些突破陈规应对挑战的实践。

（一）在地震动输入方面

正确理解坝址地震动输入机制和合理选择坝址相关的地震动输入参数是高坝抗震设计的前提，对高坝抗震安全性的评价有着极端重要的意义。在高坝建设的实践中，几经探讨论争，才逐渐澄清了诸多概念上的混淆，初步达成了以下的基本共识。

1. 坝址地震动输入机制

在高坝抗震设计中，对坝址地震动输入机制曾存在的较普遍的误解是，把地震部门给出的设计地震动加速度直接沿坝基面均匀输入；也有将其作为拱坝坝顶高程处平坦地基的地震动，反演至坝底后，再沿坝基面均匀输入；或者把坝基测点的实测地震动沿坝基面均匀输入。由于地震波从深部传播过程中坝体和地基的相互作用，坝基的地震加速度频率组成和幅值都不同于平坦地表的地震动加速度，更有别于由地壳深部输入的设计地震动加速度。这些基于封闭系统振动问题的传统概念，完全不能反映实际的地震动输入机制。

对于作为开放系统波动问题求解高坝地震响应时，对地震动的输入机制正确的理解，需要明确作为地震动输入的地震动设计加速度的性质、方向、数值及其输入位置。

（1）地震动设计峰值加速度的性质。输入 200m 级高坝工程场区的地震动设计峰值加速度，按规范要求，都要由对高坝工程所在场地做专门的地震安全性评价后给出。其所给出的地震动设计加速度值是：在 30m 深度内平均剪切波速为 500m/s 的理想均质弹性介质的半无限空间岩体中传播的、满足标准波动方程的平面定型波，传递到平坦自由地表后的、最大水平向地震动峰值加速度。它既未考虑工程坝址实际的地形和岩体中存在的地质构造，也不涉及在该场址要建造的坝体结构类型。

（2）地震波的输入方向。由震源在地壳复杂岩体介质中向上传播的地震波，经多次折射、反射，到达地表时包含了压缩波、剪切波和表面波等不同波速的波形。在传播过程中，其综合的幅值、频谱组成及传播和振动方向都在不断改变。但由于地壳介质的密度由地表往下随地层深度而增大，按物理学中波在不同介质中传播的折射和反射定律，由地壳深部往地表传播的地震波，其入射方向将逐渐接近垂直水平地表的竖直向。

（3）输入地震动峰值加速度的取值。在理想的无阻尼均质介质中传播假定下，岩体自由地表的地震动叠加了与入射波等值的反射波。因此，输入地震动峰值加速度可取为其地表值的 1/2。有人质疑将此值按实际坝址地质和地形条件再正演到坝址河谷底部地表后，将不同于给定的地表地震动的设计值。这是完全没有能正确理解在上述“地震动设计值加速度的性质”中论述的设计地震动加速度的性质。该设计值并非是针对任何实际坝址河谷底部地表的，实际坝址河谷底部地表的地震动加速度是未知的。

（4）地震动输入的位置和参数类型。由地壳深部传向坝址地基的地震动，其输入机制与高坝地震响应分析模型中地基的模拟密切相关。为计入坝体和地基的动态相互作用，高坝地基可被划分为近域和远域两部分。对邻近坝体（通常为由坝基向上、下游及深部延伸1～2倍坝高）的近域地基，为计入近域地基的岩体质量及其中各类场地土与地质构造的影响，应将入射的地震动在近域地基的底部基岩输入把近域地基连同坝体、库水作为整个体系对其进行动态响应分析。对远域地基应考虑其吸收地震时高坝体系逸散的振动能量的所谓辐射阻尼影响。为此，较早就有采用无限元、比例边界有限元等体现远域地基的技术途径。但由于是在频域内建立远域无限地基的动刚度，对时域内非线性问题的求解，需要做近似拟合或复杂的转换，在实际高坝工程中较少被实际应用。近年来，在实际工程应用较广的是：在近域地基边界设置体现远域地基动态阻抗的黏滞阻尼边界或满足单向外行的散射波的人工透射边界。两者都适用于时域内非线性问题的求解。前者需要在近域地基边界输入由地震动加速度求得的地震动位移、速度波及自由场应力；后者仅需输入由地震动加速度求得的地震动位移波。

2. 场地相关地震动输入参数

抗震设计中的主要地震动输入参数为表征地震动强度的设计峰值加速度和反映地震动频率特性的设计反应谱。地震动持续时间这一参数，对高坝的非线性响应分析，特别是对材料强度依赖于振动次数的高土石坝，有相当影响。但在目前采用的点源发震机制中，仅能依托少量的统计资料，其规律尚待深化研究。

地震动峰值加速度通常是指地表地震动加速度时程中的最大的尖峰值。反应谱 $S_a(T, \xi)$ 是自振周期为 T、阻尼比为 ξ 的单质点体系在水平地震作用下反应的最大值随周期 T 而变化的函数。设计反应谱通常都以其与地震动峰值加速度 a_p 的比值归一化后的体系响应对输入的放大倍数 $\beta(T)$ 表征。规范中对其统计平均值概化处理后，其对应于阻尼比 ξ=5% 的平台值取为2.5。

由于地震动加速度时程中尖峰值为高频脉冲，其对结构地震响应的影响很小，因而目前在地震安全性评价中采用更为合理的、对应于选定的反应谱平台段内的平均值除以 2.5 的有效峰值加速度，作为表征地震作用强度的主要抗震设计参数。

目前，在场地相关地震动输入参数方面，也已取得了对传统理念和方法有所突破的研究成果。

（1）设计地震动峰值加速度随场地类别的调整。我国地震部门明确规定了对地表的地震动峰值加速度值，并可根据通常以剪切波速划分的场地类别对其加以调整。我国规范规定了主要以坝基表层场地土的平均剪切波速划分的 5 类场地，我国地震部门规定了对不同类型场地的地震动峰值加速度值的调整系数。场地地震安全性评价给出的地震动峰值加速度值是对应剪切波速为 500m/s 的 I_1 类场地的，《中国地震动参数区划图》给出的地震动峰值加速度值，是在场地地震安全性评价基础上，针对Ⅱ类场地的 50 年超越概率为 10% 的高混凝土坝的地震动峰值加速度值。在我国的大坝抗震设计中，近期经研究才基本明确：对坝基岩体的剪切波速均值一般都高于 800m/s 的高混凝土坝，或建于较软场地土的地基上的高土石坝，其场地的地震动峰值加速度值可相应乘以小于或大于 1.0 的调整系数。在苏联的抗震规范和美国建筑抗震规范中都早已规定了设计地震动峰值加速度随场地类别的调整。

（2）基于坝区地震安全性评价的场地相关设计反应谱。在抗震设计中，设计反应谱中各个周期 T 的分量 $S_a(T)=a_p\cdot\beta(T)$ 由设计地震动峰值加速度 a_p 和其经归一化的反应谱 $\beta(T)$ 组成。目前规范中给出的设计反应谱是对依据已有实测的强震记录求得的统计平均值加以整理而成，因而是与工程场址具体的地质地震条件不相关的。对于进行坝区地震安全性评价的高坝工程，需采用与场地地震地质条件相关的设计反应谱，为此，曾提出了所谓“一致概率反应谱”或“等危险反应谱”的概念。这是在地震安全性评价基础上，

对 S_a（T）的每个周期分量都求出类同 a_p 的概率曲线后，取和 a_p 相同概率的各点组成的设计反应谱。这在理论上明显不合理，因为反应谱 S_a（T）的概率是作为独立的随机变量 a_p 和 β（T）的概率乘积，如果 S_a（T）和 a_p 的概率一致，则 β（T）就成确定性的了。在实际应用中，由于它是诸多不同震中距 R 和震级 M 的地震反应谱的包络线，既不反映实际反应谱的特性，又使反应谱不切实际地偏大很多。尤其是在我国，因尚缺乏足以统计地震动峰值加速度衰减关系的强震记录，只能基于不同地区的地震烈度 I 与地震动峰值加速度 a_p 衰减规律的差异类同的假定，参照美国的烈度和地震动峰值加速度间的衰减关系差异，由我国的烈度衰减关系转换得出地震动峰值加速度间的衰减关系。但将此假定推广到反应谱的每个周期分量的衰减关系，是显然难以接受的。所以，目前我国尚无适用于反应谱的衰减关系。

为此，在我国高坝工程抗震设计中，采用了基于坝区地震安全性评价的设定地震确定场地相关设计反应谱的技术途径。由于在坝区地震安全性评价中，已对设计地震动峰值加速度进行了不确定性校正，归一化的反应谱 β（T）只取其统计平均值，不再做不确定性校正，因此，设定地震的确定，需以在坝址产生不确定性校正前的设计地震动峰值加速度为前提。选取对场址的该设计地震动峰值加速度的超越概率贡献最大的潜在震源，作为设定地震的发生区域。在设定地震的发生区域内的若干可能的设定地震中，遵循发生概率最大的原则，确定设定地震的震级 M 和震中距 R。由于我国目前尚无适用于反应谱的衰减关系，可选取美国最新的下一代地震动衰减关系中的反应谱衰减关系，求得与场地地震地质条件相关的阻尼比为 5% 的与设定地震相应的地震动峰值加速度反应谱，并将其除以峰值加速度值后规一化的 β（T），作为场地相关设计反应谱。

（3）适应高坝体系损伤强非线性分析的频率非平稳反应谱。实际地震动时程的幅值和频率组成都具有随时间变化的非平稳特性。

但在基于传统的反应谱理论的线弹性地震响应分析中，反应谱并不反映地震动过程中的频率非平稳性。对强非线性的高坝损伤分析，特别是主震损伤后再遇强余震的高坝抗震安全性评价，需要考虑地震动的频率非平稳性对高坝损伤破坏的影响。因此，应采用基于地震动频率组成随时间变化的渐进谱理论替代反应谱理论，以生成幅值和频率都非平稳的人工地震加速度时程。

为了生成幅值和频率都非平稳的人工地震加速度时程，首先，把地震动作为非平稳的复随机地震过程 $\int A(t,\omega)e^{i\omega t}dZ(\omega)$，引入复时变的调制函数 $A(t,\omega)$，采用普利斯特利（M. B. Priestley）提出的渐进功率谱 $dG(t,\omega)=A(t,\omega)^{2}dZ(\omega)$ 概念和 Nakayama 提出的通过窄带和低通滤波技术生成复调制函数，求解渐进功率谱。此外，还要按给定震级 M 和震中距 R，给出需拟合的目标渐进功率谱。为此，可参照 Goto 建议的地震动加速度时程强度包络线形式，给出由功率谱各频率分量的起始时刻 $t_s(f)$、其峰值时刻和起始时刻的时差 $t_P(f)$ 及功率谱峰值的方根 $a_m(f)$ 等三个参数的多项式组成的目标渐进功率谱的统计回归经验模型。模型中的各项系数，可依据较接近我国国情的、美国西部 $M\geqslant 6.4$、$R\leqslant 45$km 的共 80 条实测基岩地震动加速度记录，经统计回归给出。

（4）反映近场大震特征的面源发震机制。在场地地震地质条件下可能发生的极端地震常为近场大震。例如大岗山拱坝工程距震级上限为 8.0 的鲜水河发震断层仅 4.5km。对近场大震必须按照面源发震机制，考虑其在发震过程中断层的破裂模式、时序、震源深度及其与场址空间相对位置的影响，以及非线性的传播过程导致的上盘效应和破裂的方向性效应等的特征。

目前，对高坝近场强地震动的预测主要是，根据地震危险性分析的概率方法的结果，将地震动参数超越概率曲线外推至万年一遇的小概率，但这种外推具有很大的不确定性。也有建议按地震学中震源错动引发的地震波在地壳介质中传播的理论，求解坝址强震地震动的。但由于从震源到坝址的介质速度结构的资料的缺乏和其网格尺寸很难与高坝响应分析的网格尺寸相匹配，实际是无法适应基本周期不超过 1 秒的高坝的地震动模拟精度的。还有建议从发生在场址附近的小震记录推求坝址强震地震的，这要求有足够数量和信噪比高的小震实测记录，且与预测的坝址处于同一发震断层，具有相同震源机制，实际也是并不现实且难反映大震的面源特性的。

当前较为现实可行的解决途径是：依据地震学物理模型和基于经验统计确定有关参数的半理论、半经验的随机有限断层法，直接生成坝址地震动参数。其基本思路为将潜在震源的主干断层划分为一系列可作为点源的子断裂，其破裂具有一定的模态和时间序列。顺序叠加各点源对坝址作用，给出近场强震的坝址地震动。其中各点源对坝址的随机地震动由以随机相位拟合震源频谱模型、传播途径效应和场地效应给出的频谱所生成。

（二）在高混凝土坝体系的地震响应分析方面

近年来，工程建设实践需求、地震工程学科和计算技术的高速发展，为高混凝土坝体系的地震响应分析的深化研究奠定了坚实基础。

1. 建立切近实际的地震响应分析模型

在高混凝土坝特别是高拱坝的抗震设计中，建立了更切合实际的地震响应分析模型，使之能同时考虑下列诸多相互影响的重要因素。

（1）拱坝、地基和库水间的动力相互作用。其中涉及的库水和坝体的流固耦合问题，由于我国的河流库底多泥沙，不大可能发生可压缩库水的共振现象，因而库水可作为不可压缩性流体，坝面的动水压力就可以作为附加质量考虑，从而大为简化了库水的模拟。况且已有研究表明，计入库水可压缩性后必须引入的库底边界的反射系数，实际是十分复杂和难以确定的。

（2）坝体内纵、横缝。基于相应于泛函极值问题中的拉格朗日（Lagrange）乘子的动接触理论，可精确模拟缝面的开合和滑移的接触边界条件，并求解接触面的法向、切向动接触力。

（3）邻近坝体的近域地基的地形、岩性和各类地质构造影响。

（4）两岸坝肩的关键潜在滑动岩块的各滑动面的开裂和滑移。

（5）地基岩体的质量和地震能量向远域地基逸散的辐射阻尼效应。采用从近域地基边界直接输入入射地震位移波的人工透射边界，或输入其自由场应力和位移、速度的粘滞阻尼边界。

（6）沿坝基地震动空间分布的不均匀性。针对包含上述因素的结构地震响应分析模型，已研发了在时域内对非线性波动问题的显式求解方法和软件。

2. 研发基于损伤力学的高混凝土坝的地震破坏过程分析方法

大坝混凝土和坝基岩体都属非均质准脆性材料，其损伤机理为随机分布的初始微裂缝的萌生和扩展，逐渐发展成宏观裂纹而最终导致失效破坏，不同于基于晶体滑移或错位的金属材料。宜采用由各向同性损伤变量（$0 \leqslant D \leqslant 1$）表征的连续介质中弥散裂缝演化的损伤力学基本理论和力学模型。损伤演化过程仅以材料的弹性模量和强度随损伤变量 D 值增大而退化来表征。

目前，仅能通过混凝土的轴向拉、压试验，了解其损伤演化规律为：①受拉和受压损伤规律有显著差异；②在卸载和再加载至历史最大应变前的损伤过程中，损伤不发展，可假定起始卸载时的损伤弹性模量 E 保持不变，但在完全卸载后存在残余应变；③在受拉损伤后转为受压损伤时不影响抗压的强度和弹性模量，具有所谓的单边效应；④由损伤应力 σ 与非线性位移 w 曲线包含的面积给出的断裂能是材料固有特性。

由于大坝混凝土的抗压强度及其安全系数远大于抗拉强度，混凝土坝坝体的损伤主要表现为受拉开裂。

地基岩体的损伤破坏是不可忽视的重要因素。坝基岩体作为多裂隙随机分布的非均匀介质，其损伤应与混凝土类似。由于无法对岩体进行力学试验，目前只能借鉴混凝土的损伤演化规律，但需取岩体的变形模量 E_0，及按莫尔-库仑准则由摩擦角 φ、黏着力 c 推求其峰值强度。同时，必须考虑岩体的渗透应力和地应力场。

为把单轴试验的材料一维损伤本构关系应用于高坝为复杂应力状态下的三维空间结构体系，主要在每一时步中求得高坝体系的主应变及其表征主拉、压应变权重的系数后，转向相应于主应变的材料拉、压损伤演化规律；求得损伤过程中退化后的强度和等效割线弹性模量后，重新返回到高坝的地震响应分析中。为此，研发了可直接根据试验结果，求解在地震往复作用下，考虑残余应变的高坝体系损伤破坏过程。因而可避免现行方法必须在等效应力体系中引入以塑性应变表述残余应变的损伤-塑性耦合，从而使研发的分析方法不仅在概念上更清晰合理，而且在方法上更是大为简捷实用。

3. 确立高拱坝整体抗震稳定的定量判别准则

拱坝的安全，尤其是抗震安全，关键在于确保其整体稳定性。如前所述，传统的刚体极限平衡法完全不能反映混凝土坝在地震作用下的实际状态。坝体的局部受拉或剪的破坏、个别横缝张开过大导致的止水失效、坝肩岩体的瞬间达到极限状态等，都不足以表征其整体失稳，应当以体系的位移响应反映其整体稳定性。由于各个工程的结构、地形、地质等条件不同，不可能给出一个评判整体失稳的定量位移准则，因此，建议以高坝体系在强震作用下产生的、包括坝体、地基局部开裂和滑移在内的位移响应突变的拐点，作为体系由量变到质变的整体失稳的极限状态。

4. 应用高性能并行计算技术

为按上述途径进行整个拱坝-地基-库水体系非线性地震响应分析，数值计算的机时和存储量都十分庞大，常规串行计算技术已难应对，高性能并行计算技术的应用势在必行。目前，已研发了有自主知识产权的基于高性能并行计算的成套系统软件，并应用曾位列世界第一的“天河一号”（TH-1A）超级计算机的大系统运行环境，通过其高速互联网络进行软件编译与调试、环境变量配置、作业提交、文件编辑、结果查看等远程操作，成效显著。一个模型节点、单元、自由度总数分别达 425 568、404 090、1 276 704 高拱坝工程抗震计算的实例表明：在单机上，采用常规的串行方式的运行时间为 949.4 小时；而在超级计算机上，采用并行方式的运行时间仅为 18.9 小时。

高混凝土坝体系的地震响应分析中的一些方法和成果，在大型三向六自由度的地震模拟振动台的动力模型试验和中美长期科研协作的现场测振试验中得到了相互验证。

（三）在坝体的材料动态抗力试验方面

已有研究表明，作为准脆性、非均质复合材料的混凝土，具有其动态强度较静态强度提高的应变率效应特性，且当非均质性高、强度弱时更较明显。有别于普通浇混凝土的大坝混凝土，具有多级配和大骨料配合比的特点，其抗拉强度是影响大坝抗震安全的关键因素和主要力学特性。近年来，就高坝抗震设计中对大坝混凝土材料动态特性最为关切的几个关键问题，进行了较深入的研究，取得了显著进展。

1. 开展全级配试件的动态弯拉强度试验

高混凝土坝的抗拉强度主要受剪切和弯曲受拉的应力状态控制，需要采用基于抗折试验得出的弯拉强度作为坝体抗拉强度的标准值。为此，对实际工程的大坝混凝土，开展了以切近实际地震作用的往复循环加载的、全级配大试件的抗折试验。结果表明，大坝混凝土的地震抗拉强度的应变率效应约为 20%。由于低周疲劳影响，往复加载的三角形循环波动态加载下的动态弯拉强度要比冲击型动态加载下的相应值小 10%～15%。

2. 测定单轴拉伸应力-应变全过程的损伤本构关系

大坝混凝土的应力-应变全过程的损伤本构关系是高坝在强震作用下损伤破坏过程分析的主要依据。为验证 2008 年汶川大地震中沙牌拱坝的震情，在坝体钻取芯样后加工制作成直径为 200mm 的圆柱体试件，分别由中国水利水电科学研究院在 MTS 的 15 000KN 试验机和河海大学在 MTS 的 1000KN 试验机上进行其单轴拉伸的损伤本构关系试验研究。

3. 探讨静态预加载对动态弯拉强度的影响

高坝通常在承受正常静载的运行中遭遇地震，因而十分关注静态预加载对动态弯拉强度的影响。为此，在有静态预加载的情况下，进行了大坝混凝土全级配试件的动态弯拉强度试验研究。试验结果表明，当初始静载可极限荷载比在一定限度内时，初始静载对动态弯拉强度会有所提高。

为解释试验结果，对试件进行了计入损伤和应变率效应的细观力学分析，试验和分析结果得到了相互验证。由此，对结果的机理可初步解释为：在静态预加载下形成的混凝土微裂隙拓展的损伤导致强度降低、变形增加，但使动载应变率效应有所增强，动态强度随之增大。当初始静载与极限荷载比值超过一定限度时，损伤迅速扩展，其影响超过地震作用的应变率效应，动态强度很快下降。

七、确保高坝抗震安全的展望

在为高混凝土坝抗震安全的漫长征战中，我亲历了从只注重结构地震响应，到研究场址相关地震动输入与材料动态特性以综合评价工程抗震安全；从仅引用地震部门给定的地震动参数，到与地震部门协作，结合水工结构的特点，对确定高坝的场址相关地震动参数、输入机制及近场大震的最大可信地震等的学科交叉研发；从沿袭和应用国外规范、软件及基于经验的传统概念、方法，到更切近实际的突破性自主研发及高新技术的应用；从偏重理论分析计算，到同建立先进试验基地、进行室内模型和现场动力试验、坚持大坝强震观测的系统研究。

可以认为，目前我们已为高坝抗震设计建立了可以把含有分缝和孔口的坝体、计入质量和各类地质构造的地基、强度与稳定、静载与动载于一体的精细数值分析模型，并以考虑地震波能量逸散的开放式波动问题求解其更切近实际的地震响应，从而能突破常规，应对当前因静、动载分析方法不同而难以叠加、坝体强度和基岩稳定因分隔校核而忽略其动态变形耦合影响等的制约性挑战，使高坝工程抗震安全的判断更为科学合理。还相应地研发了有自主知识产权的基于高性能并行计算的成套系统软件，以便于在强震区诸多高坝工程抗震设计中实际应用。总之，我认为，为更牢靠地守住“尽力防范高坝地震灾变、确实保障其抗震安全”这个底线，当前高坝抗震的深化研究的思路，似可以简要概括为以下几点。

（1）突出一个重点的要求，即防止在极端地震下高坝的地震灾变导致的次生灾害。

（2）破解两个关键的难题，即确定反映近场大震特征的地震输入和制定体现坝体整体地震失稳的定量准则。

（3）综合三类学科的交叉，即基于场地相关地震输入、体系地震响应分析和材料动态抗力试验间的相互配套。

（4）突破四个层面的传统，即在求解概念上，由基于点源发震机制的仅着眼于坝体结构的封闭系统的振动问题，转向基于近场大震面源发震机制的坝体-地基-库水体系的开放系统的波动问题；在校核思路上，把分别对静、动载作用下的强度和稳定的分开校核，转向寓静、动载作用下的强度和稳定的于一体的整体校核；在分析方法上，从基于平截面假定的线弹性结构力学法，转向计入接触和材料非线性的有限单元法；在数值分析技术上，由常规的串行分析，转向基于云计算的高性能并行分析。

我深信，在高坝建设的参建各方及高校、科研单位的共同努力下，基于对强震区高坝工程实践的依托、本学科发展前沿的追踪、相关交叉学科成果的借鉴及高新技术的应用，我国的科技进展和工程实践已为现行高坝设计常规的突破创造了基本条件，目前迫切需要进一步深化研究并尽早达成共识，制定 200m 级高坝设计规范，争取成为引领世界高坝建设跃上新台阶的规则制定者。理应使我国在世界高坝建设中向由大向强转变迈进，为世界高坝建设做出更大贡献。

第十五章

在实践中成长的感悟

第一节 爱国是动力

我首先思考的是，激励我们这一代知识分子的动力来自何方？

这使我常想起 1981 年，经美国土木工程学会推荐，在美国哈扎工程公司任职时，在一次华人同事召集的周末聚会中，对一位并不相识的客人关于“新中国到底干了些什么？”责问的回答，“最主要的是中国人站起来了，中国再不任人欺凌了。”历经日本侵略者侵占时的苦难童年，以及抗日战争胜利后官员腐败、物价飞涨、社会动荡不安中困惑和彷徨的青少年时期，“建设一个强大祖国”的夙愿，正是激励着我的动力之源。我体会到盼祖国强大、要回报人民的心愿，应该是成才的最原始动力，是人才最基本的素质，也是知识分子应具有的德的基础。我逐渐理解到，所谓人才，首先是做好一个人，一个大写的人，然后才能成才，为此，我常告诫自己，要做到大写的人，并不容易，要努力终生，有多方面的要求，但有一颗爱国心是最基本的。

第二节 敬业是前提

其次，我思考的是实现这个夙愿的途径。在从事科研 60 年的崎岖征途中，几经迂回曲折的弯路，才对“做什么”和“怎么做”的问题，似乎有了一些领悟。

关于“做什么”的问题，在今天，当我们选择专业和工作时，如果真的了解自己的特长，又能选择自己感兴趣的工作，当然是正当要求，一般也会更容易成功。但在我们那个时代，在追求思想进步的要求下，“服从组织分配，到祖国最需要的地方去”确是出自内心的较普遍想法。我在留学苏联选专业时及回国后分配工作时，也都是这么填写志愿的。其实，到今天我才感悟到，其实不管搞什么专业和在什么岗位上，只要肯下决心，专心致志，持之以恒，不断积累和总结，总是可以成功的，正所谓熟能生巧。鲁迅先生说：“路是人走出来的”。电视剧《西游记》的主题歌中说：“敢问路在何方？路在脚下”“踏平坎坷成大道”。我理解，干一行，就要爱一行，下决心干好这一行，这大概就是所谓的敬业精神吧！这正是“行行出状元”或者说是成功和成才的必要前提吧！

我是从事水工抗震科研工作的，但我在学校却从未学过什么抗震。1961 年新丰江大坝发生了地震，大坝需要抗震加固，院、所领导要我组建抗震组进行研究。那时，我对抗震这个学科可以说是一窍不通，连一些最基本的概念也搞不清楚，感到十分苦恼和困惑。但既然是工作需要，我就有了刻苦学习的最大动力。我相信边干边学，“从战争中学习战争”是唯一可行的途径，也是一定可以学会和做好的。从此，我就和抗震结下了终生不解之缘。

至于“怎么做”的问题，我从亲身经历中感悟到，正如杨叔子院士所说的，“学习是基础、思考是关键、实践是根本”。

第三节　学习是基础

作为一个科研人员，毕生都在不断地边干边学中，所以，关于学习，我的体会如下。

第一是要围绕所研究的问题学。因为今天知识的发展和更新这么快，可说是学海无边，而人的精力和时间毕竟总是有限的。当然，作为一个工程科研人员，所研究的问题应当是来自与本专业有关的亟须解决的工程难题，而不是从文献中去寻找要研究的问题。只有紧紧围绕自己在干中遇到的问题，把它时刻放在心上，做一个有心人，有的放矢地有目标、有针对性地去学，才能更有效、较敏感地从相关学科和领域中发现和得到能为我所用的启发，很重要的是不断积累和总结。在没有计算机的年代，我养成了记卡片的习惯。每当我学习一份资料后，总要把主要内容和心得体会用蝇头小字归纳整理成卡片，再分门归类。至今已积累了数十个类别的数千张卡片，往往有时写一张正反两面的卡片，需要花费 1～2 个小时，这不仅起到了巩固学习成果的作用，也便于随时携带和查询，成为我头脑的“外存”，特别是在记忆力随着年龄增长而衰退的今天尤得其益。

第二是从文献、资料等中学习固然十分重要，干水工抗震这一行的，尤其需要不断夯实数学、力学的根基，但同样重要的是要向周围的人学习，我相信“三人行，必有我师焉”的古训，抓住机会，虚心向人请教。我的计算机应用就是向不少人包括我的学生不断学习的。“学问”是离不开一个“问”字的，“学问”是多“问”才能“学”到的。这个“问”字的一个方面就是“知之为知之，不知为不知”和“不耻下问”，这是做学问的基本态度之一，特别是在当选为中国工程院院士后，更成为我经常告诫自己的警句。我深感，当选为院士，只是说明过去努力工作，在某个专业方面取得的成果为同行所认可，但只这是过去的事，并不说明在创造高峰期已过、已不能全力在第一线冲锋陷阵的今天，仍有什么权威可言。尤其是，过去得到承认的也只是在某个专业方面的贡献，绝对不是因而什么都行了，真理多跨越一步就可能有成为谬误的危险，需要谨慎。我常想，从院士群体而言，特别是其中一些富有领导经历的院士们，是能从战略性、全局性和前瞻性的高度发挥作用的。但具体到我自己，只是一个一直在科研第一线做具体研究工作的科技人员，当选为院士后，虽也努力多学习了解到一些情况，但毕竟主要是努力在第一线的本职岗位上争取能发挥应有作用。我也因此为自己是否“称职”而惶惑不安。但无论如何，对待学问，“要有自知之明”是我告诫自己的另一个警句。

第四节　思考是关键

通过学习，从书本和别人那儿取得知识固然是基础，但能否真正成为自己的知识，关键还在思考。我曾向在国外的学者石根华先生请教过学习方法，他认为，“我们在国内学的不一定比国外少，问题是想得不够”。他说他每天早晨醒来，要把昨天工作和学习中的问题犹如过电影似地逐一思考、清理和追索。我也曾经向心中敬佩的自学成才的周锡元同志请教过，他告诉我，他在探索一个难题时，常遍寻与之有关的各类资料、文献，从中比较分析，从不同方面得到启发以扩充思路，寻找突破口。他们的这些经验对我都很有启发，在工作中学习应用后，使我受益匪浅。我不止一次发现，自己一开始就自以为懂了的东西，往往是并没有真懂，只有在百思难解而感到困惑时，矛盾充分暴露了，才可能要接近“真懂”了，我把这比之为“黎明前的黑暗”。当然，尽管思考的方法可以各有千秋，但无论如何，我深信，“知识”只有通过深入思考才能真正成为自己的东西，才能成为可用以解决问题的“智慧”；知识也只有成为智慧后才是力量，才能举一反三、融会贯通，才会有所突破、有所创新。而思考的关键是学会问“为什么”。这是“学问”中的“问”字的另一个方面。李政道先生曾说过“要创新，需学问，只学答，非学问”。要善于自己发问，而不只是满足于已有的答案。至今我仍深感自己需要警惕思考不足和发问不够的弱点。其实，这在我指导研究生方面也有反映，表现为，我常安于尽量多向他们传授自己的想法和知识，给以答案，却疏于引导和启发他们自己多思考，多发问。至今我才逐渐认识到，在研究生学习期间，导师的职责，最重要的是培养他们独立从事科研工作的能力，其中核心是独立思考和发问的能力。在善于思考方面，自问还有很大差距，因而始终把多思作为治学的座右铭。

第五节　实践是根本

对于实践是根本，我的理解是：首先，“实践是检验真理的唯一标准”，科学研究更是如此。我所从事的专业属水工程领域，这是一门仍然在很大程度上以工程经验主的古老学科，特别是我主要搞的是大坝抗震科研，其中不仅地震动输入有很大的不确定性，大坝地震响应也十分复杂。传统的理念和方法，往往已很难解释实际观测成果和少量经受过强震的大坝的震例实情，需要有所突破，创新完善。但即使在当今计算技术飞速发展的条件下，虽然很多过去的难题可以计算了，但毕竟无论是在数学模型的建立还是在参数的取值方面都有不少假定。因此，需要尽可能通过室内外各类试验加以检验。当然，室内模型试验受到材料相似的限制，现场试验受到地震动输入模拟的限制。最主要的是要与实测资料比较和在震情实例中加以检验。困难在于大坝经受强震的震例很少，因此，紧抓震例不放，深入调研分析就极端重要。

但对“实践是根本”的理解，不只是一个“怎么做”的方法问题，更重要的是“为什么做”的问题，是一个根本目的问题。作为工程科技人员，我始终认为，“为工程服务”是我们工程科研工作的出发点和落脚点。我们科研工作的根本目的，就是要让科研成果尽可能在工程实践中多得到应用，而不应只是为发表 SCI 论文、写书和获奖，也不是为了争取更多的项目和经费。我不是说完全不要那些，而是要摆正什么是根本的问题。尤其是 SCI 论文及其数量，已成为科技人员职称评定、成果获奖、博士研究生毕业的主要依据。我认为 SCI 论文主要是对基础研究成果而言，目前不失为比较公正的评定标准。但对应用基础研究成果，应把是否在实际工程中应用作为主要评定标准。论文应当是基于经过工程应用实践检验的科研成果的总结和提炼，而并非是科研成果的根本目标。至少在工程界，这个根本就是“要把论文写在祖国的大地上，把科技成果应用在实现现代化的伟大事业中”。令我难以理解的是，一些高校，一面号召要把所主持的行业主要学术刊物办成被 SCI 收录的一流刊物，一面又大力鼓励把科技论文投到被 SCI 收录的刊物中去，甚至规定对被 SCI 刊物收录的论文给以高额奖金。目前，我国被 SCI 收录的学术刊物很少，如果把高水平的优秀论文都投到了国外，为国外的刊物“打工”，又怎么能提升我国学术刊物的水平呢？我还了解到，很多科研成果的鉴定都是国际先进，部分还是国际领先水平，可是他们在工程中被应用了的仅约5%，研究成果要在实践中应用是根本。拿抗震来说，现状正是，我们的研究进展赶不上我们正在建设的世界一流高坝工程的发展规模和速度。我也曾和一位要我评审论文的博士研究生聊过，他用商用程序计算了复杂的大坝非线性地震响应问题，但对程序的内涵了解不深，当问到他在大坝计算中采用的参数的依据时，回答是，搞不清就用程序中的缺损值。当然，这作为研究生论文着重于方法的掌握也许还能接受，但要从中得出可供实际工程的参考依据，就很成问题了。所以，我觉得要做到“实践是根本”其实也是并不容易的。

在我自己几十年的科研实践中，我还逐渐领悟到，只有脚踏实地在实践中点滴积累，才可能培育出创新和突破的萌芽。这一点在较普遍存在浮躁之风的今天，尤其重要。任何突破性成果的取得都要经过长期积累，在一次次具体、艰苦的实践中持续积累，才能逐步形成属于自己的系统优势，有所创新和突破。看似一时偶然的灵感，实际源自长期积累的必然，所以，搞科研需要耐得住性、沉得住气。

第六节　团队是依托

最后，我思考的是团队在我成长中的作用。50年来，我一直是在团队的培育下成长的，所有思路的实现和成果的取得都是团队共同努力的结果。我从个人的成长过程中亲身体验到，个人的力量总是有限的，至少在工程界，重大科研成果的取得必须依靠团队群体的力量。特别是在科技正迅速向纵深发展的当代，更是如此。当然绝不是忽视个人的努力和智慧。因为，只有团队中每个人都发挥出最大潜力，群体才能实现更高层次的突破。而任何杰出的个人，也只有在团队的成就中才能脱颖而出。团队是人才成长的土壤，脱离团队的“拔苗助长”是不会成功的。回顾我在水利水电科学研究院水工结构工程抗震团队中的成长历程，我满怀对共同奋斗的队友们的感谢和深情。

在反思中我更深深地感受到：科研团队是一个严密的整体，需要建立在良好的体制和规章基础上，充分发扬学术民主，在任务和分配上力求公正、公平和公开，才能统筹兼顾，调动每个成员的积极性。在我负责科研团队时，坚持以研究室为核算单位而不搞课题承包，就是出于这样的想法。但仅有这点还不够，更主要的是，团队的凝聚力来自团队协作精神及和谐创新氛围，这是提高团队成员创造能力的关键；团队的凝聚力来自互相尊重、互相关心和互相帮助，来自“得人心”。团队应当是一个相互激励和可以依托的温馨家园，这是一种远超过工作条件、收入待遇等影响的力量。所以，尊重别人、依靠集体是个人成功的保证。特别是作为团队中的学科带头人，除了要具有掌握学科发展方向和带领团队战斗的必要能力外，以身作则地遵守制度，发扬民主，真诚尊重、关心和帮助他人，也是不可或缺的基本素质。如果经常首先为自己考虑，把一切都主要归功于自己，是绝对带不出一个能取得好成果的团队的，自己也不可能真正成长。我深感团队好比力学中的合力，每个成员都只是其中一个分力，合力固然有赖于分力的综合，但各个分力再大，如果不能作用在同一个方向，合力也不会大。如果相互抵消，甚至会成为内耗，再大的分力也发挥不出来，“三个臭皮匠赛过诸葛亮”，但“三个和尚也可能没水吃”。

无论是在苏联学习还是在美国工作期间，我都感受到，我们中国人既不笨也不懒，别人能做到的，经过刻苦努力，我们也一定能做到。我感到目前在科技界一些不利于团队建设的现象并不鲜见，是值得深思和警惕的人才成长障碍。我也相信随着我国创新驱动发展战略的推进，个人才能的充分发挥和团队精神的发扬光大，一定会相得益彰。

若以上这些自己在实践中的点滴感悟，能稍有助于年青学子参考，自将感到无比欣慰。

附 录 | 一 |

陈厚群大事年表

1932 年

出生于江苏省无锡县（今无锡市）城内，父亲陈蕙荪、母亲张秀兰。我是母亲长子，排行老二。

1937 年

刚上小学几天，因学校遭日本侵略者轰炸停办而辍学；日本侵略者侵占无锡，父亲经营的布店被战火焚毁，全家离城逃难。

1938 年

全家在无锡乡下辗转逃难，屡遭日本侵略者、汉奸欺凌，父亲愤而投河被救。

1939 年

随母亲投奔上海租界内我大姨处，后在上海新闸路聚庆里租小屋安家，艰辛度日；开始在吉生小学就读；父亲返回无锡旧址重新惨淡经营布店。

1940 年

在吉生小学就读，小弟乐群患脑膜炎医治不及去世。

1942 年

搬家至父亲为在上海进货的房屋租房；转学至钱江小学就读。

1943 年

上海租界沦陷，在日伪统治下忍辱求生；学校被迫增开日文课；父亲的布店经营更艰难。

1944 年

考入天主教会办的景德中学就读初中；父亲在上海时曾险遭汉奸抓捕。

1945 年

抗日战争胜利，在学校组织下参加全市庆祝胜利大会和为改善教师生活在街头奔走募捐三日的活动；被学校推举参加上海市中学生作文竞赛。

1946 年

开始领悟将来要为母亲争气，自立谋生而努力学习，初三时成绩名列前茅，获免交学费奖励；搬至厦门路尊德里租赁的新家，与父亲在上海进货的办事处合在一起。

1947 年

投考江苏省立上海中学未成，暂入上海市立吴淞中学就读高一。

1948 年

考入江苏省立上海中学高二插班就读。

1949 年

中华人民共和国成立后的暑假中，我为自我检测，曾试以同等学力参加中华人民共和国成立后首次高考，后虽收到浙江大学电机系的录取通知书，但仍回江苏省立上海中学继续就读。

1950 年

父亲因年老病弱，曾对其无锡家中的长子济群和在上海的我分别提出了接替他经营布店的要求，均遭拒绝而深感失望，后来又因经营失败破产在无锡去世；我在上海中学就读，被选为理三乙班班长；毕业后，分别在华东考区被上海交通大学电机系录取，并已报到，后得知在华北考区又被清华大学土木系录取，最后决定去清华大学，入学后，申请到每月 4 万元（旧币）的丙种助学金。

1951 年

在清华大学，渴求进步，积极参加各项政治活动；积极投入抗美援朝运动，参加下乡宣传；于 1 月 8 日在新生中首批被批准吸收为青年团员；年底接受学校团委委派，到北京市节约检查委员会参加全市“三反”“五反”运动。

1952年

3月底接到通知，被推荐参加留学苏联的业务考试；4月考试通过，到留苏预备部报到入学；出国前不久被党支部列为培养发展对象；10月初出发到莫斯科动力学院水电系学习；期终以全5分通过各项考试；寒假期间，组织安排老学长罗西北同志带领水电系三个新同学在郊区的动力学院疗养院休息。

1953年

我被委派任莫斯科动力学院中国留学生青年团组织负责人，负责和莫斯科动力学院及邻近学校中个别的中国留学生中的青年团员联系；3月5日斯大林同志去世，在留苏学生会主席李鹏同志带队下到圆柱大厅参加斯大林同志遗体告别活动；我在苏联爱沙尼亚加盟共和国的那尔瓦水电站工地完成第一次实习。

1954年

我在连接伏尔加河、顿河的运河和齐姆良斯克水库完成第二次考察性实习；开始多次受组织委派为一些中国及国外留学生新同学辅导数学；在我校中国留学生党支部期终总结大会上，受到党支部学习委员杜玮同志的表扬；暑假参加由莫斯科共青团市委组织全市外国留学生乘游轮沿伏尔加河旅游的活动。

1955年

我在斯大林格勒水电站完成第三次实习，其间我在伏尔加河中学会了游泳；被选为莫斯科动力学院中国留学生共青团总支部学习委员，在党总支部学习委员潘天达同学领导下，共同负责了解大学生的学习情况和与校方留学生管理部门联系的工作。

1956年

5～6月在列宁格勒全苏水工科学研究院完成毕业实习，遇见正在此处访问的张光斗先生和电力部水利水电科学研究院副院长覃修典和赵佩钰所长等，未料会是我回国后工作单位的领导；暑期带队参加学校为中国留苏学生组织的到高加索地区的旅游；回校后又受组织委派，以清华大学代表身份参加在莫斯科举行的第六届世界青年联欢节活动，初次与也参加联欢节的我校研究生于岩见面；11 月在莫斯科动力学院的党总支大会上通过举手表决，我成为我校中国留苏学生中第一个被发展的中国共产党预备党员，实现了夙愿，终生铭记不忘初心。

1957 年

11 月 17 日，在莫斯科大学礼堂倾听毛主席的讲话，备受鼓舞；11 月 24 日入党预备期满，按期转正，难忘终生；年底在进行毕业设计时，参与导师承担的科研项目，并破例被派出差到列宁格勒设计院学习用复变函数计算坝内式厂房的方法。

1958 年

以优秀成绩通过毕业论文后，获得校长颁发的学习期间全部成绩 5 分的优秀毕业证书；2 月底踏上久盼的学成报效祖国的归途；在水电部人事司报到后被分配到水电科学研究院工作，经要求后被部批准，先到刚开工的东北通化桓仁水电站参加劳动锻炼一年；在土石工区，先后任风钻工、爆破指导员；8 月在“苦战十昼夜”中受严重工伤，右小腿遭受下坡重载斗车压断的开放粉碎性骨折，经处理后连夜送沈阳陆军总医院治疗，在精心治疗下，终于保持了当时已感染了的右腿；被誉为“土石工区的一面红旗”，获工区先进工作者奖状。

1959 年

在陆军总医院接受治疗过程中，积极参与力所能及的各项为病友的服务和支部活动，出院时，获得医院授予的“五好休养员”称号的奖励；回到当时已合并为水电部水利水电科学研究院结构材料研究所工作，被破格提升三级，获工程师职称，主要从事混凝土坝结构模型试验和分析工作；担任结构材料研究所团支部书记。

1960 年

被评为水电部青年积极分子、水利水电科学研究院先进工作者；在《水利学报》刊登了第一篇论文；结构材料研究所团支部被水利水电科学研究院团委评为优秀团支部，被推荐为出席中央国家机关共青团代表大会的代表。

1961 年

广东新丰江水电站发生水库地震后，按副院长黄文熙先生要求，受命组建结构材料研究所抗震组，任组长；我和于岩在上海黄浦区登记结婚。

1962 年

进行新丰江大坝抗震加固试验研究；经水电部批准，我成为副院长黄文熙先生的重点培养对象；到北京大学旁听“数理方程”的全部课程，并跟随教育广播自学完“线性代数”的全部课程。

1963 年

根据黄文熙先生要求，在华北电力设计院学习了 3 个月的 103 电子计算机的原代码程序编写，试编成功求解代数方程组的程序；主持刘家峡重力坝工程的考虑库水的三维整体模型动力特性试验；主持了满足水弹性试验相似要求的加重橡胶材料的成功试制及其力学特性测试；女儿出生。

1964 年

在《中国科学》发表第一篇论文；被评为毛选学习积极分子；经黄文熙先生推荐上报水电部，作为赴日本考察水工抗震代表团成员，未被批准；提出申请从日本引进可分别在水平向和竖向输入任意波形的电磁振动台，经部批准。

1965 年

参加由水电总局和昆明军区铁道兵联合组织的到云南以礼河水电工地，参加为期 9 月的“工业四清”工作，工作结束后，在全体队员参加的总结大会上，我被列为 18 个受表扬队员之一。

1966 年

“四清”刚返京时发生邢台地震，正因路感风寒发烧中，即未按规定休假就应已在地震现场的黄文熙先生召唤，赶往震区参加考察调研和对大坝进行强震监测，在岳城水库见到在震区组织救灾的周恩来总理；7 月参加了山东渤海湾地震现场考察调研，被紧急调回参加运动；我被吸收参加由工人师傅带队的对日本引进的电磁振动台的验收和索赔工作；经铁道兵进驻水电部的军管会特许，我有幸仍能参加京津地区一些工程抗震安全复核的工作；我奉命到上海为在上海水电设计院实习的越南人员培训混凝土坝模型试验的内容两周；年底，我家由水利水电科学研究院二里沟宿舍搬到由于岩的单位分配在德胜门外五路通的宿舍。

1967 年

水利水电科学研究院被解散，我随时准备被下放接受改造。

1968 年

儿子出生，被“靠边”站的我参加院内冬季取暖的烧锅炉劳动；“文化大革命”进入“清理阶级队伍”阶段，妻子于岩因留苏时向党交心检讨自己有过人道主义思想的汇报材料，被单位中对立的造反派组织从档案中翻出，被贴了“大字报”，白天进了“学习班”学习，并遭到抄家，结果却不了了之。

1969 年

为响应“小三线”建设，于岩的单位（机械部自动化研究所）要把她所在的电站组成编制地下放广西桂林，我可随行另行安排工作，但我单位领导不同意我随行调离，经与于岩的单位多次协商，最终他们同意于岩留下在软件中心工作。

1970 年

我开始偷偷自学日语。

1971 年

原水利水电科学研究院、清河的电力科学院和良乡的电力建设研究所中尚未下放的留守人员合并后临时成立了水利电力部的科学研究所，原水利水电科学研究院的人员归水利调度室，于骁中同志任主任，我被指定为副主任之一。

1972 年

根据部里指示，为争取作为会员国家参加国际大坝委员会大会，主持并组织广东省地震部门、水电设计部门、清华大学、北京大学、中国科学院下属的工程力学研究所、计算技术研究所、地球物理研究所等单位的有关同志撰写提交国际大坝会议的论文《新丰江水库地震及其对大坝的影响》，首次在电磁振动台进行坝体动力模型试验和用有限元法对坝体进行动力分析。

1973 年

《新丰江水库地震及其对大坝的影响》论文由首次参加第 59 届国际大坝委员会大会的我国代表团在大会上发放后，引起了高度关注。

1974 年

《新丰江水库地震及其对大坝的影响》论文分别在 1974 年的中、英文版的《中国科学》上发表；我作为主编接受国家建设委员会抗震办公室下达的任务，首次编制我国《水工建筑物抗震设计规范》；在沈崇刚同志带队下，我与长江流域规划办公室设计院的张邦奇同志等三人共赴希腊，首次作为成员国代表团参加国际大坝委员会年会；会后访问了南斯拉夫高 220m 的姆拉丁其拱坝工地和多瑙河上的铁门水电站。

1975 年

我主编的《水工建筑物抗震设计规范》经国家建设委员会抗震办公室和水利电力部组织通过送审稿；参加水电部原副部长张季农同志带队的、赴东北考察和慰问蒙受海城地震影响的水利和电力工程职工的工作；参加刘恢先先生带队的国家地震局代表团，经日本赴加拿大的班夫城，出席国际诱发地震学术大会，会后考察加拿大地震局和不列颠哥伦比亚大学的有关抗震部门。

1976 年

与汪闻韶、云南省水利局的董燮川等同志共同参加内蒙古自治区和林格尔地震震区的水利工程震情调研考察工作；发生唐山大地震时，于岩出差东北，当天中午我参与搭军用直升机到达震区，了解陡河大坝震害情况后，返京向钱正英同志汇报并起草报告，至深夜返院；向领导提出到震区现场考察调研的申请，因必须到水电部小汤山干校参加最后一期干部劳动而未获军管会批准；毛主席逝世，被调回院，在完成毛主席专用设备抗震试验后又返回干校；“四人帮”被打倒，“文化大革命”结束，参加举国欢庆的全市大游行；获毛主席纪念堂专用设备研制组颁发的先进工作者奖状，回城参加毛主席纪念堂工程指挥部召开的庆功大会。

1977 年

年初干校解散返院，在水利水电科学研究院重新恢复筹建中，我被任命为新组建的抗震防护研究所负责结构抗震部分的副所长；于岩到河南驻马店干校参加干部劳动。

1978 年

积极进行抗震防护研究所内的水工结构抗震研究的组建工作；我被作为先进集体代表参加全国科学大会，迎来科学的春天；我被批准为硕士研究生导师，开始招收两名硕士研究生，带领研究生在电磁振动台上进行新丰江大坝头部断裂坝段的抗震稳定试验；我主编的我国第一本《水工建筑物抗震设计规范》（SDJ 10-78）由水利电力部颁行；于岩从干校返京。

1979 年

参加了我院举办的脱产半年的英语培训班；参加了机械科学研

究总院对从美国引进的结构分析通用程序（SAP）的培训班；于岩被批准为中国共产党党员，被派至香港参加计算机学习。

1980 年

参加在土耳其伊斯坦布尔召开的第 7 届世界地震工程学会大会，会后赴南斯拉夫与由联合国资助的国际地震研究中心进行交流和参观振动台装置；通过中、美两国土木工程学会选派赴美国短期工作人员的英语考试，8 月赴美国芝加哥哈扎工程公司任高级工程师工作一年；参加协商和酝酿美国克拉夫教授和我国张光斗先生领衔的、中美地震研究科技合作研究协议中的“拱坝地震响应的相互作用”项目。

1981 年

8 月从美国工作按期归国；首次应用 SAP 程序对二滩拱坝进行动力分析；引进了美国克拉夫教授主持编制的拱坝分析程序（ADAP）并加改进，在拱坝抗震设计中得到推广应用。

1982 年

作为中方具体技术负责人，开始执行长达近 20 年的中、美地震研究科技合作研究项目，首先在安徽响洪甸拱坝用同步起振机进行现场实测和计算验证。

1983 年

负责建置三向六自由度地震模拟振动台。

1984 年

继续执行中、美地震研究科技合作研究项目，在广东泉水拱坝用同步起振机进行现场实测和计算验证；获部直属机关党委授予的“优秀共产党员”称号；获人事部授予的“有突出贡献的中青年专家”称号并获提升二级；获水利电力部授予的“全国水利电力系统特等劳动模范”称号；参加中华人民共和国成立 35 周年在天安门观礼。

1985 年

负责“二滩抛物线拱坝抗震分析研究”项目；参加水利水电科学研究院组团对意大利贝加莫实验室的考察，完成《核电站抗震研究》报告；带领研究生自主研发了在工程中得到推广应用的、拱梁分载法的拱坝动力分析程序。

1986 年

参与由原能源部、水利部共同开始制定的《水利水电工程可靠度设计统一标准》（GBJ 50199-94）的研讨，参加了水利水电规划设计总院举办的、由大连工学院赵国藩教授讲授的可靠度设计培训班；“拱坝静动力分析程序 ADAP-CH84 和二滩抛物线拱坝抗震分析研究”“湖南镇大坝横河向抗震及观测分析”等项目分别获水利电力部科技进步奖二等奖（8625002-G1）和四等奖（8642167-G1）；获全国总工会授予的“全国优秀科技工作者”称号和全国“五一劳动奖章”；获部直属机关党委授予的“优秀共产党员”称号；被推选为中央国家机关纪念“七一”优秀共产党员先进事迹报告团成员，在中南海紫光阁受到中央领导同志接见。

1987 年

继续执行中、美地震研究科技合作研究项目，在美国蒙蒂赛洛拱坝用起振机进行现场实测和计算验证；当选为北京市海淀区第九届人民代表大会代表；为使我集中精力搞科研，领导让我从抗震防护研究所副所长岗位退下；获部直属机关党委授予的“优秀共产党员”的称号。

1988 年

参加核电站抗震试验研究工作，作为主要起草人参加《核电厂抗震规范》编制；《拱坝抗震设计关键技术问题研究》项目获水利电力部科技进步奖二等奖（S8822042-G1）；被选为水电部参加中国共产党第十三次全国代表大会候选人；参加中央国家机关优秀党支部和优秀党员代表大会；经水利电力部批准为教授级高级工程师。

1989 年

参加在日本东京和京都召开的第 9 届世界地震工程学会大会；参与对黄河小浪底工程的多级孔板泄洪洞泄洪对山体振动影响的论证，参加在碧口水电站进行的孔板洞泄水振动的现场测试等工作；参加石油化工部门的储油罐抗震试验研究，负责“常压立式圆柱形储油罐抗震研究”项目；《用瞬态激振进行水工结构的模态识别》项目获水利电力部科技进步奖三等奖（S893066-G3）；获水利部授予的“全国水利系统特等劳动模范”称号；获国务院授予的“全国先进工作者”称号；参加中华人民共和国成立 40 周年在天安门观礼活动；经国务院学位委员会批准为博士研究生导师。

1990 年

完成《秦山核电厂反应堆控制棒驱动机构抗震试验研究报告》；完成国家“七五”重点科技攻关项目“高坝的抗震设计”；经中国科学院、能源部、水利部商议，并经中国科学院院长办公会议通过，批准水利水电科学研究院结构振动开放研究实验室纳入中国科学院开放研究实验室管理系列，我被聘任为该实验室主任，组成由张光斗、黄文熙两位先生为顾问，潘家铮为主任的学术委员会；建置的三向六自由度地震模拟振动台在美国国家科学技术委员会的资料中被称为“世界上最好的混凝土坝抗震试验设备”；继续当选为北京市海淀区第十届人民代表大会代表；主持小浪底工程进水塔群结构安全分析和孔板塔抗震模型试验研究；获部直属机关党委授予的“优秀共产党员”称号；国庆节作为全国先进工作者受到中共中央领导接见，并被邀请到中南海做客。

1991 年

继续执行中、美地震研究科技合作研究项目，在湖南东江拱坝用可重复使用的水中爆破列阵激震，进行现场实测和计算验证；参加了国家自然科学基金重大项目“城市与工程减灾基础研究”的工作，较系统地进行了可靠度设计及其在混凝土坝中的应用的学习和研究；“高拱坝体型优化及结构设计的研究”“高坝的抗震设计”等项目分别获能源部科技进步奖一等奖（9111002-G5）和二等奖（9121011-G1）；“钢制立式圆柱形储油罐抗震研究”项目获中国石油化工总公司科技进步奖二等奖（91-2-25）；享受国务院政府特殊津贴；获部直属机关党委授予的“优秀共产党员”称号；水利水电科学研究院党委决定，在深入开展“学雷锋、学焦裕禄、学亚运精神”中，在全院开展“学习田孝忠、陈厚群同志先进事迹”的活动。

1992 年

完成“清江隔河岩工程第二级垂直升船机塔柱结构抗震试验研究”项目；带队赴俄罗斯访问和考察莫斯科水工设计研究院，会后参观莫斯科建筑工程学院的水力学试验室，到圣彼得堡访问全苏水工科学研究院，到伏尔加格勒参观伏尔加格勒水电站；开始负责修编《水工建筑物抗震设计规范》；参加《英汉水利水电技术词典》和《水工设计手册》编著工作，分别获 1992 年水利部全国优秀科技图书一等奖；获部直属机关党委授予的“优秀共产党员”称号；获建设部授予的“全国抗震防灾先进工作者”称号。

1993 年

参加在奥地利因斯布鲁克举行的第六届国际结构安全和可靠度大会，并做了《混凝土重力坝抗震可靠度分析》报告；连续当选为北京市海淀区第十一届人民代表大会代表；“机械结构动力分析技术研究与 DASAP90 微机结构动、静力分析程序的研制与工程应用”项目获机械工业部科技进步奖一等奖（9307018-9）；“秦山核电厂反应堆控制棒驱动机构抗震试验研究”项目获水利电力部科技进步奖二等奖（9321042-G1）。

1994 年

首次在振动台上进行了考虑拱坝横缝影响的模型试验验证，向给予资助的美国垦务局、加州洛杉矶公共工程局、哈扎工程公司提供研究报告的英文版本，并接待美国专家考察；完成“三峡升船机塔柱结构抗震试验研究”任务；“小浪底工程进水塔群结构安全分析和孔板塔抗震模型试验研究”项目获水利部科技进步奖一等奖（S941043G01）；获部直属机关党委授予的“优秀共产党员”称号。

1995 年

当选为中国工程院院士，任土木、水利与建筑工程学部常委；被委派代表朱光亚院长，会同中国科学院副院长胡启恒院士，共赴吉隆坡参加马来西亚科学院成立大会，会前受其总理马哈蒂尔接见；参加中国地震局局长方樟顺率领的赴中国台湾考察交流的地震代表团；“小浪底工程进水塔群结构安全分析和孔板塔抗震模型试验研究”项目获国家科学技术委员会科技进步奖三等奖（08-3-004-01）；“东江拱坝坝体库水地基动力相互作用现场试验研究”项目获电力工业部科技进步奖一等奖（9511002-G1）；“清江隔河岩工程第二级垂直开船机塔柱结构抗震试验研究”项目获水利部科技进步奖三等奖（S953035-G01）；10 月从马来西亚回国急去上海看望病重中的母亲，料理后事。

1996 年

作为项目负责人主持“九五”国家重点科技攻关项目“300m 级高拱坝抗震技术问题”工作；完成“软工地基上储油罐抗震安全性的现场地震模拟试验研究”任务；中国科学院会同水利部和电力工业部对水利水电科学研究院的结构振动开放研究实验室进行了检查评估，认为：在学术上和解决重大工程实际问题方面达到国际先进和国内一流水平，建议中国科学院和国家有关部门尽快将该实验室列入国家重点实验室建设系列；参加了国家有突出贡献专家休假团。

1997 年

当选为中国工程院土木、水利与建筑工程学部主任，中国工程院主席团成员；代表中国工程院与中国科学技术协会冯长根同志共同出席东盟科技研讨会，并根据国家科学技术委员会提供的介绍中国设立高新技术转化的“孵化园”情况的素材，做成英文彩色胶片，在会上做了报告；应我院梁瑞驹院长要求，组建我院工程抗震研究中心并担任主任；负责修编的《水工建筑物抗震设计规范》(DL 5973-1997)和《水工建筑物抗震设计规范》(SL 203-97)颁布实施；完成《PC 核电厂反应堆控制棒驱动机构抗震试验研究报告》及《秦山核电厂改进后驱动机构抗震试验报告》；“东江拱坝坝体库水地基动力相互作用现场试验研究”项目获国家科学技术委员会科技进步奖二等奖（08-3-004-01）；“拱坝的动力非线性分析与动力可靠度研究”项目获电力工业部科技进步奖一等奖（9721016-G1）。

1998 年

继续执行中、美地震研究科技合作研究项目，在青海龙羊峡拱坝用水下岩面爆破的激震，进行现场实测和计算验证；完成《秦山核电厂堆芯燃料组件抗震试验研究报告》；当选为第九届全国政治协商会议代表，参加其人口资源环境委员会工作；“拱坝系统三维动力分析及抗震措施研究”项目获电力工业部科技进步奖一等奖（981241-G1）；“软土地基上储油罐抗震性能研究”项目分别获江苏省科技进步奖二等奖（2-36-03）和中国石油化工集团公司科技进步奖二等奖（98-2-028）。

1999 年

当选为中国水利学会第七届理事会副理事长；基于参与国家自然科学基金重大项目“城市与工程减灾基础研究”中的研究成果，由王光远、程耿东、邵卓民和我共同撰写的《抗震结构的最优设防烈度与可靠度》由科学出版社出版；“拱坝动力非线性分析和试验研究及其工程应用”项目获国家科学技术委员会科技进步奖一等奖（08-2-002-01）；“核电厂抗震设计规范的研究和编制”项目获国家地震局科技进步奖一等奖（991302-7）；“水工建筑物抗震设计规范”“水工结构荷载设计规范”等项目分别获国家电力公司科技进步奖二等奖和科技进步奖三等奖（98-2-028）；参加了水利部组织的老专家休假团；参加中华人民共和国成立 50 周年在天安门观礼；受朱镕基总理邀请参加了中华人民共和国成立 50 周年国宴。

2000 年

参加在新西兰举行的世界地震工程学会第 12 届大会；受北京市委和市政府邀请在天安门城楼中秋赏月。

2001 年

参加在德国东部的德累斯登市召开的国际大坝委员会第 69 届年会；获 2001 年度何梁何利基金科学与技术进步奖。

2002 年

结合三峡工程电厂厂房的机组振动测试研究，带领研究生开始向水工结构的机械激振响应的研究拓展；参加在巴西召开的国际大坝委员会第 70 届年会；受聘为中国建筑学会抗震防灾分会理事长；基于“九五”国家重点科技攻关项目研究成果的“300m 级高拱坝抗震研究”项目获国家电力公司科技进步奖二等奖（20022303-G1）。

2003 年

“龙羊峡拱坝抗震安全运行评价”项目获中国电力科技进步奖二等奖（2003-2-10-G01）；“高拱坝地震应力控制标准和抗震结构工程措施”项目获云南省科技进步奖一等奖（2002KC243-1-R04）。

2004 年

参加在韩国汉城（现改名首尔）举行的国际大坝委员会第 72 届年会，当选为国际大坝委员会地震专业委员会副主席；参加在加拿大温哥华举行的世界地震工程学会第 13 届大会，做了《小湾高拱坝地震动输入的选择》的报告。

2005 年

在国家自然科学基金重大项目“西部能源利用及其环境保护的若干关键问题”中，成功申请由我负责、与河海大学和西安理工大学协作的“西部高拱坝抗震安全”重点项目；参与三峡工程齿轮齿条爬升式升船机的抗震设计研究工作。

2006 年

参加中国地震局组织的赴美国参加纪念旧金山大地震 100 周年国际学术研讨会代表团，并做报告；参加在西班牙巴塞罗那举行的国际大坝委员会第 74 届年会和第 22 届大会，做了《高坝设计地震动输入》的报告；“小湾拱坝超设计概率水平地震作用及极限抗震性能的试验和分析研究”获中国电力科学技术奖二等奖（2006-2-24-G01）。

2007 年

参加在俄罗斯召开的国际大坝委员会第 73 届年会，在会议期间作了学术报告；“全级配大坝混凝土动态性能研究”获大禹科技进步奖二等奖（DYJ20070315-001）；获中国地震局、科学技术部、国防科学技术工业委员会、中国科学院、国家自然科学基金委员会联合授予的“全国地震科技工作先进个人”称号。

2008 年

参加在保加利亚召开的国际大坝委员会第 76 届年会，在全体大会做了《中国的汶川大地震及其对大坝安全的影响》的报告；参加在北京举行的世界地震工程学会第 14 届大会，国际大坝委员会地震专业分委员会主席维伦（M. Wieland）先生和作为副主席的我，共同筹备大坝地震专业分会场的工作，负责所有有关大坝地震专业的论文审核工作，我和美国加州大学伯克利分校恰普拉教授（A.K.Chopra）共同担任本届大会的大坝地震专业分会场主席，我在会上做了《中国高拱坝抗震研究的进展》的学术报告，还应邀在大会专门举办的“中国日”活动中，做了《汶川地震后中国高坝抗震研究》的学术报告，我获得了世界地震工程大会主席授予的荣誉奖牌；在中国工程院承担的“三峡工程试验性蓄水阶段性评估报告”项目中任地震地质组副组长；主要基于国家自然科学基金“西部高拱坝抗震安全”重点项目成果、由我的博士研究生马怀发和我编著的《全级配大坝混凝土动态损伤破坏机理研究及其细观力学分析方法》出版。

2009 年

应邀在土耳其全国大坝会议做特邀报告；应邀在巴西大学和巴西电力部门联合召开的学术会议上做特邀报告；参加在巴西召开的国际大坝委员会第 77 届年会；在由我国商务部与联合国开发计划署共同设立的“支持汶川地震灾区重建与早期恢复援助方案”下的子项目“加强水电安全项目”专题研讨会上做了《中国大坝和水工结构抗震研究进展》的学术报告；参加在冰岛首都雷克雅未克举行的国际水电协会大会，并做了报告；获中国工程院授予的光华工程科技奖。

2010 年

负责的国家自然科学基金重点项目“西部高拱坝抗震安全”在专家验收中被评为 A 级，获得再追加资助的奖励，并获国家发展和改革委员会原副主任张国宝同志授予的中国水力发电工程学会科技进步奖特等奖（2001- 特 -01-001）；参加在越南举行的国际大坝委员会第 78 届年会，并在全体大会上做特邀报告《西部高拱坝抗震安全前沿性基础科学研究及其工程应用》。

2011 年

作为顾问参与《AP1000 控制棒驱动机构振动台抗震试验方案》报告的撰写；《中国工程院院士文库——混凝土高坝抗震研究》出

版；参加在瑞士召开的第79届国际大坝委员会年会，获国际大坝委员会授予的终身成就奖；在中国共产党建党90周年时获部直属机关党委授予的“优秀共产党员”称号。

2012年

基于负责的国家自然科学基金委重点项目研究成果、我负责与河海大学吴胜兴和西安理工大学党发宁等撰写的《高拱坝抗震安全》获得电力科技专著出版基金资助，作为“十二五”国家重点图书出版规划项目，由中国电力出版社出版；在中国工程院承担的“三峡工程试验性蓄水阶段性评估报告”项目中任项目组副组长兼地质灾害和水库地震课题组组长；负责中国工程院重点咨询项目“西部强震区高坝大库抗震安全研究”；经国务院领导批准，担任国务院三峡工程建设委员会三峡枢纽工程质量检查专家组组长和国务院南水北调工程建设委员会专家委员会主任；主编国家标准《水工建筑物抗震设计标准》；80岁生日时，院里为我举行了学术报告暨座谈会。

2013年

参与南水北调工程东线一期工程全面通水验收工作；参加国际大坝委员会第81届年会，其间，在地震专业分委员会上，就高混凝土坝地震损伤破坏过程的非线性分析方法和汶川地震中沙牌拱坝的震情验证做了报告后，提出因耄耋之年出行不便而请辞了地震专业分委员会副主席的职务，决定今后一般也不再出国参加国际大坝委员会的活动了。《汶川地震中沙牌拱坝的震情验证》一文在SCI收录的 *International Journal of Structural Stability and Dynamics* 上发表。

2014年

在中国工程院承担的“三峡工程建设第三方独立评估报告”项目中任项目评估专家组副组长兼地震课题组组长；由国务院长江三峡工程整体竣工验收委员会任命为枢纽工程验收组副组长；参与南水北调

工程中线一期工程全面通水验收工作；应约在 SCI 收录的《地震工程与工程振动》上发表 *Seismic Safety of High Concrete Dams*。

2015 年

参加由中国在北京雁栖湖主办的国际水电工程大会，作为主题发言人在大会上做报告后，与各个主题发言人在主席台就座，回答与会代表提出的有关问题和进行交流讨论；《中国工程院院士文集——陈厚群院士文集》出版；由长江三峡水利枢纽工程验收组任命为长江三峡枢纽工程整体竣工验收组专家组组长，主持了枢纽工程整体竣工的技术预验收，参与了枢纽工程整体竣工验收；被推荐为中国科学院和中国工程院的两院资深院士工作委员会委员，参与对工程技术和社会发展中重大问题的宏观咨询研究。

2016 年

《高拱坝抗震安全》被译成英文由爱思唯尔出版社出版，在世界各地发行；由国务院长江三峡工程整体竣工验收委员会任命为枢纽工程验收组升船机工程验收组副组长，并由枢纽工程验收组升船机工程验收组任命为枢纽工程验收组升船机工程验收专家组组长；参与长江三峡水利枢纽升船机工程试通航前验收工作。

2017 年

作为顾问参与“十三五”国家重点研发项目“300m 级特高坝抗震安全评价与控制关键技术”的成功申报；完成本书的撰写；参加南水北调专家委员会新疆调研工作，在多个工程现场进行考察；作为专家组组长，参加三峡枢纽工程验收组升船机工程技术预验收前现场调研；被任命为长江三峡水利枢纽升船机工程验收专家组组长。

附录 | 二 |

陈厚群主要著述目录

陈厚群，丁卫华，党发宁，等 . 2006. 混凝土 CT 图像中等效裂纹区域的定量分析 . 中国水利水电科学研究院学报，4（1）：1-7.

陈厚群，丁卫华，蒲毅彬，等 . 2006. 单轴压缩条件下混凝土细观破裂过程的 X 射线 CT 实时观测 . 水利学报，37（9）：1044-1050.

陈厚群，郭明珠 . 2012. 重大工程场地设计地震动参数选择 . 第六届全国地震工程学会会议 .

陈厚群，郭胜山，张翠然，等 . 2011. 防止高混凝土坝地震灾变的研究进展 . 高坝大库安全建设与风险管理高端论坛会议论文 .

陈厚群，郭胜山 . 2011. 地震作用下混凝土高坝损伤模型的探讨 . 全国结构振动与动力学学术研讨会暨第四届结构动力学专业委员会会议 .

陈厚群，郭胜山 . 2012. 混凝土高坝——地基体系的地震损伤分析 . 水利学报，43（s1）：2-7.

陈厚群，侯顺载 . 1988. 混凝土坝自由场行进波分析 . 水利学报，9：61-69.

陈厚群，侯顺载 . 1992. 大坝附属结构的抗震设计 . 水利水电技术，4：10-14.

陈厚群，侯顺载 . 1996. 高拱坝地震反应与抗震安全性评价 . 水力发电，22（11）：33-39.

陈厚群，侯顺载 . 1996. 小湾坝址场地对地震动影响的研究 . 云南水力发电，14（4）：37-41.

陈厚群，侯顺载，郭志杰 . 1997.《水工建筑物抗震设计规范》修订概述 . 工程抗震与加固改造，3：1-5.

陈厚群，侯顺载，李德玉 . 1988. 拱坝动力分析方法的探讨 . 水利学报，7：66-71.

陈厚群，侯顺载，梁爱虎 . 1992. 水电工程抗震设防概率水准和地震作用概率模型 . 自然灾害学报，2：91-98.

陈厚群，侯顺载，涂劲，等，1999. 丰满大坝抗震动力分析与安全评价 . 大坝与安全，13（3）：27-30.

陈厚群，侯顺载，杨佳梅 . 1994. 俄罗斯水工抗震近况简介 . 世界地震工程，3：1-9.

陈厚群，侯顺载，张力飞，等．1995. 拱坝多点输入动力反应的试验研究．水利学报，8：12-20.

陈厚群，侯顺载．王均．1990. 拱坝自由场地震输入和反应．地震工程与工程振动，2：53-64.

陈厚群，胡晓，王济，等，1999. 三峡升船机塔柱结构抗震试验研究．地震工程与工程振动，19（3）：47-56.

陈厚群，纪军，刘涛，等．2010. 西部能源重大研究计划重点资助项目“西部高拱坝抗震安全前沿性基础科学问题研究”取得重要进展．中国科学基金，6：342-345.

陈厚群，姜治超，杨佳梅，等．1982. 关于几座拱坝的抗震试验研究．水利学报，11：24-34.

陈厚群，李德玉，郭胜山，等．2015. 2008 年汶川地震中沙牌拱坝的震情检验和分．水利水电技术，46（6）：1-9.

陈厚群，李德玉．1995. 有横缝拱坝的非线性动力模型试验和计算分析研究．地震工程与工程振动，4：10-26.

陈厚群，李德玉．2007. 重力坝动力分析和抗震设计研究 // 周建平，贾金生，王仁坤．重力坝设计 20 年．北京：中国水利水电出版社．

陈厚群，李敏，石玉成．2005. 基于设定地震的重大工程场地设计反应谱的确定方法．水利学报，36（12）：1399-1404.

陈厚群，梁爱虎．1990. 重力坝动力可靠度的随机动力有限元的分析方法．中国土木工程学会桥梁及结构工程学会结构可靠度委员会全国第三届学术交流会议论文集．

陈厚群，马怀发，李运成．2007. 随机骨料模型形态对大坝混凝土弯拉强度的影响．中国水利水电科学研究院学报，5（4）：241-246.

陈厚群，马怀发，吴胜兴，等．2005. 高拱坝混凝土地震抗力机理探索．2005 全国结构动力学学术研讨会．

陈厚群，苏克忠，钱维栎，等．1986. 湖南镇大头坝横河向抗震分析．水利学报，11：27-36.

陈厚群，唐继儒，钱维栎，等 . 1981. 枫树坝坝内式厂房段的动力特性和地震反应 . 水利学报，2.
陈厚群，汪闻韶 . 1984. 抗震设计 // 华东水利学院 . 水工设计手册 . 北京：中国水利电力出版社 .
陈厚群，王森元，胡晓，等 . 1990. 外浮顶储液罐模型抗震试验 // 项忠权、李清林 . 立式储油罐抗震，北京：地震出版社 .
陈厚群，吴胜兴，党发宁，等 . 2012. 高拱坝抗震安全 . 北京：中国电力出版社 .
陈厚群，吴胜兴，马怀发，等 . 2005. 全级配大坝混凝土动态性能研究 . 新世纪水利工程科技前沿 .
陈厚群，徐泽平，李敏 . 2008. 汶川大地震和大坝抗震安全 . 水利学报，39（10）：1158-1167.
陈厚群，徐泽平，李敏 . 2009. 关于高坝大库与水库地震的问题，水力发电学报，28（5）：1-7.
陈厚群，张伯艳，涂劲 . 2004. 浅论拱坝坝肩抗震稳定 . 水力发电学报，23（6）：40-44.
陈厚群，张艳红，李敏 . 2001. 地震危险性分析和地震动输入机制研究 . 水力发电，8：48-50.
陈厚群，张艳红 . 2011. 评判混凝土高坝地震灾变的关键问题探讨 . 水利水电科技进展，31（4）：8-12.
陈厚群 . 1981. 水坝抗震——第七届世界地震工程会议报告简介 . 工程抗震与加固改造，2：36-39.
陈厚群 . 1963. 重力坝的动力分析 . 水利学报，2：55-60.
陈厚群 . 1983. 国内外混凝土坝抗震技术的最新进展评述 . 水利水电技术，9：10-16.
陈厚群 . 1985. 拱坝地震反应的相互作用——中美地震工程科技合作项目之一简介 . 工程抗震与加固改造，1：13-17.
陈厚群 . 1985. 我国建置的第一座大型三向宽频域电液式模拟地震振动台 . 世界地震工程，4：29-34.

陈厚群 . 1986. 水坝抗震的实验研究 . 工程抗震与加固改造，2：22-26+48.
陈厚群 . 1986. 唐山地震以来我国水坝抗震分析计算的若干进展 . 世界地震工程，2：9-63.
陈厚群 . 1986. 我国水坝抗震 . 中国地震学会全国地震科学学术讨论会论文摘要汇编 .
陈厚群 . 1990. 地震核电站安全性 . 百科知识，6：56-58.
陈厚群 . 1990. 论核电站设备的抗震鉴定试验规程 . 世界地震工程，2：13-26.
陈厚群 . 1992. 高混凝土拱坝抗震研究中的重要动向 . 西北水电，3：37-44.
陈厚群 . 1995. 设备抗震试验 // 项忠权，孙家孔 . 石油化工设备抗震 . 北京：地震出版社 .
陈厚群 . 1996. 高拱坝抗震安全关键技术问题，中国水利水电科学研究院学报 .
陈厚群 . 1997. 当前我国水土抗震中的主要问题和发展动态 . 振动工程学报，10（3）：253-257.
陈厚群 . 1998. 重大工程抗震研究中的一点思考 . 第五届全国地震工程会议 .
陈厚群 . 1999. 我国高坝抗震安全关键技术问题 . 面向 21 世纪的科技进步与社会经济发展论文集 .
陈厚群 . 2000. 大坝抗震 // 潘家铮，何璟 . 中国大坝 50 年 . 北京：中国水利水电出版社 .
陈厚群 . 2000. 高拱坝抗震设计研究进展 . 中国水利，9：62-68.
陈厚群 . 2000. 中国水工结构重要强震数据及分析 . 北京：地震出版社 .
陈厚群 . 2001. 坝抗震分析和坝肩动力稳定性研究 . 水力发电，8：51-53.
陈厚群 . 2002. 对水工抗震的思考 . 中国电力企业管理，8：35-35.
陈厚群 . 2003. 把握机遇 直面挑战——对水利科技发展战略之浅见 . 中国水利水电科学研究院学报，1（2）：1-2.
陈厚群 . 2003. 把握机遇明确目标选准切入点 . 中国水利，19：67.
陈厚群 . 2003. 南水北调工程抗震安全性问题 . 中国水利水电科学研究院学报，1（1）：17-22.
陈厚群 . 2005. 大坝的抗震设防水准及相应性能目标 . 工程抗震与加固改造，

s1：7-12.

陈厚群 . 2006. 把握机遇直面挑战——对水利科技发展战略浅见 . 南水北调与水利科技，1（2）：81-83.

陈厚群 . 2006. 坝址地震动输入机制探讨 . 水利学报，37（12）：1417-1423.

陈厚群 . 2006. 混凝土大坝抗震中的力学问题 . 力学与实践，28（2）：1-8.

陈厚群 . 2006. 重视高坝大库的抗震安全——纪念唐山大地震 30 周年 . 中国水利水电科学研究院学报，4（3）：161-169.

陈厚群 . 2007. 高拱坝重大地震灾变评估的障碍和对策 . 庆祝中国力学学会成立 50 周年暨中国力学学会学术大会论文摘要集（下）.

陈厚群 . 2007. 水工抗震设计规范和可靠性设计 . 中国水利水电科学研究院学报，5（3）：163-169.

陈厚群 . 2008. 水工混凝土结构抗震研究进展的回顾和展望 . 中国水利水电科学研究院学报，6（4）：3-15.

陈厚群 . 2008-06-12. 对汶川地震后水工抗震工作的思考 . 科学时报，A3.

陈厚群 . 2008-10-16. 防止严重震灾加强“最大可信地震”研究 . 光明日报，8.

陈厚群 . 2009. 混凝土高坝强震震例分析和启迪 . 水利学报，40（1）：10-18.

陈厚群 . 2009. 三峡大坝工程抗震安全和水库地震 . 第十一届中国科协年会 .

陈厚群 . 2009. 汶川地震后的思考 . 中国三峡建设：科技版，5：14-20.

陈厚群 . 2009. 汶川地震后对大坝抗震安全的思考 . 中国工程科学，11（6）：44-53.

陈厚群 . 2010. 水工建筑物的场址设计反应谱 . 土木建筑与环境工程，32（增刊 2）.

陈厚群 . 2010. 水工建筑物抗震设防标准研究 . 中国水利，20：4-6.

陈厚群 . 2010. 我国水电建设中的高混凝土坝抗震安全进展 // 国家能源局 . 中国水电 100 年（1910—2010）. 北京：中国电力出版社 .

陈厚群 . 2011. 混凝土高坝抗震研究 . 北京：高等教育出版社 .

陈厚群 . 2011. 水工建筑物抗震设计规范的修编 // 中国水力发电工程学会 . 现代水利水电工程抗震防灾研究与进展 . 北京：中国水利水电出版社 .

陈厚群．2011. 水工建筑物抗震设计规范修编的若干问题研究．水力发电学报，30（6）：4-10.
陈厚群．2011. 汶川地震与三峡工程没有关系．中国水利，2.
陈厚群．2011-05-24. 大坝安全与水库地震，科学时报，A1、A3.
陈厚群．2013. 论水工建筑物的可靠性设计．水利水电技术，44（6）：1-6.
陈厚群．2017. 高混凝土坝抗震设计面临的挑战．水电与抽水蓄能，3（2）：1-13.
陈厚群．2011. 科学认知高坝抗震安全．科技导报，29（19）：3.
陈肇元，钱七虎，范立础，等．2005. 关于奥运建筑等大型工程结构安全性与耐久性设计标准的几点建议．我国大型建筑工程设计发展方向——论述与建议．
党发宁，韩文涛，郑娅娜，等．2007. 混凝土破裂过程的三维数值模型．计算力学学报，24（6）：829-833.
党发宁，梁昕宇，陈厚群．2011. 混凝土三维细观接触面模型数值模拟与 CT 试验验证．计算力学学报，28（1）：119-124.
丁卫华，陈厚群，党发宁，等．2009. 与医用 CT 配套的便携式材料试验机的研制及其在混凝土损伤研究中的应用．实验力学，24（3）：207-214.
丁卫华，陈厚群，刘少聪，等．2009. 基于 CT 的混凝土动力破坏过程的试验研究．水力发电，35（5）：21-23.
丁卫华，陈厚群，尹小涛，等．2009. 类岩石材料 CT 动载试验装置的关键技术研究．岩石力学与工程学报，28（8）：1620-1628.
丁卫华，陈厚群．2006. 高应变率作用下混凝土破裂过程的 X 射线 CT 观测．中国建筑学会建筑结构分会第九届混凝土结构基本理论和工程应用学术会议．
杜修力，陈厚群，侯顺载．1997. 拱坝——地基系统的三维非线性地震反应分析．水利学报，28（8）：7-14.
杜修力，陈厚群．1994. 地震动随机模拟及其参数确定方法．地震工程与工程振动，4：1-5.
杜修力，陈厚群．1995. 近场长周期强地震动幅值谱研究．自然灾害学报，4：

87–97.
杜修力，陈厚群．2000. 核电厂堆芯燃料组件地震反应分析．地震工程与工程振动，20（2）：57–60.
杜修力，涂劲，陈厚群．2000. 有缝拱坝——地基系统非线性地震波动反应分析方法．地震工程与工程振动，20（1）：11–20.
顾培英，陈厚群，李同春，等．2005. 用应变模态技术诊断梁结构的损伤．地震工程与工程振动，25（4）：50–53.
顾培英，陈厚群，李同春，等．2006. 基于应变模态差分原理的直接定位损伤指标法．振动与冲击，25（4）：13–17.
顾培英，陈厚群，李同春，等．2006. 应变模态试验技术在渡槽结构损伤诊断中的应用．河海大学学报（自然科学版），34（4）：422–425.
顾培英，陈厚群，李同春，等．2007. 基于损伤应变模态的结构损伤识别直接指标法．自然科学进展，17（2）：240–247.
郭明珠，陈厚群．2003. 场地类别划分与抗震设计反应谱的讨论．世界地震工程，19（2）：108–111.
郭胜山，陈厚群，李德玉，等．2011. 混凝土动力塑性损伤分析中的单元尺寸效应探讨．水力发电学报，30（6）：52–56.
郭胜山，陈厚群，李德玉，等．2013. 重力坝与坝基体系地震损伤破坏分析．水利学报，44（11）：1352–1358.
郭胜山，李德玉，涂劲，等．2014. 汶川地震中沙牌拱坝坝体分缝开裂分析．水力发电学报，33（6）：174–180.
郭永刚，涂劲，陈厚群．2004. 抗震钢筋对高拱坝抗震性能的影响．水利学报，3：1–6.
郝明辉，陈厚群，张艳红．2011. 基于材料非线性的坝体——地基体系损伤本构模型研究．水力发电学报，30（6）：30–33.
郝明辉，陈厚群，张艳红．2012. ABAQUS 中剪胀角的选取探讨．水利学报，43（s1）：91–97.
郝明辉，陈厚群，张艳红．2012. 基于 ABAQUS 对 D–P 准则剪胀角的讨论．水利水电技术，43（11）：25-27.
何建涛，陈厚群，马怀发 . 2012. 拱坝非线性地震反应分析 . 地震工程与工程振动，22（4）：36-40.
何建涛，陈厚群，马怀发 . 2012. 考虑多种因素影响的重力坝地震响应分析 . 振动工程学报，25（5）：571-578.
侯顺载，陈厚群，阳森 . 1988. 漫湾电站厂坝联接结构抗震研究 . 地震工程与工程振动，3：71-78.
胡晓，陈厚群 . 1998. 清江隔河岩水利枢纽垂直升船机塔柱结构抗震试验研究 . 水利学报，29（12）：38-41.
贾金生，张博庭，丁秀花，等 . 2011. 水电开发中的地质和地震问题——绿色能源水库大坝与环境保护论坛 . 财经界，4：88-93.
李德玉，陈厚群 . 2004. 高拱坝抗震动力分析和安全评价 . 水利水电技术，35（1）：45-48.
李德玉，陈厚群 . 2012. 混凝土动态弹性模量对重力坝地震反应的影响分析 . 中国水利水电科学研究院学报，10（2）：81-85.
李敏霞，陈厚群，王济，等 . 2002. 渡槽结构隔震耗能减振控制的试验研究 . 地震工程与工程振动，22（4）：139-143.
李敏霞，陈厚群 . 1999. 结构参数控制器优化分布的一种计算方法 . 地震工程与工程振动，19（1）：104-106.
梁爱虎，陈厚群，侯顺载 . 1994. 地面最大加速度的概型分布参数对重力坝抗震动力可靠度的影响 . 世界地震工程，4：10-13.
梁爱虎，陈厚群，侯顺载 . 1995. 混凝土拱坝抗震设计中动力可靠度分析方法的探讨 . 水利学报，26（5）：67-71.
梁爱虎，陈厚群，侯顺载 . 1995. 随机地震动场激励下拱坝多点输入的抗震可靠度分析 . 地震工程与工程振动，16（1）：49-59.
刘云贺，陈厚群 . 2003. 大型渡槽铅销橡胶支座减震机理的数值模拟 . 水利学报，34（12）：98-103.
马怀发，陈厚群，黎保琨 . 2004. 混凝土试件细观结构的数值模拟 . 水利学报，

10：27-35.
马怀发，陈厚群，黎保琨．2004. 混凝土细观力学研究进展及评述．中国水利水电科学研究院学报，2（2）：124-130.
马怀发，陈厚群，黎保琨．2005. 细观结构不均匀性对混凝土动弯拉强度的影响．水利学报，36（7）：846-852.
马怀发，陈厚群，黎保琨．2005. 应变率效应对混凝土动弯拉强度的影响．水利学报，36（1）：69-76.
马怀发，陈厚群，黎保琨．2005. 预静载作用下混凝土梁的动弯拉强度．中国水利水电科学研究院学报，3（3）：168-172.
马怀发，陈厚群，吴建平，等．2004. 大坝混凝土三维细观力学数值模型研究．计算力学学报，25（2）：241-247.
马怀发，陈厚群，徐树峰．2012. 混凝土高坝系统的地震响应分析研究进展概述．中国水利水电科学研究院学报，10（1）：1-8.
马怀发，陈厚群，徐树峰．2012. 预静载作用下混凝土动态强度数值分析．水利学报，43（s1）：37-45.
马怀发，陈厚群，阳昌陆．2012. 复杂动荷载作用下全级配混凝土损伤机理细观数值试验．土木工程学报，7：175-182.
马怀发，陈厚群．2008. 全级配大坝混凝土动态损伤破坏机理研究及其细观力学分析方法．北京：中国水利水电出版社．
欧阳金惠，陈厚群，李德玉．2004. 三峡电站发电厂房动力特性与低水头振动问题研究．中国水利水电科学研究院学报，2（3）：215-220.
欧阳金惠，陈厚群，李德玉．2004. 三峡电站水轮发电机组的振动对厂房结构的影响研究．水力发电，a03：77-83.
欧阳金惠，陈厚群，李德玉．2005. 三峡电站厂房结构振动计算与试验研究．水利学报，36（4）：484-490.
欧阳金惠，陈厚群，张超然，等，2008. 基于接触单元的三峡电站厂房振动分析．水力发电学报，27（5）：41-46.
欧阳金惠，陈厚群，张超然，等．2007. 156m 水位下三峡水电站 15# 机组厂房结构的振动安全研究 . 水利水电技术，38（9）：48-51.
欧阳金惠，陈厚群，张超然，等 . 2007. 三峡电站 15# 机组厂房结构动力分析 . 中国水利水电科学研究院学报，5（2）：137-142.
欧阳金惠，陈厚群，张超然，等 . 2008. 156m 水位下三峡电站厂房振动计算与测试分析 . 水力发电学报，27（6）：173-178.
欧阳金惠，陈厚群，张超然 . 2012. 大型水电站蜗壳埋设方式对厂房振动的影响分析 . 水力发电学报，31（4）：162-166.
屈铁军，陈厚群 . 2001. 强地震作用下核电站控制棒下落时间分析 . 计算力学学报，18（3）：364-370.
沈崇刚，陈厚群，张楚汉，等 . 1974. 新丰江水库地震及其对大坝的影响 . 中国科学，17（2）：184-205.
石玉成，陈厚群，李敏，等 . 2005. 随机有限断层法合成地震动的研究与应用 . 地震工程与工程振动，25（4）：18-23.
宋金峰，陈厚群 . 1998. 水体对渡槽结构地震空间响应的影响 . 第五届全国地震工程会议 .
田威，党发宁，陈厚群 . 2011. 单轴压缩条件下混凝土细观损伤演化机理的 CT 试验研究 . 实验力学，26（1）：54-60.
涂劲，陈厚群，杜修力 . 2001. 高拱坝非线性地震反应分析中横缝模拟方案研究 . 水力发电学报，20（2）：19-25.
涂劲，陈厚群，张伯艳 . 2006. 小湾拱坝在不同概率水平地震作用下的抗震安全性研究 . 水利学报，37（3）：278-285.
涂劲，陈厚群，张伯艳 . 2007. 高拱坝体系整体抗震安全评价方法研究 . 世界地震工程，23（1）：31-37.
涂劲，杜修力，陈厚群 . 2000. 非线性坝体地基系统的静动组合分析方法 . 工程力学，446-451.
涂劲，李德玉，陈厚群，等 . 2011. 大岗山拱坝——地基体系整体抗震安全性研究 . 水利学报，42（2）：152-159.
王光远，程耿东，邵卓民，陈厚群 . 1999. 抗震结构的最优没防烈度与可靠

度 . 北京：科学出版社 .
王海波，李德玉，陈厚群 . 2014. 高拱坝极限抗震能力研究之挑战 . 水力发电学报，33（6）：168-173.
王立涛，陈厚群，马怀发 . 2009. 人工黏弹性边界的接触非线性问题在 FEPG 中的实现 . 水利发电学报，28（5）：179-181.
项忠权，陈厚群，何福保，等 . 1990. 立式钢制储液罐的地震模拟试验，立式钢制储液罐的地震作用计算 // 姚伯英，侯忠良 . 构筑物抗震，北京：测绘出版社 .
张伯艳，陈厚群，胡晓，等 . 2000. 合成人造地震动的非线性解法 . 水利水电技术，7（7）：13-15.
张伯艳，陈厚群，苏克忠 . 1999. 地震波的入射方向对河谷岸坡放大系数的影响 . 水利水电技术，30（9）：42-44.
张伯艳，陈厚群，涂劲 . 2004. 基于动接触力法的拱坝坝肩抗震稳定有限元分析 . 水利学报，35，（10）：7-12.
张伯艳，陈厚群，邹丽春 . 1998. 复杂水工结构有限元网格离散的简单实现 . 水利水电技术，29（12）：4-6.
张伯艳，陈厚群 . 1992. 无穷元刚度矩阵及其数值积分 . 地震二程与工程振动，3：92-99.
张伯艳，陈厚群 . 2000. 拱坝坝肩抗震稳定分析 . 水利学报，31（11）：55-59.
张伯艳，陈厚群 . 2001. 用有限元和刚体极限平衡方法分析坝肩抗震稳定 . 岩石力学与工程学报，20（5）665-665.
张伯艳，陈厚群 . 2007. LDDA 动接触力的迭代算法 . 工程力学，24（6）：1-6.
张翠然，陈厚群 . 2007. 非平稳地震动时程的渐进谱研究 . 水利学报，38（12）：1475-1481.
张翠然，陈厚群 . 2008. 基于渐进谱的幅值和频率非平稳人造地震动拟合 . 地震工程与工程振动，28（3）：24-32.
张翠然，陈厚群 . 2008. 工程地震动模拟研究综述 . 世界地震工程，2：150-157.
张翠然，陈厚群，李敏 . 2007. 根据渐进谱的统计规律生成地震加速度时程 . 地震学报，29（4）：409-418.

张翠然，陈厚群，李敏 . 2010. NGA 衰减关系应用于重大水电工程抗震设计的可行性探讨 . 水利水电技术，41（3）：40-45.

张翠然，陈厚群，李敏 . 2011. 采用随机有限断层法生成最大可信地震，水利学报，39（6）：721-728.

张翠然，陈厚群，涂劲 . 2012. 频率非平稳对大岗山拱坝非线性响应的影响 . 水力发电学报，31（1）：77-81.

张翠然，俞言祥，陈厚群，等 . 2014. 基于汶川和芦山地震的沙牌坝址地震动输入研究 . 水力发电学报，33（03）.

张翠然，俞言祥，陈厚群，等 . 2015. 沙牌坝址的最大可信地震研究 . 水利学报，46（4）：471-479.

Chen Houqun，Li Deyu，Guo Shengshan. 2014.Damage-rupture process of concrete dams. International Journal of Stability and Dynamics，14（7）.

Chen Houqun，Ma Huaifa，Tu Jin，et al. 2007. Parallel computation of seismic analysis of high arch dam. 地震工程与工程振动（英文版），7（1）：1-11.

Chen Houqun，et al. 1999.Reliability analysis of concrete dams，Optimal fortification intensity and reliability of aseismic structures，Science Press.

Chen Houqun，Tu Jin，Zhang Boyan. 2002. Assessment of Seismic Stability of Foundation Rock of Arch Dam Abutments. 2002. Proc. of the International Conference on Advances and New Challenges in Earthquake Engineering Research，Harbin，China.

Chen Houqun，Tu Jin，Zhang Boyan. 2003.Study on Seismic Behavior of Xiaowan High Arch Dam.Proc. of 21st International Congress on Large Dams.

Chen Houqun，WuShenxin，DangFaning. 2016.Seismic Safety of High Arch Dams.Elsevier，China Electric Power Press.

Chen Houqun. 2000.Earthquake Resistance of Large Dams//Jiazheng Pan，Jing He.Large Dams in China–A Fifty–Year Review.beijing：China Water Power Press.

Chen Houqun. 2000.Seismic design and research for large dam in China. The International Journal on Hydropower &Dams，4.

Chen Houqun. 2002. Earthquake resistance of large dams in China，2002.Proc. of the 12th World Conference on Earthquake Engineering.

Chen Houqun. 2006.Design Seismic Input for Large Dams —Comments on the revision of ICOLD Bulletin 72，74rd Annual Meeting of ICOLD，Barcelona，Spain.

Chen Houqun. 2006.Ideas and practice of seismic safety evaluation of high arch dams in China. International Conference Hydropower 2006，Beijing，China.

Chen Houqun. 2006.Progress in seismic aspects of dams in china. 100th Anniversary Earthquake Conference，Commemorating the 1906 San Francisco Earthquake，San Francisco，California，USA.

Chen Houqun. 2007.On the obstacles and way to assess the seismic catastrophe for high arch dams.Science in China（Series E），50（1）：11-19.

Chen Houqun. 2009.Lessons learned from Wenchuan earthquake for seismic safety of large dams. 地震工程与工程振动（英文版），8（2）：241-249.

Chen Houqun. 2014.Seismic safety of high concrete dams.Earthquake Engineering and Engineering Vibration，2014，13：1-16.

Houqun Chen，Sunzai Hou & Aihu Liang. 1993.Reliability assessment in dynamic analyses of earthquake-resistant design of concrete gravity dams.Structural Safety and Reliability，4

Houqun Chen. 2004.Seismic Safety for Hydropower Engineering in China..

Shen Chungkang，Chen Houchun，Chang Chuhan，et al. 1974.EARTHQUAKES INDUCED BY RESERVOIR IMPOUNDING AND THEIR EFFECT ON HSINFENGKIANG DAM.SCIENTIA SINICA，17（2）：239-272.

Xiuli Du，Xiao Hu，Houqun Chen. 1994.Random process simulation of strong ground motion.Acta Seismologica Sinica，8（1）：127-134.

Zhang Boyan，Chen Houqun，Li Deyu. 2006. The earthquake free field input model of arch dams with contraction joints and its engineering application. International

Conference Hydropower 2006, Beijing, China.
Zhang Cuiran, Chen Houqun, Li Min. 2007. Earthquake accelerogram simulation with statistical law of evolutionary power spectrum.Acta Seismologica Sinica, 20（4）: 435-446.

后　记

我只是一名普通的共产党员和一个普通的科研人员，始终告诫自己要低调做人、踏实做事，因而从未曾想过要写自传，只是在中国工程院撰写院士传记和中国科学技术协会布置的老科学家学术成长资料采集工程工作的要求下，为完成任务而写了本书，也想借此审视一下自己在60年科研征途中的思想和业务成长的历程，顺便记下尚还记得的片断忆念。

我按照自己逐年的思想和业务发展历程，通过亲历的代表性事件，记述了中华人民共和国培育的一个知识分子的成长经历，以及在我们祖国从百年贫弱饱受欺凌到站起来、富起来、正在强起来的巨大转折中一介学子的追梦人生。

这里记述的首先是一个在风云变幻、社会巨变时代的知识分子，在动荡岁月的实践磨炼中，在党和人民的培育下，通过所经历的在新、旧社会间和极左与正确路线下的历练和比较，政治觉悟逐步提高的并不平坦的心路历程。其思想认识的升华缘于：正本清源，党坚持中国特色社会主义道路和践行社会主义核心价值观的决心，令我更加坚定对在党的领导下，结合中国实际，迈向共产主义理想的信念；拨乱反正，从严治党，坚守革命本色，令我更加坚信我们党坚持正确路线的能力；抚今思昔，面对国力日益强盛、人民生活水平显著提高、站起来的祖国正在朝着富起来和强起来的方向迈进的主流现实，我由衷地热爱和珍惜改革开放后的今天；饮水思源，回顾近二十年来在业务上获得的进展和鼓励，令我满怀对党和人民长期培育与关怀的感恩深情。这一切都更激发了我为实现中华民族伟大复兴的中国梦竭尽余力的满腔热忱。

这里记述的也是一个中华人民共和国培育的科研人员在和团队60年共同征战的过程中，从入门、追赶、跟跑、并跑到敢为人先的业务上逐步成长的轨迹。它总结了我在从事科研60余年的边干边学、攀登和跨越的科研实践中所逐步形成的学术理念、观点和思路，以及在不断反省中的感悟和对爱国敬业、勤学多思精神的拳拳服膺之心。我始终认为，如果说自己在科研工作中有点滴贡献的话，那都是在为工程服务这个实践的熔炉锻炼中，踏着前辈们开创的道路，在各级领导培育和整个团队、集体的协作下取得的。人生苦短，在耄耋之年回首以往的科研生涯，深感能做的和做到的毕竟是太有限了，常为此而不安和遗憾。所能聊以自慰的，只是基本上确是始终想到要尽力回报党和人民的培育，所以主观上还是兢兢业业、竭尽全力地做好本职工作的，如此而已。

虽然这里记录的都是一个普通科技人员按其成长历程排列的、亲身经历的片断旧事和概括的粗浅认知，但我希望，它从一个在中华人民共和国由党和人民培育的知识分子成长经历的这一个侧面，也多少能反映出一些在那个时代的社会背景、特点，以及在客观环境条件下我国这一代中一些知识分子所具有某些共性的思想和实践的心路轨迹。特别是也反映了“文化大革命”后，中国社会的显著变化之一，就是我国知识分子的被重新定位和重塑了其劳动价值，使我国广大知识分子从“文化大革命”中的“臭老九”一跃而成为习近平总书记所说的“我国广大知识分子是社会的精英、国家的栋梁、人民的骄傲，也是国家的宝贵财富”。对广大知识分子，这是多么亲切的关怀、殷切的期望、巨大的激励和鞭策！

此外，作为一个科研人员，成长过程自然也离不开业务上的长期探索、反思和经验教训的总结，以及在学术上逐步形成的理念和观点及思路和途径。期望这些也多少能为了解我国水工抗震研究的进展历程，保存一些或可资备查的辅助性参考资料。

书中由于编写框架的安排，对个别情节难免会略有交叉重复之处。因年久易忘，个别细节的回忆也可能会有所不全、不准。受水平所限，有些想法、观点和认识更有待匡正和提升。但我主观上是坚持了所表述的思想和言行都务求真实和有据的，因为我认同实事求是、尊重历史应当是撰写自传的基本前提和原则。

在结束这本自传写作之际，我希望它会给人留下一点什么。这个“一点”，就是一个在中华人民共和国培育下成长的知识分子和普通党员所应有的家国情怀和入党初心，以及其毕生的赤子心愿——盼亲爱的祖国始终沿着马克思的唯物史观方向为实现人民对美好生活的向往而向共产主义理想奋勇迈进，愿自己能为此终生努力献出虽微不足道却是尽力而为的绵薄之力。